Grammaire raisonnée 2

anglais

Sylvie Persec
Agrégée de l'université
IUFM, Paris IV Sorbonne

Jean-Claude Burgué
Agrégé de l'université, Professeur en classes préparatoires

Niveau supérieur

Enseignement supérieur,
Classes préparatoires

Deuxième édition

OPHRYS

Du même auteur

Grammaire raisonnée 2
Anglais - Enseignement supérieur, classes préparatoires
Niveau supérieur, C1
de Sylvie Persec et Jean-Claude Burgué
aux Éditions Ophrys, 2003
Collection Grammaire et méthodes

Petite grammaire anglaise de l'écrit et de l'oral
Niveau intermédiaire B1-B2
de Sylvie Persec
aux Éditions Ophrys, 2006
Collection Grammaire et méthodes

En collaboration

Objectif lycée
Anglais - Classe de seconde
de Christian Bouscaren et Sylvie Persec
aux Éditions Ophrys, 1993

Analyse grammaticale dans les textes
Anglais - Capes et agrégation
de Janine Bouscaren, Sylvie Persec, Agnès Celle,
Ronald Flintham et Stéphane Gresset
aux Éditions Ophrys, 1998

Dans la même collection

Grammaire français, approche énonciative
de Maurice Lévy
avec la collaboration de Sylvie Persec
aux Éditions Ophrys, 1999
Collection Grammaire et méthodes

PRÉFACE

Qu'attend-on d'un livre qui s'adresse aux classes préparatoires et aux étudiants de Licence ? Qu'il soit clair, facilement utilisable et qu'il contienne de nombreux exercices. C'est ce qu'ont voulu les auteurs ; et ils ont réussi.
Mais il y a beaucoup plus dans ce livre, qui expose dans des tableaux très utiles, une multitude de problèmes qui toujours intriguent nos étudiants : des problèmes de traduction, « depuis », « il y a », « devoir », « de », « dont », « on », des problèmes comme la place de l'adverbe, la formation des mots composés ou les prépositions et particules adverbiales.

Les auteurs ont de plus, et c'est peut-être le plus original à mes yeux, présenté la grammaire en tenant compte de l'argumentation des théories de l'énonciation sans utiliser de termes linguistiques trop techniques. Cette grammaire respecte, dans la mesure du possible une approche « raisonnée » compréhensible par tous, (en particulier pour ce qui concerne les temps, aspects, modalité et déterminants du nom). Ceci peut permettre aux étudiants anglicistes spécialistes, d'aborder plus tard sans panique les ouvrages de linguistique, et aux autres, de comprendre que l'anglais possède un système grammatical dont ce livre permet de percevoir la cohérence.
Je ne crois pas que la solution, dans l'exposé linguistique, consiste soit à bannir toute explication raisonnée, soit à utiliser de façon quasi-fanatique des termes soi-disant consacrés ; j'ai rencontré des enseignants qui ont la sensation regrettable qu'on doit impérativement utiliser tel terme à l'exclusion de tout autre.
Comprendre ce qu'on fait quand on utilise une forme grammaticale, quel que soit le nom qu'on lui donne, c'est déjà faire un grand pas dans la démarche raisonnée.
Ce livre devrait être un instrument de travail sérieux, utile et séduisant.

Janine Bouscaren

REMERCIEMENTS

Les auteurs remercient Janine Bouscaren et Christian Bouscaren pour leur participation à l'élaboration du présent ouvrage, pour leurs enseignements, leurs suggestions et mises au point théoriques et pour l'attention patiente avec laquelle ils ont suivi ce travail. Ce livre ne serait pas ce qu'il est sans leur aide bienveillante et leurs encouragements.

Ils remercient également Patricia Vrinat-Hindle pour la vigilance de sa relecture du texte anglais.

INTRODUCTION

Cet ouvrage se propose d'apporter des éléments de compréhension de la grammaire anglaise, de faire apparaître la cohérence du système linguistique sans pour autant négliger le détail des faits de langue. Cette grammaire s'appuie en partie, pour ce qui concerne le groupe verbal et la détermination nominale, sur l'argumentation développée par J. Bouscaren, M. Moulin, H. Odin dans *Pratique raisonnée de la langue*, Ophrys 1996, par J. Bouscaren dans : *Linguistique anglaise, Initiation à une grammaire de l'énonciation*, Ophrys 1991 et par J. Bouscaren et J. Chuquet dans *Grammaire et textes anglais*, Ophrys 1987.

Les auteurs ont également voulu que cet ouvrage soit un outil d'apprentissage pour les étudiants : ainsi, dans la plupart des chapitres, une attention particulière a été portée aux « Problèmes de traduction » ; l'ouvrage fournit également des tableaux récapitulatifs et des listes faciles à mémoriser. Le public visé est celui des étudiants dans leurs premières année de licence spécialistes ou non spécialistes d'anglais, ainsi que les élèves des classes préparatoires aux divers concours (Lettres, HEC, Écoles d'ingénieurs, Sciences politiques) : une large place a été faite à la traduction français-anglais, exercice largement répandu dans les concours et les examens.

Les points de grammaire sont abordés sur la page de gauche.

> Comparaison d'énoncés,
> description et mise en relation des faits de langue.

Les exercices correspondants se trouvent sur la page de droite, ou dans l'une des pages d'exercices du même chapitre.

> Thèmes construits (textes suivis ou phrases indépendantes),
> énoncés à transformer,
> textes à compléter, questions à choix multiple,
> exercices d'analyse d'énoncés.

Le vocabulaire des exercices est en partie emprunté à la presse, à la langue usuelle mais aussi à la langue littéraire.

Le **corrigé** des exercices est publié dans un livret annexe. Un **index** des difficultés repérées par le mot-clé est donné en fin d'ouvrage. Les termes d'origine linguistique sont présentés de façon simple dans un **glossaire**.

Les auteurs

TEMPS ET ASPECTS

Pour toute forme verbale, on peut choisir le **temps** et **l'aspect**.

LE TEMPS

Le mot **temps** en français désigne :

- à la fois une forme grammaticale, qu'on appelle en anglais *Tense* ; il n'y a que deux *Tenses* en anglais : *present or past* ;
- et le temps chronologique, que l'on découpe en passé, présent et avenir ; en anglais on appelle cela *Time*.

Toute forme verbale est nécessairement **au présent** (on utilise la base verbale, qu'on appelle parfois « infinitif sans *to* ») **ou au passé** (qui se marque par *-ed* pour les prétérits réguliers). Il n'y a aucune marque spécifique de futur en anglais.

The train leaves at 7:00 tomorrow morning. Le train part à sept heures demain matin.

Cet exemple dont le *Tense* est « présent » renvoie à l'avenir (*Time*).

Par ailleurs, toutes les formes de passé en anglais (*tense*) ne renvoient pas nécessairement à du révolu *(time)*. Le passé en anglais peut désigner un fait irréel.

COMPAREZ

a *I came and I told you the truth.*
Je suis venue et je t'ai dit la vérité.
b *If I came, I would tell you the truth.*
Si je venais, je vous dirais la vérité.

L'ASPECT

L'aspect, qui est la « façon dont l'énonciateur voit l'action » est exprimé par la forme du verbe. Il existe trois formes possibles pour le verbe : la forme simple, la forme *Be + ing* ou la forme du *perfect* (ou forme *have -en*).

La forme simple

C'est celle du présent simple et du prétérit simple ; à la forme simple l'énonciateur livre une information brute en dehors de tout commentaire, au présent ou au passé. À la forme interrogative et négative, l'auxiliaire est ***Do-don't***, ***does-doesn't*** au présent et ***Did-didn't*** au passé.

La forme *Be + ing* (aussi appelée « forme continue »)

On trouve la forme *Be + ing* au présent, au prétérit, au *present perfect* et au *pluperfect* ; l'auxiliaire est ***be*** **;** on accole ***ing*** à la base verbale ; cette forme indique que l'énonciateur fait un commentaire sur une situation particulière.

La forme *Have -en* ou forme du *"perfect"*

Elle permet de former le *present perfect* et le *pluperfect* ; l'auxiliaire utilisé est *Have* (*had* au passé) ; le verbe est au participe passé (symbolisé par *-en* dans la formule *have -en*) ; la forme *have-en* permet de présenter l'action comme « accomplie » et de mettre en évidence le résultat ; elle permet de faire un « bilan ».

EXERCICES

1. *Time* et *Tense*. Où situez-vous l'action désignée par la forme en gras ? Dans le présent ou dans l'avenir ? Cochez la case correspondante.

	Renvoi au présent	Renvoi à l'avenir
*1. **Are you coming** for the week-end?*		
*2. We'll go as soon as the doctor **arrives**.*		
*3. Here **comes** our bus!*		
*4. I'll answer his letters when **I have made** the necessary inquiries.*		
*5. **I'm seeing her** today after lunch.*		

2. Valeur du passé. La forme en gras désigne-t-elle un fait révolu ou un fait irréel ?

	Renvoi à du révolu	Renvoi à l'irréel
*1. I grasped quite soon what **was going** on.*		
*2. You looked as if **you'd been watching** some frightful operation.*		
*3. It's time you **bought your** husband a diamond.*		
*4. I would like to know what **came over** her.*		
*5. It's a good idea but suppose your mother **were to** find out.*		
*6. I wish you **were** more considerate.*		

TEMPS ET ASPECTS

1. QUESTIONS DE POINT DE VUE : L'ASPECT

Au présent et au passé, on peut parfois choisir de présenter une même réalité sous des angles ou selon des points de vue différents. La façon dont l'action est envisagée, l'angle sous lequel elle est présentée se définit comme aspect grammatical.

COMPAREZ

a *"They always sleep in that bed."*
b *"Look! Somebody's sleeping in your bed!"*
c *"Did John stay for the night?" "Yes, and he slept in your bed."*
d *"Why is the room so untidy? Has somebody slept in my bed?"*
e *"Look at the mess! Somebody has been sleeping in my room!"*

a Le procès (ce que désigne le verbe) est présenté sous l'angle de la généralité : présent simple.
b L'énonciateur attire l'attention sur un des éléments de la situation dont il est le témoin : aspect *Be + ing* au présent.
c Le procès est présenté comme n'ayant aucun lien avec le moment de l'énonciation ; le procès est vu comme révolu : forme simple du prétérit.
d L'énonciateur établit un lien (de cause à conséquence) entre le procès et la situation présente *(the room is untidy)* ; le procès est vu sous l'angle du résultat : *present perfect*, aspect *Have -en*.
c et **d** Il y a bien eu dans les deux cas un même procès *(slept)* mais alors qu'en **c** il est présenté sous l'angle événementiel (Je t'informe que…), en **d**, il est vu sous l'angle du résultat en relation avec le présent (Si quelqu'un a dormi dans mon lit, alors, je comprends pourquoi la chambre est en désordre).
e La valeur de résultat *("the mess")* portée par *Have -en* se combine à la forme *Be + ing*, qui elle, renvoie à l'activité (quelqu'un s'est livré à « l'activité de dormir ») : *present perfect Be + ing*. Une valeur modale peut se rajouter à la valeur aspectuelle en **e** (voir p. 12).

> PROBLÈMES DE TRADUCTION

Pour traduire une forme verbale française, il faut se poser la question de l'aspect.

Français	Aspect	Anglais
Il ne travaille guère en ce moment.	Commentaire sur l'activité du sujet dans une situation particulière > forme *Be + ing*	> *He's not working much at the moment.*
Il entre puis ressort.	Suite d'informations (récit) > forme simple	> *He comes in and then goes out.*
Il est avec nous depuis deux ans.	Bilan > forme *Have -en*	> *He's been with us for two years.*
Où es-tu allé ensuite ? Qui as-tu vu ? Qu'as-tu fait ?	Demande d'information sur une suite d'événements > forme simple	> *Where did you go next? Who did you see? What did you do?*
Regarde ce que tu as fait !	Mise en évidence du résultat > forme *Have -en*	> *Look at what you've done!*
Mais qu'as-tu donc fait pendant tout ce temps !	Bilan et commentaire sur l'activité du sujet > forme *Have -en*, forme *Be + ing*	> *What have you been doing all this time!*

EXERCICE

1. Traduisez.

1. - Que fait-il ?
- Il fait la vaisselle dans un célèbre restaurant.

2. Cet été, il travaille comme barman au café de la plage.

3. Ma sœur, elle conduit sa voiture comme un vélo !

4. Je n'en reviens pas ! Elle conduit plutôt bien aujourd'hui.

5. Qu'est-ce qu'elle a celle-là ? Elle me regarde depuis cinq minutes.

6. Mais qu'est ce qu'elle fait ? Ca fait deux heures que je l'attends.

7. Je te promets. L'été prochain, je t'emmène au Kenya.

8. Tu trouves qu'elle a bien chanté à l'audition, toi ?

9. *Le Titanic* ? Elle l'a vu au moins treize fois.

10. - Que fait-il ?
- Il repasse ses chemises, je crois.

2. PRÉSENT SIMPLE ET PRÉSENT *BE+ING*

LE PRÉSENT SIMPLE

On forme le présent simple avec la base verbale (infinitif sans *To*). On ajoute "s" à la 3e personne du singulier. À la forme interrogative et à la forme négative, on utilise l'auxiliaire ***Do - don't (Does - doesn't).***
He lives with them. Do you know him? Does he like you?

CARACTÉRISTIQUE DU SUJET

Le présent simple sert à dire quelque chose du sujet de l'énoncé en dehors des situations particulières. Selon le contexte, il peut exprimer :

L'habitude
She always buys her clothes from Marks & Spencer's.
Elle achète toujours ses vêtements chez Marks & Spencer.

Une caractéristique permanente (métier, apparence, goûts)
He is a football player. He lives in Manchester. He hates TV interviews.
Il est footballer. Il vit à Manchester. Il déteste les interviews à la télé.

Une vérité générale
The earth revolves around the sun. La terre tourne autour du soleil.

APPORT D'INFORMATION

On utilise également le présent simple pour toute information nouvelle, sans aucun commentaire ni implication de celui qui parle.

Pour demander ou donner des instructions, pour annoncer un fait nouveau ou s'informer de ce qui va se passer
Whose turn is it now? Who speaks now?
C'est à qui maintenant ? Qui parle maintenant ?
What happens next? Qu'est-ce qui se passe ensuite ?
Excuse me sir! How does one get to Picadilly?
Excusez-moi, Monsieur ! Comment fait-on pour aller à Picadilly ?
Here comes the bride! Voilà la mariée !
You turn right and then left. (Indications d'itinéraire).
Vous tournez à droite et puis à gauche.
What time does the train leave? (Horaires). À quelle heure part le train ?
Five people die in car crash. (Titre de presse).
Cinq personnes trouvent la mort dans un accident de voiture.
I put the flour into the bowl and I mix it with milk. (Recette de cuisine).
Je mets la farine dans le plat et je la mélange avec du lait.

Pour faire le récit d'une série d'actions
He comes in, grabs his coat and then goes out.
Il entre, attrape son manteau et ressort.
Zidane runs, shoots and scores the goal! (Match télévisé).
Zidane s'élance, tire et marque !

« Quand dire c'est faire »
Certains verbes employés au présent simple à la première personne signifient que l'on fait l'acte en le disant (on appelle cela l'emploi performatif).
I declare the meeting open. Je déclare la séance ouverte.
I swear! I promise! Je te le jure ! C'est promis !

VERBES D'ÉTAT

Certains verbes appartiennent à des catégories qui n'acceptent pas la forme *Be + ing* parce qu'ils ne désignent pas une action en situation mais un état ou une capacité mentale :

• verbes de perception involontaire : *to see, to hear,*

• verbes de croyance, préférence, sentiments, apparences : *to believe, to love, to prefer, to understand, to belong, to look like, to sound like, to agree, to know, to remember, to think.*

Cependant ces verbes sont susceptibles de changer de catégorie (ils deviennent « verbes d'action ») et de se combiner avec la forme *Be + ing* : ils changent en général de sens *(to see, to think)*, ou sont pris dans un contexte fortement modalisé.

To see

S'emploie à la forme simple lorsqu'il exprime la perception. Mais il peut s'employer à la forme *Be + ing* lorsqu'il a le sens de « voir quelqu'un » au sens de « rencontrer ».

I'm seeing him tomorrow. Je le vois demain.

To think

À la forme *Be + ing*, signifie « avoir l'intention de, envisager ».

I was thinking of going away. J'avais envisagé de partir.

ou « penser à » par opposition à « avoir une opinion » (= croire).

Who are you thinking of? À qui penses-tu ?

EXERCICES

EXERCICE

1. Mettez les verbes entre parenthèses au présent simple ou au présent *be + ing* lorsque c'est possible.

It is 8:00 in the morning. Paul (sit) at the dining table, drinking coffee. He (look) at his watch, (put down) the cup, (walk) to the workroom door, (open) it, (poke) his head inside. Rashid (lie) on the floor; he is asleep. Paul (close) the door, (sigh), (return) to the other room and (pour) himself another cup of coffee.

8:35. Paul (put down) his cup, (stand up), (walk) to the workroom door, (knock).

Script adapted from Smoke, Paul Auster

THÈME

2. Traduisez.

1. Elle le gifle. Il recule. Elle éclate en sanglots.
2. Non, vraiment, je ne vois pas à quoi tu veux en venir.
3. Oui, je vois… Tu la vois demain, n'est-ce pas ?
4. Je déclare notre énième *(umpteenth)* séance de spiritisme *(séance)* ouverte.
5. Bon, qu'est-ce qu'on fait maintenant ? Qu'est-ce que tu en penses ?

TEMPS ET ASPECTS

LE PRÉSENT *BE + ING*

On le forme avec l'auxiliaire *Be* et *-ing* que l'on accole à la base verbale.

He is working. Is he working? They aren't working. Aren't they working?

Hors situation ou en situation ? Informer ou commenter ?

Alors que le présent simple informe, le présent *Be + ing* permet de décrire et de commenter : il peut s'agir d'un commentaire sur le déroulement d'une action ou d'un commentaire sur le sujet de l'énoncé.

COMPAREZ

a *What do we do now?* Qu'est-ce qu'on fait maintenant ?
(On s'informe sur ce qui va avoir lieu).

b *My God! Look! What are we doing?*
Mon Dieu ! Regarde ! Mais qu'est-ce qu'on est en train de faire ? (En situation.)

c *When are you leaving?* Quand partez-vous ? (Ceci suppose que l'énonciateur et le co-énonciateur sont au courant de ce départ, dans une situation donnée.)

d *When do you leave?* Quand partez-vous ?
(Simple demande d'information sur l'heure de départ).

DESCRIPTION

De la situation

Look! He's sitting next to Cathy.
Regarde ! Il est assis à côté de Cathy.

D'actions déjà en cours

Avec les verbes de processus, le présent *Be + ing* peut souligner l'idée de déroulement ou d'activité (valeur d'inaccompli).

Has he finished? No, he's still working.
Est-ce qu'il a fini ? Non, il est encore en train de travailler.
The operation is being processed. Opération en cours.
You're being silly! Tu te comportes comme un imbécile !
(Je commente ce que tu fais en ce moment.)

Au présent simple, le même énoncé désigne une caractéristique permanente.

You're silly. Tu es bête. (De façon générale et dans toutes les situations.)

COMMENTAIRE

Commentaire sur le sujet

Dans certains contextes, on utilise le présent *Be + ing* pour commenter une activité du sujet. On parle alors de « valeur modale » : l'énonciateur exprime un jugement appréciatif, ce qui se traduit par une intonation et/ou une accentuation particulière.

- *You're smoking again!* Tu fumes à nouveau ! (« Je constate que tu t'es remis à fumer. »)
  ***Again* est accentué. La remarque s'accompagne d'un jugement (positif ou négatif) et peut exprimer le reproche.**
- **Le présent *Be + ing* peut exprimer la détermination, la volonté (ou le refus) du sujet de l'énoncé ou du sujet énonciateur.**
  ***I'm not going!* ne signifie pas « Je ne suis pas en train de... » mais « Je refuse de partir ». *Not* est accentué.**
  You're not going out! Non, tu ne sors pas ! (« C'est ma volonté »).
  ***Not* est accentué.**
  I am taking her with me and that is that! Je l'emmène avec moi et c'est tout !
  ***Am* est accentué.**

Commentaire sur la situation de discours

Les verbes *say, tell, talk, try* sont associés à la forme *Be + ing* lorsque l'énonciateur commente le dialogue qui est en train d'avoir lieu. Il y a reprise d'un élément de la situation.

I'm trying to tell you that it is not true! Mais j'essaie de t'expliquer que ce n'est pas vrai !
I'm talking to you! (Je te fais remarquer que…) Je te parle !
"What nonsense!" he said. "Are you telling me I'm stupid?" she replied.
« Quelle bêtise ! » dit-il. « Es-tu en train de me dire que je suis idiote ? » répliqua-t-elle.
Are you implying that I should stop seeing her?
Es-tu en train de me dire que je devrais cesser de la voir ? (« Quand tu dis ce que tu dis, est-ce que tu me dis bien que… »).

EXERCICES

EXERCICE

1. Mettez les verbes entre parenthèses au présent simple ou au présent *Be + ing*.

"I (look) for my son, Thomas," she said to him.
"Thomas? Who's Thomas? I (not - know) anyone named Thomas."
"I (know) he's been here. You can't fool me."
"I (not - see) what you (mean)."
"Where's my son?"
"(I /tell) you, I (not - know) anyone named Thomas."
"Thomas Lewis. My son."
"Lewis? You (mean) Lewis?"
"Yes. (not - you - see) him anymore?"
"No. He left two weeks ago and I haven't seen him since he left."

THÈME

2. Traduisez.

1. Tu roules à gauche ! Tu es folle ou quoi !
2. Un boulanger, ça se lève à l'aube, Mademoiselle !
3. Je t'avertis ! Ne recommence jamais ça !
4. Il faut toujours qu'elle cite des gens connus ! *(drop names)*
5. Alors, qui vient maintenant ?

3. PRÉSENT SIMPLE OU PRÉSENT *BE + ING* ?

> PROBLÈMES DE TRADUCTION

Always

Cet adverbe exprime l'habitude et entraîne donc généralement le présent simple. On peut l'employer au présent *Be + ing* dans un contexte exprimant un jugement d'appréciation de l'énonciateur.

COMPAREZ

a *She always answers my questions.* Elle répond toujours à mes questions.
b *She's always answering back !* Elle n'arrête pas de répliquer !
(Expression d'un commentaire de l'énonciateur sur le sujet *"she"*).

Be

Lorsque le verbe *Be* désigne un comportement dans une situation particulière, on l'utilise au présent *Be + ing*.
I'm being facetious! Mais je plaisante !

Ne pas confondre

She's being sick (GB). Elle vomit. (situation présente)
She's sick. Elle est malade. (verbe d'état)

Feel

Ce verbe s'utilise le plus souvent au présent simple (verbe d'état).
I feel fine. (**>** *I'm all right.*) Je me sens très bien.
On peut employer ce verbe au présent *Be + ing*, lorsqu'il désigne un sentiment dans une situation particulière (par contraste avec l'état habituel) et lorsqu'il y a commentaire sur le sujet.
No! I'm feeling fine today! It's ok ! Don't worry!
Mais non ! Je me sens très bien aujourd'hui ! Ça va ! Ne t'inquiète pas !

Have

- On peut employer *Have* au présent continu lorsque le verbe est suivi d'un complément désignant une action *"have lunch / have a shower / have a talk / have a walk"*.
  Are they having dinner with us today? Est-ce qu'ils dînent avec nous aujourd'hui ?

Notez aussi

She's having a baby. Elle est enceinte.

Attention

Les expressions *"have a headache / have a problem / have an idea"* ne désignent pas des actions mais des états et s'emploient donc uniquement au présent simple.
Do you have an idea? Tu as une idée ?

- Lorsque le verbe *Have* signifie « posséder », on l'emploie uniquement au présent simple (verbe d'état).
  Do you have a car? As-tu une voiture ?

Now* et *next

Now n'entraîne pas systématiquement le présent *Be + ing*. On utilise *Now* avec le présent *Be + ing* lorsque l'activité est déjà en cours au moment où l'on parle.
What's he doing now? Qu'est-ce qu'il est en train de faire maintenant ?
On utilise *Now* avec le présent simple pour s'informer de ce qui va avoir lieu (*now* marque une frontière entre ce qui a précédé et ce qui va suivre). *Now* est alors proche par le sens de *Next*, qui s'emploie toujours avec le présent simple.
What do we do now? Et maintenant que faisons-nous (Qu'allons-nous faire) ?
What comes next? Qu'est-ce qui vient ensuite ?

Say, tell

On emploie les verbes *say, tell, talk, try* au présent *Be + ing* lorsque l'énonciateur commente le dialogue qui est en train d'avoir lieu.

Are you telling me that I should stop seeing her?

Es-tu en train de me dire que je devrais cesser de la voir ? (voir aussi p. 13)

See

(voir p. 11)

Sit, stand

On peut employer ces verbes au présent *Be + ing* pour décrire la position d'une personne ou d'un objet, dans une situation particulière.

James is sitting next to Anna. Paul is standing by the door.

James est assis à côté de Anna. Paul est debout près de la porte.

En revanche, pour l'expression d'une caractéristique, on emploiera le présent simple.

She always sits next to me. Elle s'assoit toujours à côté de moi.

She sits there for hours doing nothing.

Elle reste assise là pendant des heures à ne rien faire.

Think

(Voir p. 11)

EXERCICES

EXERCICE

1. Mettez le verbe entre parenthèses à la forme qui convient, au présent simple ou au présent *Be + ing*.

1. You can't see her right now. She (be interviewed) by Mrs Monk.
2. I (have) lunch with her every other day.
3. Well, what (happen) next? What (we - do) now?
4. Don't make so much noise! I (have) breakfast!
5. How (it - feel) to be in a foreign country?
6. Stop it, will you? You (be) silly!
7. You (not - mean) it! You (be) facetious, (+tag)?
8. It (say) on the box "to be taken before meals".
9. That funny sign there (tell) you that you must not walk on the lawn.
10. Sorry? (you - tell) me that I should mind my own business?
11. How (you - tell) one brother from the other?
12. Well, he (see) her a lot these days. Maybe they'll get engaged.
13. We (think) of selling everything and sailing around the world.
14. What (you - think) ? Shall I wear the blue one or the yellow one?
15. What (you - think) of them coming on holiday with us?

THÈME

2. Traduisez.

1. Il porte toujours une écharpe blanche quand il sort.
2. Tu es toujours en train de me critiquer ! J'en ai assez !
3. J'en ai vraiment marre ! Tu te plains tout le temps !
4. À qui tu penses ?
5. Penses-tu qu'elle ait tort ?

4. PRÉTÉRIT SIMPLE ET PRÉTÉRIT *BE + ING*

PRÉTÉRIT SIMPLE

On le forme en ajoutant -*ed* à la base verbale (sauf pour les verbes irréguliers : voir liste p. 293 à 296).
À la forme interrogative et à la forme négative, l'auxiliaire est ***Did - didn't***.
Did he phone? He didn't phone. He phoned yesterday.

Le prétérit simple permet de présenter l'action comme un « événement totalement coupé du présent ». Quelle que soit la durée de l'acte *(for two hours, for twenty years)*, la forme indique simplement que l'on situe le procès (action ou état) dans le révolu.
She lived there for two years as a young girl.
Elle a vécu là pendant deux ans lorsqu'elle était enfant.

PRÉTÉRIT *BE + ING*

On forme le prétérit *Be + ing* avec l'auxiliaire *Be* au passé et -*ing* que l'on accole à la base verbale.
Was he reading? He wasn't reading. They were smoking.

Les valeurs et emplois de la forme *Be + ing* au passé sont les mêmes qu'au présent *Be + ing* : description et/ou commentaire.
When he came in, they were watching TV.
Lorsqu'il entra, ils étaient en train de regarder la télé. (description)
Then I said I wasn't having this woman in my house again.
Alors je déclarai qu'il n'était pas question que je reçoive à nouveau cette femme chez moi. (valeur de commentaire)

USED TO

"*Used to*" est un prétérit qui a pour but de marquer nettement la rupture avec le présent ; en français on peut paraphraser par : « avant..., mais ce n'est plus le cas ». Cette forme n'implique pas de façon première une idée d'habitude.
She didn't use to be so nasty!
Avant, elle n'était pas si méchante ! N'exprime pas du tout une habitude.
I used to spend my holidays in Blackpool.
Avant, je passais mes vacances à Blackpool.
(voir aussi *Would* dit « fréquentatif », p. 82).

Ne pas confondre
a *She used to drink a lot.* Avant, elle buvait beaucoup,
et **b** *She is not used to drinking* > *She is not in the habit of drinking.*
Elle n'a pas l'habitude de boire.
(*to* est une préposition en **b**, voir p. 208).

EXERCICES

1. Mettez les formes verbales entre parenthèses au prétérit simple ou au prétérit *Be + ing*.

1. When he (get up) that morning, he (feel) that something quite unusual (go on) in the house. He (sit) on his bed for a while, as if hesitating to go down the stairs, and (stretch) his arms up in the air. Then he (hear) it. It (be) a muffled sound at first. (it/come) from outside? He (can not tell). He (sit) still and (prick up) his ears. The sound (seem) to come from all sides at the same time. He (begin) to quiver, his hands (shake), it (be) as if the sound (come) up the stairs. He (look) out of the window: it (rain). The entrance gate (be) unlocked and it (slam) against the wooden fence at regular intervals. All of a sudden, he (hear) a bang on the bedroom door. He (stiffen). He (now sweat) all over. Then he saw them: two tiny greenish ones first. They (try) to steal beneath the bedroom door. He (freeze). Snakes ! The thing he (loathe) most ! He (sob) now, like a helpless child, and he (make) for the bathroom as dozens of them (already/crawl) all around him. He (shiver) and (cry) at the same time, (try) to reach for the handle of the bathroom door. He finally (grab) it, only to realize that it (be) a bigger snake, with horrid red eyes. It (hiss) at him as he (grab) it. He (wake up). The alarm clock (buzz away).

2. 31 August 1997 - At 1:30 a.m. a car (pull away) from the Ritz Hotel in Paris. The car, which (carry) the world's most famous woman, (be) a black Mercedes. When the paparazzi (start) their motorcycles and (set off) in pursuit, the Mercedes (already - speed) into the night. A few minutes later, the driver, Henri Paul, (lose) control and (crash) into one of the pillars in the Pont de l'Alma tunnel. Diana's friend, Dodi Fayed, (die) at the scene, along with his driver. The Princess of Wales, who (bleed) from massive internal injuries, (be taken) to the Pitié Salpêtrière hospital, where doctors (spend) more than two hours battling to save her life. She (be pronounced) dead at 4 a.m.

2. Traduisez.

1. Je ne l'ai pas reconnu. Autrefois il avait une grande moustache.
2. Elle le regardait, elle pensait qu'ils se voyaient trop en ce moment.
3. Elle se rappelait combien elle l'aimait auparavant.
4. Il venait vers elle, elle sourit.
5. Je n'en croyais pas mes yeux : elle nageait nue dans l'eau froide et claire du torrent, on eût dit une sirène des montagnes.
6. Autrefois, il avait cinq ou six chats.
7. Avant, il n'aimait pas la bière, maintenant il ne boit que ça.
8. Après tout, il n'avait pas vraiment l'habitude de vivre seul.

5. *PRESENT PERFECT* ET PRÉTÉRIT

Le *present perfect*

On le forme avec l'auxiliaire *Have*, le participe passé du verbe (forme *Have -en* où *-en* symbolise le participe passé) et le **présent**.

Temps présent

L'auxiliaire *Have* est au présent : le *present perfect* n'est pas un temps du passé.
Have you seen her? I haven't seen her. I've (have) seen them.

Aspect accompli

Le procès est vu comme accompli par rapport au présent. C'est le résultat du procès qui est mis en évidence, dans le présent. Le *present perfect* permet de faire le « bilan » d'une situation dans le présent. Le bilan peut porter soit sur le sujet, soit sur l'objet.
I've lived in that town. J'ai vécu dans cette ville.
> Donc, je la connais, j'en ai l'expérience. (Commentaire sur le sujet).
Look! We have come through! (Anita Brookner).
Regarde ! On s'en est sortis ! (Commentaire sur le sujet).
I've cleaned the bathroom. J'ai nettoyé la salle de bains.
(Commentaire sur l'objet **>** la salle de bains est propre.)

Le prétérit simple

Temps passé

On l'utilise pour des actions passées qui n'ont aucun lien avec le présent.
La présence d'adverbes de temps précis *(once, ago, when)* entraîne le prétérit.
Attention, le passé composé français se traduit souvent par le prétérit.
a *I saw her in London two weeks ago.* Je l'ai vue à Londres il y a deux semaines.
b *I saw her every day for two weeks when I was in London.*
Je l'ai vue tous les jours pendant deux semaines lorsque j'étais à Londres.

Aspect « en rupture »

Du point de vue de l'aspect, il n'y a **pas de lien** avec le présent.

COMPAREZ

a *He's drunk too much.* Il a trop bu.
Mise en évidence du résultat présent (**>** Il se sent mal.).
L'enchaînement possible est : *He's going to be sick.* Il va être malade.
et **b** *It was a terrible night. He drank too much and crashed his car.*
Ça a été une nuit catastrophique. Il a trop bu et il a eu un accident de voiture.
Le procès est pris dans un contexte narratif, suite d'événements ; l'enchaînement possible est :
- *What happened next?* Qu'est-ce qui s'est passé ensuite ?
- *He ended up at the police station.* Il a fini au commissariat.

COMPAREZ

a *Where have you been?* Où étais-tu ?
La question est une demande d'explications, elle porte sur l'état qui a résulté de l'action, c'est-à-dire « l'absence », et non pas sur l'acte (i.e. « partir »)
et **b** *Where did you go?* Où es-tu allé ?
La question renvoie à un événement ; l'accent est mis sur l'acte passé.

COMPAREZ

a - *"Do you realize* ***what you've done****?"* Est-ce que tu réalises ce que tu as fait ?
b - *"****I did*** *almost nothing. I was one of a whole crowd."*
Je n'ai presque rien fait. J'étais un parmi d'autres dans la foule. (A. Brink)
Dans ce dialogue, les deux énonciateurs en **a** et **b** désignent un même fait (il s'agit de la participation à une manifestation). L'énonciateur **a** met en évidence les conséquences de l'acte dans le présent, alors que l'énonciateur **b** présente l'acte comme n'ayant aucun lien avec le présent.

EXERCICES

EXERCICE

1. Complétez avec la forme qui convient : présent simple, *present perfect* ou prétérit.

The one thing that is predictable about earthquakes (be) their unpredictability. On average, 100 quakes of the same magnitude as the one that (shake) Los Angeles last week (occur) every year. Losses from natural disasters (total) 3m deaths and hundreds of billions of dollars over the past twenty years. A 6.3 magnitude quake in Maharastra, Western India, on September 29 last year (kill) more than 10,000 people in their homes and (leave) 30,000 injured. Last week's quake in Los Angeles, despite being nearly twice as powerful, (kill) fewer than 50.

From The Sunday Times, *23 January 1994*

THÈME

2. Traduisez.

1. Et voilà ! Ils nous ont abandonnés. On est seuls maintenant.
2. Moi j'ai vu tous les films de Ken Loach. Et toi ?
3. J'ai vu tous les films de Ken Loach à Londres.
4. J'ai oublié de lui donner mon numéro de téléphone quand elle est partie.
5. Elle m'a déjà appelé trois ou quatre fois depuis hier.
6. Je n'ai pas eu le temps de la rappeler.
7. - Tu connais la nouvelle bibliothèque ?
   - Bien sûr ! J'y suis déjà allée trois fois.
8. C'est la première fois que je lui parle.
9. Les choses n'ont pas beaucoup changé depuis ces dernières semaines.

PRESENT PERFECT ET ADVERBES

On emploie le ***present perfect* :**

Avec les adverbes exprimant un lien temporel avec le présent

Now, by now, up to now, so far **(jusqu'à présent),** ***since*** **(depuis),** ***over the past few months / years*** **(depuis ces derniers mois / ces dernières années).**

He's been here since this morning. Il est là depuis ce matin.

Things have changed a lot over the past few weeks.

Les choses ont beaucoup changé ces dernières semaines.

Avec les adverbes exprimant le bilan dans le présent

Always, never, ever, before, already, yet, still, just **(passé immédiat),** ***recently, it's the first time.***

"I haven't been upstairs yet." (A. Brookner). Je ne suis pas encore montée.

"I have always loved you Christine." (A. Brookner). Je t'ai toujours aimée, Christine.

It has just happened. Cela vient de se produire.

It's the first time they have seen her. C'est la première fois qu'ils la voient.

Remarque

Certains de ces adverbes se combinent aussi avec le prétérit :

Did you ever see such a thing?

En anglais américain, on trouve le prétérit avec ***just*** **; l'accent est mis sur l'événement passé.**

I just saw him. Je viens de le voir.

PRÉTÉRIT ET ADVERBES

On emploie le ***prétérit* :**

Avec des expressions situant l'action dans le passé

Once, ago, when, in those days, last week, on Sunday, **etc.**

It happened a long time ago. Cela s'est produit il y a longtemps.

Avec les termes exprimant la succession dans le temps

First, and then, later, next.

He looked at her and then laughed. Il la regarda puis se mit à rire.

EXERCICES

1. Mettez le verbe entre parenthèses à la forme qui convient : prétérit simple ou *present perfect*.

1. *I never (try) .... sleeping-pills so far.*
2. *I (try) .... it once when I was in Spain.*
3. *Where (they - spend) .... their holidays last year?*
4. *You're late my boy ! We (already - have lunch) ....*
5. *I (not - have) .... notification yet.*
6. *You'll see him in a minute. He (just - arrive) ....*
7. *He (not - be) .... to the doctor's yet.*
8. *He still (not - find) .... the answer.*
9. *It (happen) .... three weeks ago.*

2. Mettez le verbe entre parenthèses à la forme qui convient.

1. *Most days, Johanna is a public-policy student at University of California, Berkeley. But on Saturday, April 25, 1998, she (transform) .... herself into a contractor's helper. She (decide) .... to donate her time to Christmas in April, a nonprofit organization that since 1990 (repair) .... the homes of elderly, disabled and low-income people. Within the next two days, she (be assigned) .... to a team of some 30 workers to fix up the house of San Francisco resident Helen Twig. Helen, who is 85 (live) .... in her home for 47 years. "I (hear) .... about it and it (seem) .... like a neat thing to do," Johanna says.*
"Then I (meet) .... Helen and it (make) .... it all worthwhile," Johanna says. "Things (be) .... incredibly easy since we (start) ...."
2. *I suppose they (arrive) .... by now. It is not really the first time I (feel) .... that way. Indeed, since the very first tourists (come) ...., I can say I (feel) .... this pang inside me. Actually it (grow) .... bigger over the past few years. I remember 1986. In those days, I (have) .... the beach all to myself. Once, I even (spend) .... one full day alone, gazing at the horizon line. Then the invaders (take over) ....*
3. *The Philippines is a fascinating country made up of over 7,000 tropical islands. Originally they (be all covered) .... with rainforest and surrounded by beautiful coral reefs. But of course this is not the case today. Pollution, over-fishing and tourist development (take) .... their toll over the last twenty years. But the tiny island of Danjungan (be) .... lucky so far. Almost all its original forest cover (remain) .... intact. There are several caves with lots of bat colonies and a flourishing coral reef. The island (long be) .... a vital resting place for migratory birds. Lately, however, the tourist developers (try) .... to get their hands on this little corner of paradise.*

6. *PRESENT PERFECT* SIMPLE ET *PRESENT PERFECT BE+ING*

LE *PRESENT PERFECT BE+ING*

On le forme avec le *present perfect*, auquel on ajoute la forme *Be + ing*.
Il a les valeurs du *present perfect* (voir p. 18). Il indique de plus que le sujet s'est livré à une certaine «activité» ; cette activité a laissé des traces visibles dans la situation présente. L'emploi du *present perfect Be + ing* permet d'imaginer la «scène» qui a eu lieu.

You've been painting, haven't you?
Tu as fait de la peinture, n'est-ce pas ? (Tu as passé ton temps à peindre.)
You've been drinking! Mais tu as bu !
Somebody has been moving my books.
Quelqu'un a touché à mes livres. (Je visualise l'activité qui a eu lieu.)

PRESENT PERFECT SIMPLE OU *PRESENT PERFECT BE + ING* ?

Les verbes d'état
Ces verbes (*love, like, hate, want, think,* etc.) ne s'emploient **pas** au *present perfect Be + ing* car ils sont incompatibles avec l'idée d'activité en cours.
He's always loved her. Il l'a toujours aimée. (Il l'aime depuis toujours.)
Dans certains contextes, ces verbes d'état peuvent être recatégorisés comme verbes d'activité : ils admettent alors la forme *be+ing*, comme tout verbe d'activité (voir p. 11).

L'expression de la quantité
Ten times, twice et toutes les expressions d'une quantité précise ne s'emploient **pas** avec le *present perfect Be + ing* car ces compléments mettent l'accent sur le seul résultat de l'action.
He has already phoned twice. Il a déjà téléphoné deux fois.

Activité ou résultat de l'acte ?
Le *present perfect Be + ing* met l'accent sur l'activité.
Le *present perfect* simple met seulement l'accent sur le résultat de l'acte.

COMPAREZ

It is midnight. ***We've been watching television. We have watched The Spider's Stratagem*** *by Bertolucci. Now we are drinking coffee.* (Simon Burt)
Il est minuit. On a regardé la television. On a regardé *Le stratagème de l'araignée* de Bertolucci. Maintenant on boit du café.
a ***We've been watching television :*** l'accent est mis sur l'activité qui a eu lieu. «On a passé son temps à...»
b ***We have watched The Spider's Stratagem :*** L'accent est mis sur le film qu'on a vu.

FOR ET *SINCE*

Le *present perfect* simple et le *present perfect Be + ing* peuvent tous deux s'employer avec ***For*** ou ***Since***. Souvent, dans un même contexte il est possible d'employer l'une ou l'autre forme verbale (sauf pour les verbes d'état) ; mais selon qu'on emploie le *present perfect* simple ou le *present perfect Be + ing*, on ne met pas l'accent sur la même chose.

COMPAREZ

***Present perfect* simple**

a *He has worked here since 1990. He knows everybody in the firm.*
Il travaille ici depuis 1990. Il connaît tout le monde dans l'entreprise.
(Ce qui compte, c'est que grâce à son expérience, il connaît tout le monde.)

***Present perfect* continu**

b *He has been working with us for ten years!*
Cela fait dix ans qu'il travaille avec nous ! (On insiste sur la description de l'activité ; on peut également sous-entendre un commentaire sur le sujet).

EXERCICES

EXERCICES

1. Complétez avec le *present perfect* simple ou le *present perfect* *Be+ing* chaque fois que c'est possible.

1. *I (know) him since I was a child.*
2. *We (be) together for ten years.*
3. *He (work) here for a week now. He (meet) all my colleagues.*
4. *I admit it. I (smoke)!*
5. *I (drink) two bottles of wine.*
6. *It's all arranged. They (agree) to help us.*

2. Mettez le verbe entre parenthèses à la forme qui convient : prétérit, *present perfect* simple ou *present perfect Be+ing* lorsque c'est possible.

1. *Clare Power (be) a free-lance journalist since January 1997. She (leave) college in 1994 and then (work) for an advertising company for a few years. She (give up) the job a few months ago and gradually (make up) her mind to become a journalist. So far, she (do) very well!*
2. *Paula Wright (be born) in Bradford and (study) Art at the Royal College of Art. In 1998 she (have) her first major exhibition, at the Serpentine Gallery, London. Since then, she (work) with the most famous artists.*
3. *Nick King (graduate) from the National Film School in 1992. He (already/make) four major films. He (work) in Tanzania for two months now.*
4. *Julia Perez (be born) in Mexico. She (become) famous after four films, when she (be) just 22. She (recently - be described) as one of the best actresses in the world.*

THÈME

3. Traduisez.

1. Nous sommes assis dans un pub. Nous avons bu. Les gens nous regardent. Nous avons bu deux bouteilles de whisky.
2. - Qu'est-ce que tu as fait tout l'après-midi ?
   - Eh bien, j'ai lu. J'ai lu ce roman que tu m'as donné.
3. Pourquoi est-ce que tu rougis ? Tu m'as menti ! J'en suis sûre. Tu as changé d'avis ?
4. Nous sommes dans un train. Je vois qu'elle a pleuré. Elle n'a pas ouvert le paquet que je lui ai donné quand nous sommes partis.
5. J'ai réfléchi. Je ne pense pas que tu aies raison.
6. Il est assis sur le sol de la cuisine. Il y a des sacs partout. Il a fait les courses. Il a acheté deux belles paires de chaussures et de la nourriture.
7. Quel désordre ! Quelqu'un a dormi dans ma chambre !
8. Non, ça ne peut être vrai ! Tu as rêvé !

7. LE *PLUPERFECT*

Le *pluperfect* est formé à partir de la forme *Have* + participe passé qui, tout comme pour le *present perfect*, apporte la valeur de résultat, de bilan ; l'auxiliaire *Have* est au passé : ***Had***.
Had he finished when you saw him? He had finished. He had not finished.

RÉSULTAT ET BILAN DANS LE PASSÉ

Tout comme le *present perfect*, le *pluperfect* a une valeur de résultat.
On le trouve associé aux adverbes et expressions qui signalent le bilan : *already, always, ever/never, it was the first time*, etc. À la différence du *present perfect*, il s'utilise dans un contexte passé.
Christine Fibich had always known that she would marry Fibich. (A. Brookner)
Christine Fibich avait toujours su / savait depuis toujours qu'elle épouserait Fibich.
It was the first time the two had been separated. (A. Brookner)
C'était la première fois qu'ils étaient séparés.

ANTÉRIORITÉ

Le *pluperfect* peut marquer une différence temporelle par rapport à un prétérit (antériorité).
Certains éléments du contexte peuvent indiquer cette différence : *before* (bien que cet adverbe n'entraîne pas obligatoirement le *pluperfect*), *to remember*, etc.
She did not remember what had happened before.
Elle ne se souvenait pas de ce qui s'était produit auparavant.

PRÉTÉRIT OU *PLUPERFECT* ?

Le *pluperfect* est souvent employé pour des raisons stylistiques : volonté de faire un retour en arrière d'ordre explicatif. Dans bien des cas, l'énonciateur peut choisir pour un même fait de mettre ou non l'accent sur le résultat. Tous les plus-que-parfait français ne se traduisent donc pas par un *pluperfect* en anglais.

COMPAREZ

a *After the baby was born, they left for Italy.*
On présente les deux événements sur un même plan, dans l'ordre chronologique.
b *After the baby had been born, they left for Italy.*
On insiste sur la relation entre les deux événements (le *pluperfect* a une valeur explicative).
Dans les deux cas, on traduira par : Après la naissance du bébé, ils partirent pour l'Italie.

STYLE INDIRECT

Le *pluperfect* correspond au style indirect passé à la fois au *present perfect* et au prétérit.
"I have finished," he said. **>** *He said that he had finished.*
«J'ai fini,» dit-il. Il dit qu'il avait fini.
"I finished on Monday." **>** *He said that he had finished on Monday.*
"J'ai fini lundi." **>** Il dit qu'il avait fini lundi.

LE *PLUPERFECT* CONTINU

Il correspond au *present perfect* continu dans un contexte passé. (voir p. 22)

"You've been crying". Tu as pleuré.

When I arrived I could see that she had been crying.

Quand j'arrivai, je vis qu'elle avait pleuré.

EXERCICES

EXERCICE

1. Complétez avec le prétérit ou le *pluperfect*.

Miss Duncan, a woman in her mid-fifties, living alone in a comfortable flat, (be missing) ...... for some four months when the police (be eventually contacted) ...... by her doctor after she (miss) ...... several appointments with him. Two days later two policemen (visit) ...... the flat with a spare key obtained from her cleaner who (not/hear) ...... from her for weeks. They (find) ...... nothing out of the ordinary. The flat (be) ...... clean, quiet and tidy. None of the cupboards (be emptied) ...... , there (seem) ...... to be an abundance of clothes still hanging up. The bedroom (contain) ...... a long looking-glass. In the bathroom they (find) ...... several bottles of expensive scent. After this they (go back) ...... to the doctor who (alert) ...... them in the first place. But he (be) ...... unable to give any useful information. He said that he (last - see) ...... her just before the summer. Apparently no one (see) ...... her leave.

THÈME

2. Traduisez.

1. Il s'aperçut qu'il avait commis une erreur, mais c'était trop tard.
2. Je l'avais déjà vu plusieurs fois aux concerts des Prom's.
3. Elle l'avait vu auparavant, mais elle ignorait qu'il était membre du groupe.
4. Quand je lui ai téléphoné, j'ai cru deviner qu'il avait bu.
5. Elle parlait, elle parlait… elle avait tout vu, elle avait été partout, elle avait tout essayé.
6. Quand j'entrai, je vis qu'il avait pleuré. Je lui demandai ce qui s'était passé. Il me répondit qu'il avait dormi tout l'après-midi.
7. Je savais qu'il m'avait menti tout le temps. Je lui demandai combien de personnes il avait rencontrées ce soir là.
8. On m'en avait déjà parlé mais j'avais oublié.
9. Je me demandai s'il avait oublié sa promesse. Je savais qu'il la voyait depuis deux mois.
10. On m'apprit qu'il avait passé deux ans en prison avant d'être relâché.
11. On me dit qu'il avait commencé à écrire deux ans auparavant.
12. Je lui demandai si elle avait fini. Elle ne répondit pas. Apparemment, elle n'avait pas entendu ce que j'avais dit.
13. Je savais qu'ils vivaient avec eux depuis deux mois.
14. Je me demandai depuis combien de temps il travaillait avec elle.
15. Je ne pouvais comprendre pourquoi il avait vendu cette maison.
16. Je savais qu'elle avait été achetée par son frère.
17. Quand j'entrai je sus qu'ils avaient parlé de moi.

DATE, DURÉE, RELATIONS TEMPORELLES

A

Dans les expressions de temps comme *twice a week, once a month, three times a year* etc., *a* sert à marquer la périodicité.
He goes there twice a year. Il y va deux fois par an.

Question correspondante
How often does he go there? Il y va tous les combien ?

AFTER

***After* peut introduire une subordonnée.**
After I left school, I worked for them.
Après avoir quitté l'école, j'ai travaillé pour eux.

Prétérit ou *pluperfect* ?

COMPAREZ

a *After her father died, she sold the house* (prétérit).
b *After her father had died, she sold the house (pluperfect).*
Après la mort de son père, elle vendit la maison.
On emploie très fréquemment le prétérit après *after* : on présente les deux événements sur le même plan. Le *pluperfect* est employé après *after* lorsqu'on veut mettre en évidence le résultat d'un procès et lui donner une valeur explicative.

***After* peut introduire un nom ou un nom verbal (gérondif).**
He will come the day after tomorrow/after talking to her.
Il viendra après-demain/après lui avoir parlé.

- *After seeing her, he realized that it was too late.*
  Après l'avoir vue, il comprit qu'il était trop tard.
  La forme en *-ing* à droite d'une préposition suffit à marquer l'accompli, alors qu'en français, l'accompli est marqué par l'emploi de l'auxiliaire « avoir » ou « être ».
- Pour traduire « et après », « et ensuite », « et puis » (adverbes), on emploie *then* et non **pas** *after.*
  And then he left. Et puis il partit.

AGO

- *Ago,* précédé d'une indication de durée *(three weeks ago, two days ago)* situe l'événement dans le passé à la manière d'une date et entraîne donc le prétérit.
  He left two days ago. Il est parti il y a deux jours.
  Questions correspondantes
  How long ago did he arrive? When did he arrive?
  (voir *for, since* p. 32, 34, « depuis », « il y a » p. 42).
- Au plus-que-parfait (par exemple au style indirect passé), on trouve souvent *before* à la place de *ago.*
  She left two weeks ago. Elle est partie il y a deux semaines.
  She said that she had arrived two weeks before.
  Elle a dit qu'elle était arrivée deux semaines auparavant.

EXERCICES

1. Transformez les énoncés suivants à l'aide des indications données (proposez plusieurs solutions lorsque c'est possible).

1. *He felt better after talking to her.*
   He felt better after he ....
2. *They never saw her again after her departure.*
   They never saw her again after she ....
3. *After the death of his uncle, he decided to write to Sandra.*
   After his uncle ....
4. *After leaving her, they went back to their hotel.*
   After they ....
5. *After the birth of Tom, they moved to London.*
   After Tom ....

2. Traduisez (donnez plusieurs solutions lorsque c'est possible).

1. Qu'as-tu fait après les avoir quittés ?
2. Je lui prêterai ma voiture après qu'elle aura enfin prouvé qu'elle sait conduire.
3. Après avoir vécu de telles expériences, vous avez dû vous sentir terriblement libre.
4. Écris-lui, dis-lui ce que tu as à lui dire, et puis après on verra !
5. Mets d'abord un pantalon et une chemise propres. Après tu viendras me voir.
6. Cela s'est produit après le départ de Paul (traduisez avec un verbe).
7. Ils sont partis après la naissance de leur fils (traduisez avec un verbe).
8. Après la mort de son chien (traduisez avec un verbe), elle décida de ne plus sortir de chez elle.
9. Depuis combien de temps ont-il décidé de rejoindre le parti Travailliste ?
10. Elle ne savait pas qu'il avait rencontré sa sœur jumelle deux mois auparavant.
11. - Ça fait combien de temps qu'il sont partis ?
    - Ça fait longtemps.
12. Il n'y a pas si longtemps, je croyais que j'étais incapable d'aimer.
13. Je suis revenue il y a deux jours. Je suis partie après son arrestation.
14. Je l'ai rencontré il y a quelques mois. Je viens ici deux fois par semaine.
15. Tu les vois tous les combien ?

DATE, DURÉE, RELATIONS TEMPORELLES

ALREADY

- *Already* accompagne souvent le *present perfect* ou le *pluperfect* qui marquent le bilan (aspect accompli).
  He has already seen that film. Il a déjà vu ce film.
- Pour transformer un énoncé à la forme négative, on emploiera *not yet*.
  He hasn't seen that film yet. Il n'a pas encore vu ce film.

Ne pas confondre
Already et *before* qui peuvent tous deux se traduire par « déjà ».
He has already finished. Il a déjà fini. (Je m'attendais à l'inverse).
I've seen that man before. J'ai déjà vu cet homme (auparavant).

ALWAYS

- *Always* signale, selon les verbes, la permanence ou la répétition.
  Répétition : *He always goes out at night.* Il sort toujours le soir.
  Permanence : *I've always loved you.* Je t'ai toujours aimé.

Ne pas confondre
Always et *still* qui tous deux peuvent se traduire par « toujours ». *Still* exprime la continuité (toujours = encore).
He was still in love with her. Il l'aimait encore/toujours.
(« cela n'avait pas cessé d'être »).

AS

Lorsque *as* (qui signifie « lorsque, comme, à mesure que ») introduit une subordonnée de temps, il indique que les deux actions sont situées dans la même séquence temporelle. On traduit souvent le prétérit simple qui suit *as* par un imparfait.
The symptom passed as she grew older. (A. Brookner)
Le symptôme disparut avec l'âge (à mesure qu'elle grandissait).
As they entered the building, the roof collapsed.
Comme ils entraient dans l'immeuble, le toit s'effondra.

As + nom
As a child he had felt lonely and unhappy. Enfant, il s'était senti seul et malheureux.

Ne pas confondre
As dans une subordonnée de temps et *as* dans une subordonnée de cause (voir p. 236).
As it was too late to go, I decided to stay.
Comme (puisque) il était trop tard pour rentrer, je décidai de rester.

AS SOON AS

Comme *when* (voir p. 38), *as soon as* n'est jamais suivi de *Will* (ni de *Would*).
As soon as they phone, I'll go. Dès qu'ils téléphoneront, je m'en irai.
She knew that as soon as they phoned, she would go.
Elle savait que dès qu'ils téléphoneraient, elle s'en irait.

AS LONG AS

***As long as* peut introduire un complément de temps.**
It began as long as a hundred years ago. Cela a commencé il y a déjà cent ans.

***As long as* peut introduire une subordonnée.**
We shall help you as long as you need. Nous t'aiderons tant que tu en auras besoin.

EXERCICES

1. Choisissez la réponse qui convient.

1. It's been two months ...... since he left.
a) ago b) already c) ahead
2. It was all over now and yet he ...... wished it had all been different.
a) always b) still c) still not
3. That day when I came in he was ...... brooding.
a) still b) always c) yet
4. He was ill all winter and hasn't quite recovered ....
a) again b) yet c) already
5. He will look for a job as soon as he ...... from his trip.
a) will come back b) came back c) comes back

2. Traduisez.

1. Ne lui donne pas de vin, il en a déjà trop bu !
2. Je t'ai dejà dit de ne pas m'interrompre !
3. - Il a dejà fini ?
- Non, il est encore au téléphone.
4. Comme j'étais le seul qui sache parler japonais, ils m'ont offert un bonsaï.
5. Comme je descendais du bus, je tombai par hasard sur ma tante espagnole.
6. Je ne savais pas que je tomberais amoureux de cette ville dès que je la verrais.
7. Envoie-moi un E-mail dès que tu auras fini.
8. Dès qu'elle entra sur scène, elle fut prise d'un fou rire *(to giggle)*.
9. Tandis que les années passaient, elle devint plus mélancolique.
10. Il est parti il y a deux ans mais sa femme est toujours là.
11. Je n'ai pas encore lu son article. Est-ce qu'il est toujours préoccupé par les questions d'environnement ?
12. A-t-il déjà réglé la question de son départ ? Je ne lui en ai pas encore parlé.
13. Après lui avoir parlé de notre projet, j'ai pensé qu'il y avait encore beaucoup à faire.
14. Je me demandais s'il savait que j'abandonnerais dès qu'elle serait là.

DATE, DURÉE, RELATIONS TEMPORELLES

BEFORE

- ***Before* (préposition) peut introduire un nom ou un gérondif.**
  Before the war. Avant la guerre.
  Before announcing his departure he made sure everything was ready.
  Avant d'annoncer son départ, il s'assura que tout était prêt.
- ***Before* (conjonction de subordination) peut introduire une subordonnée.**
  He made sure everything was ready before he announced his departure.
  Il s'assura que tout était prêt avant d'annoncer son départ.
- **L'adverbe *before* accompagne souvent l'aspect accompli (*present perfect* ou *pluperfect*) car ces formes indiquent le bilan.**
  I've never had it before. (A. Brookner) Je n'en ai jamais pris auparavant.
  I've seen that man before. J'ai déjà vu cet homme (auparavant).
  The connection that he tried to make between what had gone before and this stranger caused him pain. (A. Brookner). Le lien qu'il essayait d'établir entre ce qui s'était produit auparavant et cet étranger le faisait souffrir.
- ***Beforehand* (adverbe) se place en fin d'énoncé.**
  Let us know beforehand. Dis-le nous à l'avance.

BY

***By* sert à indiquer une date butoir : « à ce moment-là et pas plus tard ».**
By the year 2010... D'ici l'an 2010...
You must have it ready by tomorrow. Il faut que ce soit prêt d'ici demain (au plus tard).
By the time he got to the station, the train had already gone.
Quand finalement il est arrivé à la gare, le train était déjà parti.

DURING

Ne pas confondre *during* et *for*
***During* situe la période dans le temps alors que *for* introduit seulement un terme marquant la durée. On peut trouver une subordonnée en *while* à la place du complément introduit par *during* :**
She stayed in bed for a week during the holidays/while they were on holiday.
Elle resta au lit toute une semaine pendant les vacances, pendant qu'ils étaient en vacances.

EVER

***Ever* correspond à *never* dans des contextes négatifs, restrictifs ou interrogatifs.**
I've never spoken to her. Je ne lui ai jamais parlé.
Have you ever spoken to her? Lui avez-vous déjà parlé ?
I wonder if I have ever spoken to her before.
Je me demande si je lui ai déjà parlé dans le passé. (Interrogative indirecte)
I've hardly ever spoken to her.
Je ne lui ai presque jamais parlé. (*Hardly* est un terme restrictif).

***Ever* apparaît avec les superlatifs (termes restrictifs).**
It's the nicest thing he has ever done. C'est la chose la plus gentille qu'il ait jamais faite.

EXERCICES

1. Choisissez la réponse qui convient.

1. *None of them ...... coffee.*
   a) ever drinks b) never drinks c) doesn't drink
2. *She stayed with them ...... a long time.*
   a) for b) during c) by
3. *...... the time he is thirty, he will have become a successful artist.*
   a) For b) By c) During
4. *I couldn't really make out if I had ...... met her before.*
   a) always b) still c) ever
5. *It happened ...... I was away.*
   a) during b) while c) during which time
6. *No athlete ...... won so many medals.*
   a) never b) ever c) before
7. *This is the most expensive project ....*
   a) ever b) never c) before
8. *It is the first time I have ...... seen such a lovely dress.*
   a) never b) ever c) already
9. *His first wife ...... five years before.*
   a) was dead b) had been dead c) had died

2. Transformez les énoncés.

1. *I've never seen such a funny film.*
   It's the ....
2. *I've never eaten snails!*
   It's the first time ....
3. *Before he spoke to her he watched her for a while.*
   Before ....
4. *Speak to her before you do it.*
   Don't do it ....

3. Traduisez.

1. Avant de disparaître au coin de la rue, elle se retourna et me fixa dans les yeux.
2. Le temps qu'elle arrive chez elle, elle aura sûrement réfléchi.
3. Ils ont passé deux jours dans le Hampshire pendant l'été.
4. Toutes les feuilles seront tombées avant l'hiver, bien avant qu'elle ne revienne.
5. Peux-tu me le rendre d'ici jeudi, sans faute, s'il te plaît ?
6. Elle s'est endormie à plusieurs reprises au cours du spectacle.
7. Pendant le discours du président, je n'ai pu m'empêcher de rire.
8. Si jamais tu la rencontres, dis-lui combien je l'aimais. Jamais, au grand jamais, je ne l'oublierai.

DATE, DURÉE, RELATIONS TEMPORELLES

FOR ET SINCE

For introduit un terme qui exprime la durée *(for two years, for several years)*.
Since indique le point de départ d'une action. *Since* peut être suivi d'une indication de temps de type date *(since Monday)* ou d'un verbe au prétérit renvoyant à un point de départ passé *(since I was a child)*.

For et le présent

How long are you here for? Pour combien de temps es-tu là ?

For et le prétérit

L'emploi du prétérit signifie que la période désignée appartient au passé.
On traduit *for* par « pendant ».
I stayed with them for two weeks last year.
Je suis resté avec eux pendant deux semaines l'année dernière.
Question correspondante : *How long did you stay with them?*

For et le *present perfect* simple

L'emploi du *present perfect* signifie que l'action a un lien avec le présent.

- La présence de *For* dans l'énoncé permet de conclure dans la plupart des cas que l'action ou l'état sont encore valables au moment présent (d'où l'idée que « cela dure encore »). On traduit *For* par « depuis ».
  He's been ill for two days. Il est malade depuis deux jours.
- Mais ce n'est pas toujours le cas.
  I've lived there for five years, so I know where it is.
  J'y ai vécu pendant cinq ans, donc je sais où c'est.
  (Le fait d'y avoir vécu a une incidence sur le sujet dans le présent > « je sais que… »).

For et le *present perfect Be + ing*

Le *present perfect* signifie que l'action a un lien avec le présent. La forme *Be + ing* décrit l'activité du sujet (ou le déroulement de l'action). (La forme *Be + ing* n'est pas possible avec les verbes d'état.) On traduit *For* par « depuis ».
He's been living here for two years now. Il vit ici depuis deux ans maintenant.

Attention

Le *present perfect Be + ing* en lui-même n'indique pas nécessairement que l'action « continue encore ». (voir p. 22)
It's been snowing all day. Il a neigé toute la journée. (> Il y en a des traces visibles dans le présent.)

For et le *pluperfect*

Ces énoncés expriment le bilan dans le passé.
I knew that he had been ill for two days. Je savais qu'il était malade depuis deux jours.

EXERCICES

1. Mettez le verbe entre parenthèses à la forme qui convient au présent, prétérit ou au *present perfect.*

Over the past years rampant tree cutting (strip) ...... much of Kenya's land. When Wangari Maathai (move) ...... to the desert area of Kenya, she (take on) ...... a formidable mission: holding back Kenya's advancing desert. Maathai (organize) ...... the Green Belt Movement five years ago. For weeks she (try) ...... to talk other women into helping her. After a few months, thousands of women (join) ...... the movement. So far, Maathai (recruit) ...... about 50,000 women. Since the movement (start) ...... thousands of trees (be planted) ...... More than 500,000 seedlings (be distributed) ...... to schools, hospitals and farmers. Maathai still (have) ...... a long way to go toward her original goal of planting a tree for every Kenyan, but her idea (already/inspire) ...... similar movements in more than a dozen other African nations.

2. Mettez le(s) verbe(s) à la forme qui convient.

1. *It's two hours since they (leave) ...... the house.*
2. *They (manufacture) ...... that car for several years now.*
3. *I (work)...... for two hours when the phone (ring) ....*
4. *His wife (die) ...... five years before.*
5. *They (stand) ...... in the queue for twenty minutes when the bus came at last.*

DATE, DURÉE, RELATIONS TEMPORELLES

SINCE et le *present perfect* simple

Since indique le point de départ d'un état ou d'une action qui est encore valable au moment présent ou dont les effets se font sentir dans le présent ; d'où l'emploi du *present perfect* dans la principale. On traduit *since* par « depuis » et le verbe par un présent.

He's been back since Monday. Il est de retour depuis lundi.

SINCE et le *present perfect Be + ing*

Since indique le point de départ d'une activité qui dure jusqu'au moment présent. La forme continue est impossible avec les verbes d'état. (voir p. 11)

He's been living here since last year. Il habite ici depuis l'année dernière.

SINCE suivi d'une proposition

Since peut être suivi non seulement d'un nom *(since yesterday)* mais aussi d'une proposition (*since* est alors « conjonction »).

Quel temps choisir pour le verbe qui suit *since* ?

- Lorsque *since* désigne un point de départ dans le passé, il est suivi du prétérit (le verbe a une valeur ponctuelle).

  I've seen him twice since he came back. Je l'ai vu deux fois depuis qu'il est revenu.

  "And yet, since you came back, you've been different."

  Et pourtant, depuis que tu es revenu, tu es différent.
- On peut employer le *present perfect* après *since*. *Since* est alors généralement suivi d'un verbe d'état (*be ill, be back, be away, be living, be sitting,* etc.).

  I've seen him twice since he's been back/ since he's had his new house/ since he's been living here.

  Je l'ai vu deux fois depuis qu'il est de retour/depuis qu'il a sa nouvelle maison/depuis qu'il habite ici.

  Dans ce type d'énoncé, on met en parallèle deux états : l'état décrit dans la principale d'une part et l'état décrit dans la subordonnée d'autre part ; on traduit *"since + present perfect"* par « depuis + présent ». (voir aussi « depuis » p. 42)

« Ça dure encore ? »

Ce n'est ni le *present perfect* simple, ni le *present perfect* ***Be + ing*** qui indiquent que l'action « dure encore » (voir p. 32). C'est l'association de ces formes verbales à *For + now* ou *Since* qui permet d'exprimer cette idée.

COMPAREZ

a *He's been ill.* Il a été malade.
(L'action ne « dure pas » jusqu'à aujourd'hui.)

b *He's been ill since Monday / for two days now.*
Il est malade depuis lundi / depuis deux jours maintenant.

EXERCICES

1. Mettez le(s) verbe(s) à la forme qui convient.

1. *The rescuers (work) ...... for two days when they found the little girl.*
2. *Jeremy and Sarah (know) ...... each other since they (be) ...... children.*
3. *How long ago (he - give up) ...... smoking ?*
4. *He (have) ...... anything to eat since yesterday.*
5. *They (be dead) ...... for two months when the house was sold.*
6. *When I first met her she (be) ...... depressed for years.*
7. *They (go out) ...... together for years when they decided to get married.*
8. *He (work) ...... for three months when he was fired.*

2. Traduisez.

1. Martha ? Je la connais depuis trois ans, depuis que son frère me l'a présentée.
2. Depuis qu'il a vendu l'entreprise, les choses ont beaucoup changé.
3. Depuis que le ministre est arrivé au pouvoir, ils ont beaucoup de problèmes.
4. Je ne l'ai pas vu une seule fois depuis qu'ils sont arrivés.
5. Sa vie a changé depuis qu'on lui a donné un chat. Il en rêvait depuis si longtemps !
6. Combien de temps penses-tu que ce concert va durer ?
7. Ils communiquent sur Internet depuis qu'elle acheté un nouvel ordinateur.
8. Tu ne l'as pas vu? Et pourtant il est de retour depuis une semaine !

DATE, DURÉE, RELATIONS TEMPORELLES

LONG

Ne pas confondre
How long...? (question portant sur la durée)
et ***How often...?*** (question portant sur la fréquence).
How long will he stay? Combien de temps va-t-il rester ?
How long has he been away? Ça fait combien de temps qu'il est absent ?
How often does he go there? Il y va tous les combien ?

Ne pas confondre
All day long : toute la journée (avec continuité)
All day : toute la journée (événement particulier)
She reads all day long. Elle lit toute la journée.
I worked all day yesterday. J'ai travaillé toute la journée hier.

Ne pas confondre
He won't stay long. Il ne restera pas longtemps.
Long ago = a long time ago. Il y a longtemps.
No longer : ... ne ... plus
She no longer wanted to be respectable. (A. Brookner).
Elle ne voulait plus être respectable.

ON

On, suivi d'un nom de jour, indique la date.
It happened on Sunday. Cela s'est produit dimanche.

Notez
To date from : « dater de ... »
It dates from the 16th century. Cela date du XVIe siècle.

Ne pas confondre
From now on, from then on, later on : à partir de maintenant, à partir de ce moment-là, plus tard.

ONCE

L'adverbe *once* peut signifier « autrefois ».
Christine had once felt in her father's house an outsider.
Christine s'était autrefois sentie dans la maison de son père, exclue.

Once, conjonction de subordination, introduit une subordonnée.
Once est souvent suivi de la marque d'accompli *Have -en* (*present perfect* ou *pluperfect*).
a *You'll feel better once you have finished.*
Tu te sentiras mieux une fois que tu auras fini.
b *He knew that she would feel better once she had finished.*
Il savait qu'elle se sentirait mieux une fois qu'elle aurait fini.

Comme dans le cas de *when,* on n'emploie ni *will* ni *would* dans la subordonnée de temps pour exprimer le futur ou le conditionnel. (voir p. 38)

OVER THE LAST...

Over the last two years/three weeks, etc. s'utilise pour indiquer la durée d'un état ou d'une action jusqu'au moment présent. Cette expression s'emploie avec le *present perfect* (simple ou *Be + ing*) puisqu'elle établit un lien avec le moment présent.
Things have changed a lot over the last ten years.
Les choses ont beaucoup changé depuis ces dix dernières années.

OVERNIGHT

Ne pas confondre
Overnight : du jour au lendemain..
Every other day : un jour sur deux.
Every now and then : de temps en temps.

PRESENTLY

Ne pas confondre
Presently : dans quelques instants (en américain : à présent, en ce moment).
At the present time : actuellement.
Actually : en réalité (ce n'est pas une expression de temps).
Eventually : en fin de compte, pour finir.

SINCE

(voir p. 32)

...TIME

There's no time left : C'est terminé («il ne reste plus de temps»).
In three years' time : dans trois ans (repère dans l'avenir).

EXERCICES

THÈME

I. Traduisez.

1. Sa stratégie a été déterminée il y a dix ans et n'a pas beaucoup changé depuis.
2. À partir de maintenant, il n'y aura plus de discussions.
3. En vérité, il reste peu de temps avant les prochaines élections.
4. Il vient de temps en temps, une semaine sur deux.
5. Ça s'est passé du jour au lendemain.
6. Il reste assis là toute la journée.
7. Elle sera là dans un instant !
8. En fin de compte, ils ont décidé de ne pas s'associer à cette campagne.

DATE, DURÉE, RELATIONS TEMPORELLES

STILL ET *YET*

Still exprime l'idée de continuité («toujours», «encore»).
I'm still there. Je suis encore (toujours) là.
Is he still working? Est-ce qu'il est encore en train de travailler ?

Still + _not_ indique que le même état de choses (état négatif) continue.
He still hasn't finished. Il n'a toujours pas terminé.

Not yet signale que l'événement ne s'est pas encore produit.
I haven't been upstairs yet. Je ne suis pas encore monté.

Attention
À la forme affirmative, *yet* signifie «pourtant».
Yet she wasn't happy. Pourtant elle n'était pas heureuse.

UNTIL ET *TILL*

Until et _till_ peuvent introduire un nom.
He will stay until Monday (forme affirmative > «jusqu'à»). Il restera jusqu'à lundi.
He won't be back until Monday (forme négative > «avant»). Il ne sera pas de retour avant lundi.

Until et _till_ peuvent introduire une proposition.
Until est souvent suivi de l'aspect accompli *(Have -en)*. *Until* marque un «point d'arrivée», c'est-à-dire un repère où le procès est envisagé comme accompli.
He will stay until I have finished. Il restera jusqu'à ce que j'aie fini.
He won't go until I have finished. Il ne partira pas avant que j'aie fini.
Comme pour *when,* on n'emploie ni *will* ni *would* pour renvoyer au futur ou au conditionnel.

WHEN

When et la subordonnée de temps
On n'emploie pas *Will* lorsque la subordonnée est remplaçable par *tomorrow* ou *later* (subordonnée de temps). La subordonnée en *When* fonctionne dans ce cas comme une subordonnée en *If.*
I'll do it when he arrives. Je le ferai quand il arrivera.
I'll do it later. Je le ferai plus tard.

Au passé
He knew that I would do it when he arrived. Il savait que je le ferais quand il arriverait.
I knew that she would go when she had finished.
Je savais qu'elle partirait quand elle aurait fini.

Remarque
Si vous rencontrez *will* (ou *would*) dans une subordonnée de temps ou dans une subordonnée en *if*, le modal signifie alors nécessairement «vouloir».
I'll go now if you'll permit me. Je vais m'en aller maintenant, si vous voulez bien m'y autoriser.

When et l'interrogation
When fonctionne comme les autres interrogatifs (*where, why*, etc.).
On emploie ***Will*** dans les interrogatives directes et indirectes.
When will he come? Quand viendra-t-il ?
I know/I wonder when he will come. Je sais/je me demande quand il viendra.

***When* pronom relatif**

Lorsque *When* est pronom relatif (précédé d'un nom), il est suivi de *will* si l'action est située dans le futur.

I look forward to the day when he will be back.

Il me tarde qu'arrive le jour où il sera de retour.

EXERCICES

1. Transformez les énoncés à l'aide d'une structure différente de façon à ce que le sens de l'énoncé de départ soit conservé. Utilisez un des mots (ou expressions) suivants : *It (be) the first time, When, Since, Until, As, For.*

1. I will go when I have an answer.
I won't go ....
2. For the first time I was on a plane.
It ....
3. He started working two years ago.
He's been ....
4. When I was a child I used to feel neglected.
....
5. I'll finish the job. Then I'll talk to her.
I'll talk to her ....

2. Traduisez.

1. Le problème des changements climatiques est devenu des plus inquiétants au cours de ces vingt dernières années.
2. Elle aimait rester seule. Une fois, elle est même partie sans laisser d'adresse.
3. Elle ne lui a toujours pas dit s'il pouvait compter sur elle.
4. N'oublie pas de fermer à clé quand tu partiras.
5. On ne les verra pas jusqu'à dimanche prochain.
6. Un jour viendra où l'environnement sera notre priorité.
7. Quand ils auront compris ce qu'ils veulent, on reprendra le travail.
8. Nous pensions que nous pouvions compter sur eux jusqu'au jour où nous avons découvert leur vraie personnalité.
9. Laissez-le là jusqu'à demain matin, jusqu'à ce que je revienne.
10. La situation restera insupportable jusqu'à ce qu'ils trouvent un accord.
11. Une fois que tu l'auras rencontrée, je te jure que tu ne pourras pas l'oublier.
12. Il se peut que je ne puisse pas les voir jusqu'à lundi prochain.
13. Sais-tu quand elle doit rentrer de son tour du monde ?
14. Je me demande quand elle va penser à me rendre ce qu'elle me doit.
15. Ils ont dit que lorsque le contrat serait signé, ils nous rencontreraient.
16. Je ne déciderai rien avant d'avoir eu une réponse positive.

DATE, DURÉE, RELATIONS TEMPORELLES

> QUELQUES PROBLÈMES DE TRADUCTION FRANÇAIS-ANGLAIS

Avant

- Lorsque «avant» signifie «dans le passé», on peut traduire par *in the past, formerly* ou par l'expression verbale *used to*.
  There used to be a school here. Avant, il y avait une école ici.
- «Avant que» ou « avant de» peut se traduire par *before* dans un énoncé affirmatif et par *until* dans un énoncé négatif.
  Fais-le avant qu'il ne revienne. *Do it before he gets back.*
  Ne pars pas avant d'avoir fait ta chambre. *Don't go until you've done your room.*

Après

On traduit par *After* lorsque «après» ou «après que» introduit un nom ou une proposition.
Il est parti après le déjeuner / après avoir terminé.
He left after lunch / after he had finished.
On traduit par *Then, and then* ou *next* lorsqu'on veut exprimer la succession dans le temps.
Et puis (et après) il est parti. *And then he left.*
Qu'est-ce qui se passe ensuite ? *What comes next?*

Cela fait...

- La mise en relief de l'expression temporelle «Cela fait...» en français est plus courante que ne l'est l'emploi de *It's* ou *It's been* en tête de phrase en anglais. On traduit souvent par un énoncé comportant *for* ou un énoncé en *ago*.
  Cela fait dix ans que nous ne nous sommes pas vus. *We haven't met for ten years.*
  Cela fait dix ans qu'il est parti. *He left ten years ago.*
- Lorsqu'on emploie *it's* ou *it's been* en tête d'énoncé en anglais, on met en évidence la continuité d'un état jusqu'au présent.
  It's been ten years since we last met.
  It's been ten years since we have met.
  Cela fait dix ans qu'on ne s'est pas vus.

Déjà

- Lorsque «déjà» signifie « auparavant», «dans le passé», on traduit par *before*.
  J'ai déjà vu cet homme. *I've seen that man before.*
- Lorsque «déjà» signifie « contre toute attente», on peut traduire par *already*.
  Il a déjà fini (> on pouvait s'attendre à l'inverse). *He has already finished.*
- *Ever* permet de faire le bilan sur un certain laps de temps et signifie « une fois déjà dans le passé».
  Have you ever been to the States? Êtes-vous déjà allé aux États-Unis ?
  («Si vous faites le bilan de votre vie, avez-vous eu l'occasion de... ?»).

Depuis, il y a...

(voir p. 42)

Encore, toujours

- *Always* exprime la permanence ou la répétition.
  He's always been like that. Il a toujours été comme ça.
- *Again* exprime seulement la répétition.
  He's ill again. Il est à nouveau (encore) malade.
- *Still* exprime la continuité.
  He's still there. Il est toujours / encore là.

Pendant

- Pour exprimer la durée, on emploie *For.*
  He sat there for two solid hours. Il resta assis là pendant deux bonnes heures.
- Pour situer la période dans le temps, on emploie *during* + nom ou *while* + proposition.
  Il a beaucoup dansé pendant les vacances, pendant qu'il était là-bas.
  He danced a lot during the holidays / while he was there.

EXERCICES

1. Traduisez.

1. Cela s'est produit il y a longtemps, pendant sa première campagne électorale. Ils sont restés ensemble deux semaines.
2. Cela fait deux mois que je le sais.
3. Cela fait combien de temps que tu vis avec lui ?
4. Je me suis réveillé pendant la nuit et je suis resté assis sur mon lit pendant deux heures.
5. Tous les soirs pendant deux heures, elle chante dans un club de jazz.
6. Ils ont été interrogés plusieurs fois pour une durée de deux heures, pendant l'été.
7. As-tu déjà rencontré quelqu'un comme lui? Il a déjà fini son travail! Nous n'avons pas encore commencé!

2. Traduisez.

Avant, il disait qu'il voulait être acteur. Il n'avait jamais enregistré de chanson jusqu'à ce qu'il rencontre ce producteur de télévision. Depuis lors, il est devenu une star. Il a déjà vendu deux cent mille disques. Il est le premier chanteur en solo qui ait jamais vendu tant de disques avec une seule chanson. Il dit qu'il continuera jusqu'à ce qu'il ait vendu un million de disques. « J'ai toujours voulu être célèbre, et cela depuis mon enfance. »

DATE, DURÉE, RELATIONS TEMPORELLES

> DEPUIS ET IL Y A : PROBLÈMES DE TRADUCTION

COMPAREZ

Questions de point de vue

« Depuis » et « il y a » peuvent s'employer dans des phrases apparemment très proches en français.
a Il est parti depuis deux semaines
et **b** Il est parti il y a deux semaines.
Les exemples **a** et **b** expriment à peu près la même idée, mais le point de vue est différent.
En **a**, on parle d'un état encore valable au présent (c'est-à-dire « l'absence » qui dure depuis deux semaines).
En **b**, on parle d'un événement passé (du « départ »).
Les traductions seront différentes en anglais, tant du point de vue du verbe que du complément de temps.

Il y a : ÉVÉNEMENT PASSÉ et terminé

On emploie **Ago** et le **prétérit** avec un **verbe d'action** : *to go, to leave, to arrive* etc.

Il est parti il y a deux semaines. (On parle du moment où il est parti).
He left two weeks ago.

Depuis : ÉTAT encore valable au PRÉSENT

Pour traduire « depuis deux jours / depuis hier » on emploie ***For*** ou ***Since*** avec le ***present perfect*** et un **verbe d'état** comme par exemple, les expressions verbales formées à partir de **Be**: *be ill, be away, be back, be married, be working, be living*, etc.
Since indique le moment où cet état a débuté *(since yesterday)* alors que *For* indique la durée de cet état *(for two weeks).*

Il est parti (il est absent) depuis deux semaines (C'est l'état « être absent » qui dure depuis deux semaines).
He's been away for two weeks.

Le tableau ci-dessous met en parallèle l'action passée (verbe d'action) et l'état encore valable au présent.

Verbe d'action	Verbe d'état	Événement passé PRÉTÉRIT + AGO	ÉTAT encore valable au PRÉSENT
Partir *Leave*	Être parti *Be away*	Il est parti il y a deux jours. *He left two days ago.*	Il est parti (il est absent) depuis deux jours. *He's been away for two days.*
Se marier *Get married*	Être marié *Be married*	Ils se sont mariés il y a dix ans. *They got married ten years ago.*	Ils sont mariés depuis dix ans. *They've been married for ten years.*
Revenir *Come back*	Être de retour *Be back*	Il est revenu il y a une semaine. *He came back a week ago.*	Il est revenu depuis une semaine. *He's been back for a week.*
Mourir *Die*	Être mort *Be dead*	Il est mort il y a cinquante ans. *He died fifty years ago.*	Il est mort depuis cinquante ans. *He's been dead for fifty years.*
Se mettre au travail *Start working*	Être au travail *Be working*	Il s'est mis à travailler il y a deux heures. *He started working two hours ago.*	Il travaille depuis deux heures *He's been working for two hours.*

DEPUIS introduisant une subordonnée

« Depuis » peut introduire non seulement un nom (« depuis hier ») mais également une subordonnée de temps (« depuis que tu es parti »). Dans ce cas, on peut traduire par *since* + subordonnée.

Quel temps choisir après *since* ?
C'est une question de point de vue sur l'action. « Depuis que tu es parti » peut soit désigner le moment du départ, soit l'absence.

- Si l'on fait référence à un **événement passé et terminé** on emploie le **prétérit après *since*** pour un **verbe ponctue**l : *to go, to leave, to arrive* etc.
  Il est malade depuis qu'elle est partie (depuis son départ).
  He's been ill since she left.
- Si l'on fait référence à un **état** qui est **encore valable au présen**t, on emploie le ***present perfect* après *since*** pour un ***verbe d'état*** : *be away, be back, be ill, have*, etc.
  Il est malade depuis qu'elle est partie (depuis qu'elle n'est plus là).
  He's been ill since she's been away.
  Je l'ai vu deux fois depuis qu'il est revenu.
  a *I've seen him twice since he came back.*(Verbe ponctuel)
  b *I've seen him twice since he's been back.*(Verbe d'état)
  (voir aussi *Since* p. 32)

EXERCICES

THÈME

1. « Depuis » et « il y a ». Traduisez.

1. Je les connais depuis si longtemps que je ne me rappelle plus où je les ai vus pour la première fois.
2. Il a monté son entreprise il y cinq ans et il a créé vingt nouveaux emplois depuis.
3. Je lui en ai parlé il y a deux semaines. Mais je n'ai pas eu de ses nouvelles depuis notre dernière réunion.
4. Elle raconte la même histoire depuis des années !
5. Nous sommes allés dans l'île de Wight il y a maintenant dix ans. Cela a dû changer depuis !
6. Combien de temps y-a-t-il que je vous aime ?
7. Il n'y a pas si longtemps, je croyais que la question était résolue.
8. Ils ont un nouveau gouvernement depuis six mois.
9. Le gouvernement précédent est resté au pouvoir pendant quatre ans.

2. « Depuis ». Proposez deux traductions lorsque c'est possible.

1. Elle ne répond pas au téléphone depuis mardi, depuis que je lui ai dit ce que j'en pensais.
2. Je n'ai rien vu de pareil depuis mon arrivée en Europe.
3. La situation s'est beaucoup détériorée depuis qu'il est de retour.
4. Il a amélioré la qualité de son travail depuis qu'il a ce nouvel ordinateur.
5. Elle sait cela depuis très longtemps.
6. Elle n'est pas sortie une seule fois depuis qu'il est malade.
7. Je ne l'ai pas vu depuis qu'elle est partie.

3. Traduisez.

Depuis plus d'un siècle, le commerce de l'ivoire s'accroît en Afrique et en Asie. De très nombreux animaux sauvages en Afrique et en Asie ont été tués ces dernières années. Aujourd'hui, il y a à peine 6.000 éléphants dans toute l'Afrique. Il y a vingt ans, il y en avait 60.000. Il y a dix ans, les autorités africaines ont imposé une interdiction sur l'exportation de l'ivoire. Mais la situation ne s'est pas beaucoup améliorée depuis que l'interdiction a été instaurée.

TYPES D'ÉNONCÉS ET FONCTION DE L'AUXILIAIRE

I. ÉNONCÉS AFFIRMATIFS ET REPRISES « EMPHATIQUES »

ÉNONCÉS AFFIRMATIFS

L'auxiliaire n'apparaît pas aux formes simples du présent et du prétérit dans le cas d'assertions « simples » (sans marque d'« emphase »).

Au présent simple

On trouve la base verbale et la terminaison **-*s*** à la 3e personne du singulier : *I like sport, she likes music.*

Au prétérit

On accole **-*ed*** à la base verbale dans le cas de verbes réguliers (voir liste des verbes irréguliers, p. 293 à 296) : *I liked the film.*

ÉNONCÉS « EMPHATIQUES » EN *DO - DID*

La présence de l'auxiliaire *Do - Did* dans les phrases affirmatives signale que celui qui parle prend position par rapport à ce qui vient d'être dit : soit pour confirmer ce qui précède, soit pour contredire l'interlocuteur ou encore pour persuader.

Do - did de confirmation

L'auxiliaire permet de confirmer ce qui vient d'être dit.
Do - did, suivi du verbe, sera accentué à l'oral.
They said that it would rain and it ***did*** *rain.*
Ils avaient dit qu'il pleuvrait et effectivement il a plu.
Lucy warned us that she would leave and she ***did*** *leave.*
Lucy nous avait avertis qu'elle partirait, et effectivement elle est partie.
L'auxiliaire peut apparaître seul ; le verbe reste sous-entendu ;
Do - Did n'est pas accentué.
Lucy warned us that she would leave and she did.
Lucy avait dit qu'elle partirait, et c'est ce qu'elle a fait.

Do - did de contradiction

Ils sont accentués.
- *You never saw her again, I suppose.*
- *I* ***did*** *see her once again, but she ignored me.*
- Tu ne l'as jamais revue, j'imagine.
- Si, une fois, mais elle a fait semblant de ne pas me connaître.

Do de persuasion

À l'impératif, l'emploi de *Do* permet d'intensifier l'ordre ; il est accentué.
- *I can't do it! It's too difficult.* Je ne peux pas le faire ! C'est trop difficile.
- ***Do*** *try again!* Essaie donc encore !
- ***Do*** *come in!* Mais entrez donc !

Autres reprises par auxiliaire

Tous les auxiliaires peuvent permettre la reprise de ce qui vient d'être dit.
Le verbe peut rester sous-entendu.

Modaux

If he eats anything he shouldn't (eat), let me know immediately.
S'il mange quelque chose qu'il ne devrait pas manger, fais-le moi savoir tout de suite.

Have - Had

She confessed she had broken the computer and most unfortunately she had (broken it).
Elle avoua qu'elle avait cassé l'ordinateur et bien malheureusement, c'était le cas / c'est ce qu'elle avait fait.

EXERCICES

1. Choisissez la réponse qui convient.

1. You seem to believe that accidents never happen. Accidents ...... you know.
a) it happens b)ever happen c) had happened d) do happen
2. She said that she was going the next morning and perhaps she ....
a) will go b) actually go c) did go d) does go
3. - Why didn't you phone?
- I ...... phone, but nobody answered.
a) didn't b) did c) haven't d) have
4. ...... be quiet!
a) Will b) Do c) Can d) Did
5. He never ...... me what he had seen!
a) did tell b) do tell c) has told d) had told
6. Things can be difficult - and they ....
a) often do b) often are c) are often d) do often
7. Accidents can happen - and they ....
a) often do b) do often c) often happen d)happen often
8. She promised she would do her best and she ....
a) would b) will c) did d) had

2. Traduisez en introduisant des reprises par auxiliaire lorsque c'est possible.

1. Ils avaient promis que les prix diminueraient de 3% et ils ont effectivement diminué.
2. Nous pensions que la grève continuerait et c'est ce qui s'est passé.
3. D'après la météo, il devait pleuvoir au mois de juin et effectivement, il a plu.
4. - Regarde, tes mains sont sales. Tu sais que tu ne peux pas manger comme cela !
   - Mais je les ai lavées !
5. - Est-ce que tu as jamais eu des nouvelles de Robert ?
   - Eh bien j'ai effectivement eu une lettre il y a deux ou trois ans.
6. Je vous en prie, ne soyez pas timide, asseyez-vous donc !
7. Nous n'avons plus de chambres aujourd'hui mais revenez donc nous voir un autre jour !
8. Si vous utilisez votre portable au théâtre, ce que vous ne devriez pas faire, vous allez avoir des problèmes.
9. Elle prétendit qu'elle avait perdu son porte-monnaie dans le magasin, ce qui n'était pas le cas.
10. Elle affirma qu'elle leur avait envoyé une carte postale, ce qu'elle avait bien évidemment fait.
11. Si mon fils dit ou fait quelque chose qu'il ne devrait pas faire, dites-le moi.
12. Elle disait toujours qu'elle deviendrait riche, et c'est ce qui s'est passé.
13. On m'a dit qu'ils avaient hérité de leur vieille tante, mais si c'était le cas, ils auraient certainement changé leur vieille voiture.
14. Je n'ai pas cru qu'elle changerait d'avis, mais c'est bien ce qu'elle a fait.
15. Pourquoi ne pas leur écrire, et quand tu le feras, dis-leur que tu les aimes.
16. Ils voulaient planter des arbres. Ils auraient dû, car il n'y a pas assez d'ombre.
17. Quand ils viendront, si jamais ils viennent, donne-leur ce paquet de ma part.

2. ÉNONCÉS NEGATIFS

NOT

Lorsque l'action est niée, c'est-à-dire lorsque la négation porte sur la relation entre le sujet et le verbe, il y a toujours présence d'un auxiliaire (*do* au présent simple et *did* au prétérit simple).
I don't like him. Je ne l'aime pas.
I didn't like it. Je ne l'ai pas aimé(e).

NO ET LES COMPOSÉS DE *NO*

L'auxiliaire *do - did* n'apparaît pas avec *no, nobody, no one, nothing, nowhere*, car ce n'est pas l'action qui est niée. La négation porte sur un seul élément (*-body, -where*, etc.).
No other person hates you as much as I do. Personne d'autre ne te hait autant que moi.
I waited and waited, but nobody came. J'ai attendu, attendu… mais personne n'est venu.
Nothing compares to a good night's sleep. Rien ne vaut une bonne nuit de sommeil.

INVERSION

Dans un style emphatique, certains termes négatifs ou restrictifs peuvent être placés en tête de phrase pour une mise en relief (il s'agit de structures littéraires) : *never, not only, only* + adverbe de temps, *no sooner, nor, nowhere, hardly* (à peine), *little, seldom* (rarement), *at no time*.
Lorsque l'adverbe négatif ou restrictif est placé en tête de phrase, il est immédiatement suivi d'une inversion sujet / auxiliaire (en fait, une structure interrogative) qui entraîne l'apparition de *do - did* au présent simple et au prétérit simple.
He never asked me a single question. > *Never did he ask me a single question.*
Il ne m'a jamais posé une seule question.
He not only phoned, but also sent a letter. > *Not only did he phone, but he also sent a letter.*
Il a non seulement téléphoné mais il a aussi envoyé une lettre.
He had no sooner arrived than she phoned. > *No sooner had he arrived than she phoned.*
Il n'était pas plus tôt arrivé qu'elle téléphona.
She had hardly finished when they arrived. > *Hardly had she finished when they arrived.*
À peine eut-elle terminé qu'ils arrivèrent.
I realized only then that she had been lying all the while. > *Only then did I realize that she had been lying all the while.*
Ce n'est qu'alors que je me rendis compte qu'elle avait toujours menti.

Remarque
D'autres locutions adverbiales, composées avec *no*, entraînent une structure identique. Il s'agit de : *under no circumstances, in no way, on no account.*
You must not tell him that you saw me under any circumstances.
> *Under no circumstances must you tell him that you saw me.*
En aucun cas tu ne dois lui dire que tu m'as vu.

Remarque : *Fail*
Le verbe *fail* a un sens négatif devant un verbe à l'infinitif.
He failed to answer my letter. Il n'a pas (du tout) répondu à ma lettre.
He can't fail to see her! Il ne peut manquer de la voir !

EXERCICES

1. Transformez l'énoncé de façon à mettre en relief le(s) terme(s) en gras.

*1. He **never** gives me any advice.*
*2. The President's aides realized they had gone too far **only** after the press had revealed the case.*
*3. He **seldom** tried to help even his closest friends.*
*4. He had **no sooner** arrived than he opened all the windows.*
*5. We had **never** seen anything like it.*
*6. He will **not only** complain to the police, but he will also sue them.*
*7. She had **hardly** seen him when she began to giggle.*
*8. Passengers must not stand up **under any circumstances** during the crossing.*
*9. She doesn't look like her twin sister **in any way**.*
*10. From now on, peace will not be put at risk **on any account**.*
*11. They are **not only** convicted of murder, but they will also be hanged.*
*12. I've **never** seen such a terrifying thing anywhere.*
*13. Controls on GM crops have **never** been so tough.*
*14. The gay lobby is not stronger **anywhere in Europe**.*
*15. They thought that they might resort to euthanasia **only then**.*

2. Traduisez.

1. Personne n'a jamais dansé aussi bien.
2. Rien ne s'est passé depuis notre dernier rendez-vous.
3. Elle n'a pas du tout tenu sa promesse. Je suis déçu.
4. Rien n'a changé. Personne n'a changé.
5. Peu de gens voyageaient dans ce train, qui auraient pu nous aider.
6. Tu ne peux pas ne pas les remarquer : ils ont tous un chapeau rouge.
7. Aucun autre endroit ne nous a procuré autant de plaisir.
8. Rien ni personne ne pourra vous remplacer.

3. Traduisez.

1. Elle possède non seulement un château en Espagne, mais aussi trois éléphants roses.
2. Jamais je ne mettrai les pieds chez elle !
3. À peine eurent-ils terminé leur exercice de grammaire que le plafond s'écroula.
4. Non seulement elle lui téléphone tous les jours sur son portable, mais elle lui envoie aussi un message par Internet.
5. Non seulement elle parle anglais, mais en plus elle est riche.
6. Tout le monde ne sait pas que Shakespeare a écrit de beaux sonnets et 36 pièces.
7. Vous ne trouverez nulle part ailleurs d'aussi belles chambres d'hôte.
8. Elle était loin de se douter que la Chambre des Lords rejetterait le projet de loi.
9. Rien ne vaut l'ambiance d'un vieux pub anglais.
10. Rien ne pourra mieux contribuer à combattre le sida en Afrique.

3. ÉNONCÉS INTERROGATIFS

YES / NO QUESTIONS

Les questions qui placent l'auxiliaire en tête de phrase appellent une réponse en «oui» ou «non», qui le plus souvent reprend l'auxiliaire de la question.
- *Did he come?* Est-il venu ?
- *Yes, he did / No, he didn't.* Oui / non.

Les interro-négatives introduisent une négation dans la question.
- *Didn't he come?* N'est-il pas venu ?
- *No, he didn't. / Yes, he did.* Non / Oui.

WHO, WHAT, WHICH

Who

On utilise *who* lorsque l'on cherche à identifier une personne.
- *Who did you see?* Qui as-tu vu ?

(On peut aussi dire *"Whom did you see?"*)
- *I saw Mary.* J'ai vu Mary.

Who / whom est ici complément.

What et *which*

Ils peuvent s'employer seuls ou être suivis d'un élément qui en précise le sens.
- *What did you buy?* Qu'as-tu acheté ?
- *A jumper.* Un pull.
- *What colour is it?* De quelle couleur est-il ?

- *Which* peut être suivi de *one*, ce qui n'est pas le cas de *what*.
  Which one was it? Lequel était-ce ?
- À la différence de *What*, *Which* implique le choix entre des éléments déjà nommés, déjà connus ou clairement identifiables (humains et non-humains).
  - *Which of these two men do you know?*
  - *The older one.*
  - Lequel de ces deux hommes connais-tu ?
  - Le plus âgé.

COMPAREZ

a *What books do you like?* Quels livres aimes-tu ? (= *What sort of books...*)
Le choix se pose parmi une infinité de possibles.
b *Which one do you want?* Lequel veux-tu ?
Le choix se fait dans un ensemble d'éléments identifiables.

WHO ET *WHAT* : SUJET OU COMPLÉMENT ?

Lorsque *who* et *what* sont sujets, on ne fait pas l'inversion sujet / auxiliaire que l'on trouve habituellement dans les questions. On ne fait donc pas apparaître l'auxiliaire *Do - did* au présent simple et au prétérit simple.
Who came? What happened? Qui est venu ? Qu'est-ce qui s'est passé ?

Remarque

Comment savoir si le mot interrogatif est sujet ?
Si le mot interrogatif est sujet, il n'y a pas d'autre sujet dans la question.

EXERCICES

1. *What* ou *Which* ? Complétez avec l'interrogatif qui convient.

1. ...... colour is that? Yellow or orange?
2. ...... colour did you say was missing in the box?
3. ...... of the three sisters is a nurse?
4. I've lost my bag; I don't know ...... one it is.
5. ...... is your favourite period in post-war history?
6. ...... size exactly is your jumper?
7. I don't really know ...... to choose.
8. I don't remember ...... ones I chose.
9. ...... items would you select in that list?
10. ...... country has the lowest birth rate?
11. Your new scissors? ...... scissors are you talking about?
12. ...... car? I didn't know she had one! ...... make is it? ...... one is it then?

2. Posez les questions correspondant aux mots en gras.

1. He had his hair cut ***twice a month****.*
2. It's ***very sunny today****.*
3. She's ***tall and dark-haired****.*
4. He stayed with them ***for two weeks****.*
5. This computer is ***mine****.*

3. Traduisez.

1. Qui t'a dit qu'il portait une barbe ?
2. Que t'ont dit ses amis au sujet de ses vacances en Afrique du Sud ?
3. Qu'est-ce qui t'a fait changer d'avis ?
4. Qui avez-vous entendu au congrès ?
5. Qu'est-ce qui t'a pris ? Qui t'a mis dans un tel état ?
6. À qui as-tu eu affaire ? À quelle conclusion avez-vous abouti ? *(to come to a conclusion)*
7. À qui rêve-t-elle ? À quoi pense-t-elle ?
8. Où court-elle comme cela ?
9. De quoi riez-vous ?
10. Pour qui sont toutes ces fleurs ?

WHO / WHAT ET LES PRÉPOSITIONS

Dans le cas des verbes prépositionnels, la préposition est maintenue à droite du verbe lorsque la question commence par un mot interrogatif complément *(who / what)*.

What are you listening to? Qu'est-ce que tu écoutes ?
Who are you talking about? De qui parles-tu ?

Remarque

Where peut aussi obéir au même schéma avec *go, run, walk, fly, drive*.
Where is she flying to? Pour où prend-elle l'avion ?
Avec *go*, les deux constructions (avec ou sans préposition) sont possibles.
Where is she going? / Where is she going to? Où va-t-elle ?

WHOSE : QUESTION SUR LA POSSESSION

Whose car is it? It's Paul's new car. À qui est cette voiture ? C'est la voiture neuve de Paul.
- *Whose shoes are you wearing?* À qui sont les chaussures que tu portes ?
- *John's.* À John (> ce sont celles de John.)

Notez que l'on n'utilise jamais d'article après *whose*, qui est immédiatement suivi de l'objet possédé. *Whose* prend exactement la place du possesseur :

Paul's car	*John's tie*
Whose car?	*Whose tie?*

(voir « Possession », p. 136-138)

WHY OU *WHAT FOR* ?

(voir chapitre 20 : Complétives et circonstancielles)

WHERE OU *HOW FAR* ?

Lieu

Where is the station? Near the church. Où est la gare ? Près de l'église.
Where do they live? In Bristol. Où vivent-ils ? A Bristol.

Distance

How far is the station? It's two miles from here.
À quelle distance se trouve la gare ? À trois km d'ici.
How far do they live? Two miles away. Ils vivent loin ? A trois km.

WHEN, HOW LONG, OU *HOW OFTEN* ?

(voir chapitre 2, p. 38)

HOW OU *WHAT... LIKE* ?

État de santé

- *How is he today?* Comment va-t-il aujourd'hui ?
- *He's very well.* Il va très bien.

Réaction - Appréciation

- *So, how was Australia?* Alors, c'était comment, l'Australie ?
- *Great! I loved it!* Super ! J'ai adoré !

Description

- *What is he like?* Comment est-il ?
- *He's short and thin.* Il est petit et maigre.

Caractéristique
- *What are the winters like in Iceland?* Comment sont les hivers en Islande ?
- *They're very cold indeed.* Ils sont vraiment très froids.

Remarque
On ne reprend pas *like* dans la réponse.

HOW + ADJECTIF

Lorsque *How* est suivi d'un adjectif, la question permet de « mesurer » ou d'évaluer un objet ou une personne.
How big is it? Quelle est la grosseur de cet objet ?
How bad is he? Il est très mal ?

EXERCICES

EXERCICE

1. Posez les questions se rapportant aux mots en gras.

*1. She's **very well** today; she has recovered totally.*
*2. It's only **two miles from here**.*
*3. He first met her **two weeks ago**.*
*4. Don't you touch her! She's **John's** girlfriend.*
*5. He blushed **because** she kissed him on the cheek.*
*6. They have at least **eight children**.*
*7. She used to buy a new wig **twice a year**.*
*8. He drove past the fish and chips' at, say, **one hundred miles an hour**.*
*9. A painting by Van Gogh was bought for **£30 million**.*
*10. **It's ten years** since I last heard that concerto.*
*11. Queen Victoria was **eighty years old** when she died.*
*12. The city of Pompei was destroyed in **79 A.D**.*
*13. In that area, the sea is about **2,000 metres deep**.*

THÈME

2. Traduisez.

- Qu'est-il arrivé ?
- Le corps d'une femme a été trouvé dans une valise hier soir à Heathrow.
- Qui l'a trouvée ?
- Le personnel de la sécurité.
- De quoi est-elle morte ? A-t-elle été identifiée ?
- Pas encore. Les policiers ont fait un appel à témoin. Elle a reçu plusieurs coups de couteau.
- Pensent-ils qu'il est possible qu'elle ait été tuée ailleurs ?
- Oui. Une des hypothèses est que le meurtrier s'est débarrassé *(dump)* du corps avant de prendre un avion pour quitter le pays.
- À quoi ressemblait la victime ?
- C'était une femme d'à peu près vingt ans, de taille moyenne, les yeux bruns et les cheveux auburn.

HOW MUCH OU *HOW MANY* ?

Lorsque *How much* est suivi d'un nom, celui-ci est nécessairement indénombrable et donc singulier. (voir « Dénombrables et indénombrables », chapitre 8)
How much money do you have? Combien d'argent avez-vous ?
"Money" peut être sous-entendu : *How much is it?* Combien cela vaut-il ?
How many porte sur un nom pluriel.
How many people did you see? Combien de personnes as-tu vues ?

INCISES DANS LES INTERROGATIVES

On peut insérer dans une question une interrogative exprimant l'opinion ou rappelant des paroles précédentes : *do you think, did you say,* etc.
C'est l'incise seule qui prend la forme interrogative.

COMPAREZ

a *Who will win?* **>** *Who* ***do you think*** *will win?*
Qui va gagner ? **>** Qui, d'après toi, va gagner ?
b *What happened?* **>** *What* ***did you say*** *happened?*
Qu'est-ce qui s'est passé ? **>** Qu'est-ce qui s'est passé, tu m'as dit ?
L'incise s'insère après le mot interrogatif.

COMPAREZ

c *What are you doing?* **>** *What* ***do you think*** *you're doing?* (= reproche, réprimande)
Que fais-tu ? **>** Qu'est ce que (tu crois que) tu es en train de faire ?
d *Where are you going?* **>** *Where* ***do you think*** *you are going?* (reproche, réprimande)
Où vas-tu ? Où crois-tu que tu vas ?
e *Where did she go?* **>** *Where* ***do you think*** *she went?* (ou *Where did she go, do you think?*)
Où est-elle allée ? Où penses-tu qu'elle soit allée ?
La deuxième proposition a une forme déclarative (seule l'incise est à la forme interrogative).

INTERROGATIVES INDIRECTES

Tous les pronoms interrogatifs peuvent intervenir après les expressions suivantes qui introduisent une interrogation indirecte : *I don't know, I don't understand, I wonder, I'd like to know, I want to know, I don't see (+ why)*

- Le pronom interrogatif est suivi d'une forme déclarative (et non d'une forme interrogative).

COMPAREZ

a *Where was she born?*
> b *I don't know* ***where she was born.***
Où est-elle née ?
> Je ne sais pas où elle est née.

- Le verbe d'introduction peut être suivi de *if* ou *whether* (lorsqu'il y un choix possible).

Will she change her mind? **>** *I wonder if / whether she will change her mind.*
Est-ce qu'elle va changer d'avis ? **>** Je me demande si elle va changer d'avis.

- Dans l'interrogation indirecte, *will* est présent dans la subordonnée introduite par *when* lorsqu'il y a renvoi au futur (voir *When*, p. 38).

I don't know when he will be back. Je ne sais pas quand il rentrera.

4. LES ÉNONCÉS INTERRO-NÉGATIFS

Ces énoncés présentent souvent une difficulté pour la traduction car la structure interrogative n'apparaît pas toujours dans les énoncés équivalents français.
Don't you like white coffee? Tu n'aimes pas le café au lait ?
Il peut y avoir deux réponses brèves possibles.
- *Don't you think she's talented?* Est-ce que tu ne trouves pas qu'elle a du talent ? / Tu ne trouves pas qu'elle a du talent ?
- *Yes I do / Yes, I think so.* Oui. / *Yes she is.* Oui, en effet.

Remarques sur *Why* dans les interrogatives indirectes
Why peut entraîner deux constructions.
a *I don't know why she didn't come.*
Je ne sais pas pourquoi elle n'est pas venue.
Nous sommes dans le domaine des faits.
b *I don't understand why she should behave like that.*
(Voir *Should*, chapitre 4, p. 84, 86 et chapitre 20, p. 228)
Je ne comprends pas pourquoi elle a besoin de se comporter de la sorte.
Celui qui parle porte un jugement : on est dans le domaine de la modalité.
On peut aussi dire : *Why she had to say that, I don't know.*

Notez : *How come?*
How come she never tried to contact her old friends?
Comment se fait-il qu'elle n'ait jamais essayé de prendre contact avec ses vieux amis ?

EXERCICES

1. Interrogatives incises : Posez les questions correspondant aux mots en gras en insérant une interrogative (incise interrogative).

Ex. : *They had to cancel the trip because Martha fell ill.*
> *Why did you say they had to cancel the trip ?*

1. *I suppose the Greens will appoint a new leader* ***on Tuesday****.*
2. *They said a Spielberg film would follow* ***the news****.*
3. *I think they should do* ***something*** *about class exclusion.*
4. *He doesn't feel* ***happy*** *about the situation of the unemployed.*
5. *The concert took place in* ***an old disused station****.*
6. *I will look like* ***a tramp*** *with that coat on!*
7. ***About twenty thousand*** *people turned up at the demonstration.*
8. *It takes at least* ***twenty minutes*** *to get to the Museum of Modern Arts.*

2. Utilisez les éléments entre parenthèses pour construire des interrogatives indirectes.

1. *She didn't do all the ironing. (Why? I wonder.)*
2. *They brought up their children so strictly. (Why? I don't know.)*
3. *Someone left the windows open. (Who? I want to know.)*
4. *They hid the documents somewhere in the room. (Where? I wonder.)*
5. *The hole is incredibly deep. (How? I'd like to know.)*
6. *The meaning of "ethnic cleansing" is unknown to me. (What? I wonder.)*
7. *Have the colonies any grounds for claiming back the resources stolen from them? (Whether. I don't know.)*

3. Traduisez.

1. Nous aimerions savoir pourquoi les gardiens ont assailli les prisonniers. *(inmates)*
2. Je me demande comment le chauffeur a pu éviter le désastre. *(avert)*
3. Je n'ai pas compris pourquoi il y a eu des affrontements entre la police et les loyalistes.
4. Je ne sais pas quand le système de santé *(health service)* pourra répondre à tous les besoins de ce pays.
5. Ne crois-tu pas que la jeune fille au pair accusée de meurtre est innocente ? *(convicted)*
6. Est-ce que tu n'as pas l'impression que l'on a beaucoup parlé de la procédure d'*Impeachment* ?
7. Elle se demande combien de temps il lui faudra attendre avant de pouvoir revoir son mari.

5. LES RÉPONSES COURTES

RÉPONSES COURTES AVEC AUXILIAIRE

Elles peuvent avoir plusieurs valeurs.

Réponse à une question

- *Did you go?* Tu y es allé?
- *Yes, I did / No, I didn't.* Oui / non.
- *Did you accept?* Tu as accepté ?
- *Of course I did.* Bien sûr.
- *Do you love her?* Tu l'aimes ?
- *I suppose I do.* Je crois que oui / Je crois que oui, en effet.

La réponse peut se faire à l'impératif.

- *Shall I open the window?* Est-ce que j'ouvre la fenêtre ?
- *Yes, please do. / No, don't!* Oui, s'il te plaît. / Non !

Who et les réponses courtes

- *Now, who's going to carve the roast beef?* Voyons, qui va découper le rosbif ?
- ***I*** *am.* (*I* est accentué), ou : *"I'll do it"*, ou *"Me"* (très informel). Moi.
- *Who broke the plate?* Qui a cassé l'assiette ?
- *I didn't!* (toujours à la forme contractée) Ce n'est pas moi !

Demande de confirmation

- **Lorsque l'énoncé précédent est affirmatif, la demande de confirmation se fait sous forme d'interrogation :**
  - *I'll go with them.* J'irai avec eux.
  - *Will you?* Ah oui ?
- **Lorsque l'énoncé précédent est négatif, la demande de confirmation se fait sous forme d'interro-négative.**
  - *I won't go.* Je n'irai pas.
  - *Won't you?* Ah non ?

Au présent simple et au prétérit simple, l'auxiliaire *Do - did*, n'apparaît pas à la forme affirmative. Il faut l'introduire dans la reprise interrogative.

- *He eventually gave up.* Il a fini par abandonner.
- *Did he?* Ah bon ?

La réponse peut parfois être appuyée par *"really?"*.

- *They have finally sold their old house.* Ils ont fini par vendre leur vieille maison.
- *Have they, really?* Ah bon, vraiment ?

Confirmation

- *You left her.* Tu l'as quittée.
- *Yes, I did.* Oui, c'est vrai.

La confirmation peut être appuyée par un *"tag"*. (voir p. 58)

- *He certainly likes his job.* Il aime bien son travail, assurément.
- *He does, doesn't he?* Oui (il l'aime bien), n'est-ce pas ?
- *That doesn't look good to me.* Cela ne me semble pas bon.
- *It doesn't, does it?* Non, en effet.

L'intonation du *"tag"* est descendante. Ces réponses expriment l'accord de l'interlocuteur.

Contradiction

- *You love her.* Tu l'aimes.
- *No, I don't!* Pas du tout !
- *You didn't go!* Tu n'y es pas allé(e) !
- *Yes I did!* Bien sûr que si !

Les auxiliaires sont accentués.

À la forme négative, la forme pleine est une forme d'insistance.

- *You said he was a coward.* Tu as dit que c'était un lâche.
- *I didn't / I did not!* Non / Je n'ai pas dit ça !

EXERCICES

1. Déterminez la valeur de la réponse courte (réponse a, b ou c).

a) contradiction b) confirmation c) demande de confirmation

1. - I never saw anything like it!
- Didn't you?
2. - You didn't speak to her, I hope!
- I did.
3. - Of course, he arrived immediately, I suppose.
- He did.
4. - I never heard about her after that.
- Oh, didn't you?
5. - Oh God, she's crying now!
- So she is!
6. - Do you mean he walked all the way ?
- I'm afraid he did.
7. - I never thought she would get married!
- Well, she has!
8. - It was such a meal! I couldn't finish it!
- Couldn't you, really?
9. - Nobody told me about her trip to Malaga.
- Didn't they?
10. - I haven't seen them that often.
- Haven't you?

2. Donnez des réponses courtes aux énoncés proposés.

1. - I don't know if you've met Mrs Brittle.
- Actually, ...
2. - I'm quite sure you ought to phone her. You know very well it's her birthday.
- I suppose .... , ... ?
3. - We hardly heard about it in those days.
- ...., really?
4. - She definitely took advantage of the situation.
- So ....
5. - I passed!
- .... ? I can't believe it!
6. - I met them yesterday.
- .... ? How strange!
7. - I won't go.
- Oh! .... you?

TYPES D'ÉNONCÉS ET FONCTION DE L'AUXILIAIRE

RÉPONSES COURTES ET MODAUX

Négation de la probabilité

Le modal qui exprime l'impossibilité est ***can't***.

- *He may be in London. He must be in London.*
- *No, he can't be. (I saw him in Paris yesterday.)*
- Il est peut-être à Londres. Il doit être à Londres.
- Non, c'est impossible. (Je l'ai vu à Paris hier.)

On peut nier par une interrogative ; on utilise alors *"How could... ?"* :

- *She must be pregnant.* Elle doit être enceinte.
- *How could she?* Comment est-ce possible ? / Comment cela se pourrait-il ?

Négation de l'obligation

Elle peut être exprimée par ***needn't***.

- *They must start now.* Il faut qu'ils commencent maintenant.
- *No, they needn't!* Non, ce n'est pas nécessaire !

Le modal *needn't* permet à celui qui parle d'exprimer son opposition.
Avec la forme *don't have to*, en revanche, celui qui parle ne s'engage pas personnellement ; il exprime seulement l'absence de nécessité objective.

- *I must go.* Je dois partir.
- *You don't have to, it's still very early.* Rien ne t'y oblige, il est encore très tôt.

Réponses courtes et aspects *Be + ing* et *Have - en*

- *He must be working hard, I suppose.* Il doit travailler dur, je suppose.
- *Yes, he must be.* Oui.
- *She should have left a note.* Elle aurait dû laisser un mot.
- *Yes, she should / she should have / she should have done.* Oui.

Remarque

Dans les cas ci-dessus, les auxiliaires modaux sont accentués dans les réponses courtes. (Voir chapitre 4.2. La Modalité - Les Modaux)

SO, NEITHER ET LES RÉPONSES COURTES

Comparaison : « moi aussi / moi non plus »

Il y a inversion sujet / auxiliaire dans la réponse.

- *He has finished.* Il a fini.
- ***So** have I.* Moi aussi.

On utilise ***Neither*** dans la réponse lorsque le 1er énoncé est négatif.

- *I haven't talked to her.* Je ne lui ai pas parlé.
- *Neither have I.* Moi non plus.

On peut aussi utiliser ***either*** avec un auxiliaire négatif.

- *I don't remember her name.* Je ne me rappelle pas son nom.
- *I don't either.* (ou : *I don't remember it either.*) Moi non plus, je ne m'en souviens pas.

Confirmation

Lorsque ***so*** exprime la confirmation, il est suivi d'une forme déclarative
(pas d'inversion sujet-auxiliaire dans la réponse).

- *He has finished.* Il a fini.
- *So he has.* Oui, c'est vrai.
- *He managed to be on time.* Il a réussi à être à l'heure.
- *So he did.* Oui, en effet.

EXERCICES

1. Proposez une réponse brève correspondant à la suggestion faite entre parenthèses.

1. - *Shall I tell him that you'll be late?*
- .... (invite)

2. - *He's got a new girlfriend!*
- .... (comparaison)

3. - *He must have arrived by now.*
- .... (négation de la probabilité)

4. - *Oh my God, it's snowing again!*
- .... (constat)

5. - *They say she married him secretly.*
- .... (démenti)

6. - *It never tasted like this before!*
- .... (demande de confirmation)

7. - *I haven't been to Texas in two years!*
- .... (comparaison)

8. - *She writes to me twice a week.*
- .... (demande de confirmation - surprise)

9. - *You were the one who suggested coming here in the first place!*
- .... (contradiction)

10. - *I suppose he must wear a tie on that special occasion.*
- .... (négation de l'obligation)

11. - *Well, she certainly knows how to handle him!*
- .... (constat - accord)

12. - *I seldom go to the Riviera nowadays.*
- .... (demande de confirmation - surprise)

2. Traduisez.

1. - Il doit être sorti de prison, maintenant.
- Ce n'est pas possible, il vient d'être jugé !

2. - Il faut que je les invite !
- Non, ce n'est pas la peine ; ils ne s'y attendent pas.

3. - Ils auraient dû partir en vacances avant le 15 août.
- Oui, en effet.

4. - Tu ne crois pas qu'elle devrait acheter des vêtements neufs à ses enfants ?
- Comment le pourrait-elle ? Elle n'a pas un sou !

5. - Il faudrait que je lui achète un cadeau pour le remercier de son aide.
- Rien ne t'y oblige. Cela fait partie de son travail.

6. - Crois-tu que le conflit va trouver bientôt une solution ?
- Je ne le pense pas.

7. - On dit que ces plantes ont besoin de beaucoup de soleil.
- Oui, je suppose.

8. - Est-ce qu'ils vont construire l'autoroute cette année ?
- Mon Dieu, j'espère que non !

9. - A-t-elle déjà pris la pillule ?
- Oui, j'imagine.

10. - Il n'a pas très envie de travailler cet été, n'est-ce pas ?
- Je suppose que non.

6. "*TAGS*" INTERROGATIFS

La question introduite par le *tag* est une demande de confirmation (« n'est-ce pas vrai ? »).
Si la première partie de l'énoncé est positive (sans négation) le *tag* est négatif (voir colonne 1).
Si la première partie de l'énoncé est négative, le *tag* est positif (voir colonne 2).

Formes

1	2
I'm clever, aren't I?	*I'm not clever, am I?*
He is working, isn't he?	*He isn't working, is he?*
He was working, wasn't he?	*He wasn't working, was he?*
She passed, didn't she?	*She didn't pass, did she?*
They've finished, haven't they?	*They haven't finished, have they?*
They had finished, hadn't they?	*They hadn't finished, had they?*

Remarque

Dans une forme d'insistance, les *tags* négatifs peuvent se trouver à la forme pleine.
I'm clever, am I not? (style soutenu) Je ne suis pas bête, hein ?
She is so extravagant, is she not? Elle est si extravagante, tu ne crois pas ?
Le sujet vient alors se placer entre l'auxiliaire et la négation.

Tags et pronoms

Everyone, *everybody*, *anyone*, *someone*, *nobody*, *no one* sont repris par ***they***.
Everybody saw him, didn't they?

Never, Hardly, Hardly ever

La présence de *never* (jamais), *hardly* (à peine), *hardly ever* (presque jamais), entraîne un *tag* positif.
He never comes here, does he? Il ne vient jamais ici, non / n'est-ce pas ?
She has hardly ever seen him, has she? Elle ne l'a presque jamais vu, non / n'est-ce pas ?

Have (verbe) et *do* (verbe)

Le verbe *have* dans les expressions "*have a shower*", "*have dinner*" et le verbe *do* (faire) se comportent comme tous les autres verbes : au présent simple et au prétérit simple, on utilise *Do - did* dans le *tag*.
You always have a bath in the evening, don't you?
Tu prends toujours un bain le soir, n'est-ce pas ?
You often do it, don't you?
Tu le fais souvent, n'est-ce pas?

EXERCICES

1. Complétez les énoncés suivants avec un *tag* interrogatif.

1. You'd come if you had time, ...
2. Let's take a taxi, ...
3. You didn't need to go, ...
4. You had lunch with them, ...
5. The police will arrest them, ...
6. Everybody saw her, ...
7. Stop laughing, ...
8. He never smokes, ...
9. You had finished when he came, ...
10. So, you stayed, ...
11. You've been smoking, ...
12. You've had a bath, ...
13. Start reading now, ...
14. We don't have to do it now, ...
15. She hardly ever saw him, ...
16. God I'm stupid, ...
17. She'd better leave before it's too late, ...
18. They can't be that bad after all, ...
19. I suppose she may have been influenced by the play, ...
20. Well, there certainly remains a lot to be done, ...
21. So she says she wants to take dance lessons, ...
22. He must have guessed about it all long before they got engaged, ...
23. They tell me you've decided to go and settle in Greece, ...
24. It's surprising how she never found out before, ...
25. I understand you intend to study Basque, ...

2. Traduisez.

1. - Ce doit être le Prince de Galles.
- Non, c'est impossible !

2. - Il faut qu'elle lui téléphone aujourd'hui.
- Non, ce n'est pas nécessaire !

3. - Je dois absolument lui parler.
- Ce n'est pas possible, elle est partie !

4. - Est-ce que je dois porter un kilt ?
- Tu n'es pas obligé si tu ne le veux pas.

5. - Il habite en République d'Irlande.
- Elle aussi.

6. - Elle a une superbe maison de campagne dans le Dorset.
- Lui aussi.

Tags modalisés

Le *tag* peut être formé à partir d'un auxiliaire modal ne figurant pas dans la première partie de l'énoncé.

Will s'utilise dans un énoncé à l'impératif (ordre adressé à *"you"*) et exprime la requête.

Open the door, will you? Ouvrez la porte, s'il vous plaît.

Shall s'utilise à la fin d'un énoncé en *"Let's"* (ordre adressé à *"we"*) et exprime la suggestion.

Let's go, shall we? Allons-y, voulez-vous ?

Tag ou question directe ?

Le *tag* peut également constituer une véritable question.

Il s'agit dans ce cas d'énoncés positifs uniquement. Le *tag* est également positif.

So you want to be an artist, do you? Alors, c'est vrai, tu veux être artiste ?

7. THERE IS / THERE ARE

There peut être suivi de *be* (à tous les temps) ou de modaux. Il occupe la place du sujet mais on accorde le verbe avec le sujet véritable (qui suit le verbe).

Énoncés affirmatifs

There have been lots of rumours about her health lately.

(Le verbe s'accorde avec le véritable sujet : *lots of rumours.*)

Il y a eu beaucoup de rumeurs sur sa santé dernièrement.

There used to be a cinema here. Autrefois, il y avait un cinéma ici.

There must have been a lot of casualties. Il a dû y avoir beaucoup de victimes.

Énoncés négatifs

There can't have been much food left after the party!

Il n'a pas dû rester beaucoup de nourriture après la fête !

Énoncés interrogatifs

Will there be anybody I know? Y aura-t-il quelqu'un que je connais ?

Énoncés interro-négatifs

Isn't there any bread left in the kitchen? Ne reste-t-il pas de pain dans la cuisine ?

There s'emploie aussi avec d'autres verbes

Exist, seem, appear, remain, come, follow.

On trouve de tels énoncés dans un registre plus formel.

There remains a lot to be said. Il reste beaucoup à dire.

There still exist several species in Brazil. Il en existe encore plusieurs espèces au Brésil.

There + *-ing* ou infinitif (style formel)

Is there a chance of there being a wedding in the family soon?

Y a-t-il des chances qu'il y ait un mariage dans la famille, bientôt ?

He fought all his life for there to be more justice.

Il combattit toute sa vie pour qu'il y ait davantage de justice.

COMPAREZ

***There* ou *it* ?**

a *Will there be a big party?* Y aura-t-il une grande fête ?
b *Will it be a big party ?* Est-ce que ce sera une grande fête ? (Celle dont on parle)
Il ne faut pas les confondre. *It* est un pronom de reprise et reprend donc un élément précédent.

Expressions avec *There is*

There's no point in telling her. Cela ne sert à rien de le lui dire.
There's no use trying to convince her. C'est inutile d'essayer de la convaincre.
There's no need to worry. Ce n'est pas la peine de t'en faire.
There's no sense in leaving her now. Cela ne rime à rien de la quitter maintenant.

Attention

There is / There are expriment l'existence. Ils ne sont donc **jamais** employés pour exprimer une durée. (voir chapitre 2, « il y a ... », p. 42)

EXERCICES

EXERCICE

1. Complétez par *it, they* ou *there.*

1. That cinema has been here since 1975. ...... used to be many in town at the time.
2. ...... has been some trouble in the area lately.
3. I don't know why ...... have been so many delays in the post.
4. Are ...... still being redecorated?
5. ...... were and ...... still remain the oldest family in the village.
6. ...... seem to have made some mistakes.
7. ...... seem to have been more enthusiastic people in the audience tonight.
8. Whether ...... just seems that way or ...... actually is a new trend in the business remains to be proved.
9. In the old days, ... existed mid-term competitions between all the students.
10. That statue, there? ...... has existed since the early days of the revolution!

THÈME

2. Traduisez.

1. - Je pense qu'ils vont s'installer à Newcastle.
- Moi pas.
2. - J'ai bien peur que le Royaume Uni ne refuse l'Euro en fin de compte.
- J'espère bien que non !
3. - Crois-tu qu'ils sont amoureux l'un de l'autre ?
- Je n'en ai pas l'impression.
4. - Crois-tu que l'eau de la Tamise sera potable un jour ?
- Pas du tout, non.

8. LES ÉNONCÉS À L'IMPÉRATIF

ORDRE ADRESSÉ À *YOU*

Forme affirmative

La plupart du temps, on utilise la base verbale.

Listen! Ecoute !

Dans une forme d'insistance, un énoncé affirmatif peut avoir valeur d'impératif :

You give me that ring! Donne-moi cette bague ! (Je te l'ordonne !)

C'est le présent simple que l'on utilise ici.

Forme négative

Don't go! Ne pars pas !

Dans une forme d'insistance, on peut introduire *you* entre l'auxiliaire et le verbe.

Don't you talk to me like that! Ne t'avise pas de me parler sur ce ton !

On peut aussi intimer à quelqu'un l'ordre de ne pas dire ou faire quelque chose avec : *Don't!* ou *Please, don't!* qui se traduira selon le contexte par : Non ! / Ne dis pas ça ! / Ne fais pas ça ! / Ne touche pas ça ! / Laisse-moi ! / Laisse cela !

ORDRE ADRESSÉ À *WE*

Forme affirmative

Let's go! ('s = us) Partons !

Let's est parfois utilisé seul en réponse à une suggestion.

- *Shall we start now?* On commence ?
- *Let's!* Allons-y !

Forme négative

Let's not talk about it! N'en parlons pas !

ou *Don't let's forget!* N'oublions pas !

Voir ci-dessous la différence entre l'impératif et la traduction de « laisser faire ».

LET + ME - HIM/HER - US -THEM : IMPÉRATIF OU « LAISSER FAIRE » ?

Forme affirmative

If he wants to do it, let him do it! S'il veut le faire, qu'il le fasse !

Forme négative

Don't let him see her! Qu'il ne la voie pas !

- Ces énoncés ont le plus souvent valeur de **permission** ou de **suggestion.**

  Let me try again! Laisse-moi essayer encore !

  Pas d'ambiguïté : demande de permission.
- Ces énoncés peuvent aussi constituer des **ordres** adressés à *you*.

  Dans ce cas, ils se traduisent par « Laisse(z)-moi / le / la / nous / les + verbe ».

  Let him do it! (Qu'il le fasse !) Laisse(z) le-lui faire !

  Expression d'un ordre adressé à *you*.

Formes négatives avec « Laisser faire »

Don't let it worry you! Ne t'en fais pas.

Don't let yourself be impressed! Ne te laisse pas impressionner !

À la forme négative l'impératif est peu fréquent.

Don't let him come! (Qu'il ne vienne pas !) Ne le laisse(z) pas venir !

Don't let them see her! Ne les laisse(z) pas la voir !

Le même sens prévaut lorsque ces énoncés sont modalisés avec *Do*.

Do let her try! S'il te plaît, laisse-la essayer.

LET + IT, LET + THERE

Let it go! Lâche-le / la ! Lâche (ça) !
Let it be! Ne t'en fais pas !
Let it not be so! (Fais en sorte) qu'il n'en soit pas ainsi !
Let there be light! Que la lumière soit !
Let there be no more fighting! Qu'il n'y ait plus de bagarres !

> PROBLÈMES DE TRADUCTION

Let's et *Let us*…

Let's **aura toujours une valeur d'impératif (ou de suggestion, suivi de *shall we?*).**
Let's see! Voyons !
Let us **(forme pleine) se traduira le plus souvent par « Laisse(z)-nous... ».**
Let us see please! Laisse-nous voir, s'il te plaît !

Expressions idiomatiques avec *let*

Let them know. Fais-le leur savoir.
Let her in! Qu'elle entre ! / Fai(te)s-la entrer !
Don't let her down! Ne la laisse pas tomber !

Let ou *Leave* ?

Let **est l'auxiliaire de l'impératif ; il est toujours suivi d'une base verbale.**
Leave **est un verbe à part entière : il fonctionne seul.**

COMPAREZ

a *Let me do it alone!*
Laisse-moi le faire seul !
b *Leave me alone!*
Laisse-moi tranquille !

EXERCICE

THÈME

1. Traduisez.

1. Viens voir ici ! Ne regarde pas le sol ! Regarde-moi !
2. Qu'ils entrent ! Faites-les s'asseoir.
3. Laissez-moi le lui expliquer.
4. S'ils veulent aller en Nouvelle Zélande, qu'ils y aillent, mais sans moi !
5. Tiens! Elle a changé de voiture !
6. Ne te laisse pas intimider.
7. Ne les laisse pas regarder la télévision trop tard !
8. Ne t'avise pas de la contrarier! *(contradict)*
9. Ne refais jamais ça !
10. Fais ce que tu veux, mais qu'il ne t'arrive rien !
11. Elle dort ? Qu'elle dorme et qu'elle nous laisse tranquilles !
12. Laisse ce sac où tu l'as trouvé !
13. N'essaye surtout pas de recommencer cela !
14. Allons voir ce beau jardin de roses, veux-tu ?
15. Ne soyons pas si tristes ! Amusons-nous un peu !
16. Laisse-moi seul un peu ! Laisse-moi lire !
17. Ne la dérangeons pas ! Laissons-la rêver !
18. Accélère ! Ne nous laissons pas dépasser *(overtake)* par cette petite voiture !
19. N'arrosez pas les fleurs maintenant ! Attendez qu'il fasse moins chaud !
20. Laissez-nous avec nos illusions ! Laissez-nous nous reposer quelque peu !

9. LES ÉNONCÉS EXCLAMATIFS

WHAT ET *SUCH* : L'EXCLAMATION PORTE SUR LE GROUPE NOMINAL

Le nom peut être dénombrable ou indénombrable, singulier ou pluriel.

What

Le nom peut être seul, précédé d'un adjectif, ou suivi d'une proposition.
What a day! Quelle journée !
What lovely eyes she's got! Comme elle a de beaux yeux !
What pleasure we had last night! Quel plaisir nous avons eu hier soir !

Expressions elliptiques

What a mess! Quel désordre ! *What a bore!* Quel(le) raseur !
What a cheek! Quel toupet !

What + a lot of

What a lot of money (she's got)! Comme elle a beaucoup d'argent !

What et les verbes suivis d'un complément d'objet indirect (verbes transitifs indirects)

Lorsque le complément d'objet d'un verbe est introduit par une préposition, cette dernière figure derrière le verbe. La phrase reste à la forme affirmative.
What a strange conclusion they came to!
À quelle conclusion bizarre ils ont abouti !
Alternativement, on peut utiliser une construction avec *such*.
They came to such a strange conclusion! He left them in such a mess!

Such

Le nom est souvent inclus dans une phrase.
We had such a lovely day! Nous avons passé une si belle journée !
We had such beautiful weather! Nous avons eu si beau temps !
Le nom peut être seul : *Such cheek!* Quel toupet !

HOW, SO : L'EXCLAMATION PORTE SUR UN ADJECTIF OU UN ADVERBE

How

L'adjectif peut être seul dans le cas du verbe *be* ou suivi d'une proposition.
How daring! How daring she is! Quel courage ! Quel courage elle a !
How thoughtful of you to come! Ce que c'est gentil de ta part de venir !
How beautifully she sings! Elle chante à merveille !

Attention

Il n'y a pas d'inversion sujet verbe dans les énoncés exclamatifs avec *how*.
How fascinating the show was yesterday! Ce que le spectacle était captivant hier !
Pour éviter la lourdeur, on aura souvent recours à une structure avec *what*.
What an interesting programme we saw on TV last night! (et non *How interesting...*)
Quel programme intéressant nous avons vu à la télé hier soir !

So

She is so daring! Elle est si courageuse !
They live so dangerously! Ils vivent si dangereusement !

How et so dans un style soutenu

Dans un style très soutenu, *how* et *so* au singulier se construisent avec l'article indéfini *a - an* pour les noms dénombrables :

How deep a feeling she had for him! Quel sentiment profond elle éprouvait pour lui !

He is so bright a child! C'est un enfant si intelligent !

Au pluriel, on aura recours aux structures avec *what* et *such* :

What deep feelings she had for him!

They are such bright children!

EXERCICES

1. *How* ou *What* ? Complétez avec l'élément qui convient.

1. ...... *a laugh we had together!*
2. ...... *gorgeous hair you've got!*
3. ...... *dull your hair is today!*
4. ...... *considerate of you to come along!*
5. ...... *beautiful plans they made!*
6. ...... *outstanding qualities he showed!*
7. ...... *incredibly nice she was!*
8. ...... *incredible you story was!*

2. Traduisez.

1. Ce que les hommes politiques m'ennuient !
2. Ce qu'elles sont belles les rives de la Tamise !
3. Quel menteur ! Mais quel homme !
4. Quelle ne fut pas ma joie quand la ville apparut soudain !
5. Comme elle chante! Quelle voix !
6. Comme elle a l'air sale cette rue !
7. Elle paraît si jeune ! Je ne la reconnais pas !
8. Cette guerre a été tellement cruelle !
9. C'est tellement compliqué, le criquet !
10. Ce qu'elles sont impressionnantes, ces nouvelles technologies !

So much, So many

So *much* + nom indénombrable.
They've got so much money! Ils ont tellement d'argent !

So *many* + nom dénombrable au pluriel.
They've wasted so many days of happiness! Ils ont gaspillé tant de jours de bonheur !
Ces énoncés sont souvent suivis d'une complétive en *that* (voir chapitre 20).
They've got so much money that I'm envious.
Ils ont tellement d'argent que je suis jaloux.
They've wasted so many days of happiness that I don't think their relationship will last.
Ils ont gaspillé tant de jours de bonheur que je ne crois pas que leur relation va durer.

HOW, HOW MUCH, HOW MANY : L'EXCLAMATION PORTE SUR UNE PHRASE

How

How he loves her! Ce qu'il l'aime !

How + much , How + many

How much energy she devotes to charities!
Combien d'énergie elle consacre aux associations caritatives !
How many countries she has visited! Combien de pays elle a visités !

EXCLAMATIVES INDIRECTES

Les expressions suivantes entraînent une construction exclamative indirecte en *how* ou *what* :
You (don't) know, you can / can't imagine, you can / can't understand, you can guess, I can't tell you, I can / can't believe
You don't know how desperate I was at the time! Tu ne peux pas savoir combien j'étais désespéré à l'époque !
You can imagine how thrilled she was! Tu devines combien cela lui a fait plaisir !
I can't tell you what a friend he is! C'est difficile de t'expliquer quel ami il est pour moi !

Expressions idiomatiques

Fancy seeing you here! Ça alors ! Si je m'attendais à te voir ici !
Can you believe / imagine it? She didn't even go to his wedding!
Quand je pense qu'elle n'est même pas allée à son mariage !
When I think of all the things I gave him!
Quand je pense à tout ce que je lui ai donné !
Now! Don't tease him!
Allons ! Ne le taquine pas !
Well! I can't believe it!
Ça alors ! J'ai du mal à le croire !

EXERCICES

1. *Such, So, So much* ou *So many* ? Complétez avec l'élément qui convient.

1. *Your eyes are ...... blue today, it's incredible!*
2. *She's got ...... charisma!*
3. *This tree has got ...... apples!*
4. *We gave her ...... love!*
5. *They require ...... attention!*
6. *They drive ...... fast, it's unbearable!*
7. *She is ...... precocious a girl, I can't believe it!*
8. *It was ...... a terrible mistake!*
9. *Their children are ...... naughty!*
10. *His parents had ...... great hopes for him!*

2. Traduisez.

1. Quel talent possède cet acteur ! Mais aussi, quelle pièce admirable !
2. Que de monde et quel sale temps ! Ça aurait pu être une si belle fête !
3. C'est si pollué ! Mais c'est un site tellement agréable habituellement !
4. Ce que nous avons ri avec mes amis japonais !
5. Comme il écrivait bien Conrad, tout de même !
6. Quelle peur ! Ce que tu es laid comme ça !
7. Dans quelle situation financière ils se sont mis !
8. Pour quelle imbécile il m'a laissée !
9. Quand je pense à tout le mal qu'elle m'a fait !
10. Ça alors ! Je n'en crois pas mes yeux !

3. Traduisez.

1. Tu ne peux pas imaginer combien j'aime le cinéma britannique !
2. Si tu savais combien leur situation est dramatique !
3. Je ne peux pas t'expliquer combien elle est déçue !
4. Inutile de préciser quelle fut leur détresse !
5. Personne ne sait combien ils ont souffert !

LA MODALITÉ

I. LE PRÉTÉRIT MODAL

I.I. INTRODUCTION

Le prétérit ne renvoie pas toujours à un événement passé.
Il peut s'utiliser pour des faits présentés comme irréels.

COMPAREZ

a Événement passé
He came and he told you the truth. Il est venu et il t'a dit la vérité.
Le prétérit renvoie à un moment passé ; on pourrait introduire "*yesterday*" (hier) dans l'énoncé. Il s'agit d'un prétérit temporel.

b Fait irréel
If he came, he would tell you the truth. S'il venait, il te dirait la vérité.
Le prétérit sert à exprimer une hypothèse incertaine («irréelle»).
Il s'agit d'un prétérit modal.

Le prétérit a donc ainsi deux fonctions. Ces deux fonctions découlent d'une même valeur de base : le prétérit exprime une «rupture».
Prétérit temporel : rupture par rapport au moment présent.
Prétérit modal : rupture dans le domaine du certain ; on entre dans le domaine de «l'irréel».

L'HYPOTHÈSE

Hypothèse simple
If he phones, I will answer. S'il téléphone, je répondrai.

Hypothèse incertaine ou irréelle
If he phoned, I would answer. S'il téléphonait, je répondrais.
Le prétérit de *came* est un prétérit modal qui marque le passage au moins certain ou à l'irréel. *Would* est le prétérit modal de *Will.*

- Avec *Be*, l'hypothèse la moins certaine se marque par l'emploi de *were* (au lieu de *was*) à toutes les personnes.
  If I were (If he were) rich, I would (he would) stop working.
  Si j'étais (s'il était) riche, j'arrêterais (il arrêterait) de travailler.
  On peut également exprimer l'hypothèse sans *if*, en inversant l'ordre sujet / groupe verbal.
  Were it to happen again, I would leave.
  Si cela devait se reproduire, je partirais.
- *Suppose* peut également introduire une hypothèse incertaine
  Suppose he asked you, what would you say?
  Imagine qu'il te le demande, que dirais-tu ?

Hypothèse non-réalisée. Irréel du passé
La notion « d'irréel du passé » apparaît avec le *pluperfect*. Lorsque le *pluperfect* est employé après *if*, il indique que l'hypothèse ne s'est pas réalisée.
If he had come, I would have done it.
S'il était venu, je l'aurais fait (> Il n'est pas venu).
On peut effacer *if*. L'inversion sujet / auxiliaire est alors nécessaire.
Had he come, I would have done it. S'il était venu, je l'aurais fait.

AS IF

He behaved as if he didn't know me. Il a fait comme s'il ne me connaissait pas.

SHOULD ET L'HYPOTHÈSE

Should **peut être utilisé dans un contexte d'hypothèse.**

Should you ever meet him, please let me know.

Si par hasard vous le rencontriez (vous deviez le rencontrer), faites-le moi savoir.

EXERCICES

1. Mettez les verbes (et auxiliaires) entre parenthèses à la forme qui convient.

1. *Oh, how I wish you (be) here with me today!*
2. *The nurse wished they (tell) him about the patient's allergies before.*
3. *She'd rather the papers (not publish) the photographs, but it's too late now.*
4. *If we (be) to launch a new advertising campaign, we would certainly be followed by our competitors.*
5. *I wish you (will try) to understand that it's far beyond your competence!*
6. *It's time you (make up) your mind about this girl!*
7. *If I (be) you, I wouldn't leave her right now, she's too frail.*
8. *She had to leave rather early but she wished she (stay) a little longer with us.*
9. *They'd rather their son (come) and (live) next to them instead of buying his own house.*
10. *She kept saying that it was time we (get engaged) but she wouldn't go any further.*

2. Traduisez.

1. Imagine *(suppose)* qu'il échoue ! Que ferais-tu ?
2. Si cela devait se reproduire, je sais ce que je ferais.
3. S'il m'avait demandé ce que j'en pensais, je lui aurais dit de renoncer.
4. Si elle devait revenir, je lui dirais de ne pas s'engager.
5. Si j'étais toi, je n'attendrais rien de lui.

LA MODALITÉ

1. LE PRÉTÉRIT MODAL

1.2. SOUHAIT, REGRET

Lorsqu'il suit des termes exprimant le **souhait** ou le **regret**, le prétérit modal indique que l'action est seulement envisagée, que sa réalisation reste incertaine, ou même qu'elle est non-réelle.

IF ONLY

If only, suivi du prétérit modal exprime le souhait.
If only I were with you! Si seulement j'étais avec vous ! (**>** Je ne suis pas avec vous.)

WISH ET LE PRÉTÉRIT MODAL

L'emploi du prétérit modal après *I wish* indique que la réalité va à l'encontre des désirs de celui qui parle ; c'est pourquoi *wish*, qui signifie « souhaiter » peut également se traduire par « regretter » ; il faut dans ce cas inverser le sens de la proposition en français (le négatif devient positif et inversement).
I wish I were with you. J'aimerais être avec toi / Je regrette de ne pas être avec toi.
I wish I knew the truth. J'aimerais savoir la vérité / Je regrette de ne pas savoir la vérité.

WISH ET LE *PLUPERFECT* MODAL

L'emploi du *pluperfect* après *wish* implique que l'action ou le fait ne se sont pas réalisés. Il s'agit d'un « irréel du passé ». Si l'on traduit par « regretter », on doit indiquer en français que le regret porte sur un fait passé.
I wish he had been here. J'aurais aimé qu'il soit là. / Je regrette qu'il n'ait pas été là.
I wish he hadn't been here. Je regrette qu'il ait été là. / J'aurais aimé qu'il ne soit pas là.
I wish he hadn't lied to me. Je regrette qu'il m'ait menti.

WISH SUIVI DE *WOULD* ET *COULD*

Lorsque la réalisation de l'action est liée à la **volonté** ou à la **capacité** du sujet dont on parle, on utilise les modaux ***Would*** et ***Could***.
I wish you would do it for me. J'aimerais que tu le fasses pour moi.
(J'aimerais que tu veuilles bien le faire, que tu acceptes de le faire.)
Would renvoie à la volonté (au bon-vouloir) du sujet *you*.
I wish John could go with me. J'aimerais que John y aille avec moi.
(J'aimerais qu'il ait la possibilité d'y aller avec moi.)
Could renvoie à la capacité du sujet *he*.

I'D RATHER

I'd rather exprime la préférence.
I'd rather he went now. Je préfèrerais qu'il s'en aille.
Lorsque le sujet de *I'd rather* et celui non-exprimé de *go* renvoient à la même personne, on utilise la base verbale.
I'd rather go now. J'aimerais mieux partir maintenant.

EXERCICES

1. Reformulez les énoncés de facon à conserver le même sens.

1. *If only I hadn't answered the phone!*
   I wish ....
2. *If only I could be with you!*
   I wish ....
3. *If only you had told us earlier!*
   I wish ....
4. *I'd like him to come but I know he can't.*
   I wish ....
5. *I regret selling my old Beetle.*
   I wish ....
6. *What a pity she didn't turn up last night!*
   I wish ....
7. *How stupid that he shouldn't have had a chance to do it himself!*
   I wish ....
8. *Why did you have to ask him in?*
   I wish ....
9. *Why don't you join us for the holidays?*
   I wish ....
10. *How silly of them to have made up all that nonsense!*
   I wish ....

2. Traduisez.

1. Ils regrettent de ne pas avoir visité le Belvédère *(the Belvedere)* à Vienne.
2. Elle regrette qu'il ne soit pas officiellement employé par l'entreprise.
3. Je regrette de ne pas savoir de combien d'argent il a besoin.
4. Je regrette que tu n'aies pas pu acheter l'un des tableaux.
5. Je regrette que tu ne veuilles pas en parler avec moi.

LA MODALITÉ

I. LE PRÉTÉRIT MODAL
I.3. AUTRES EMPLOIS

IT'S TIME

Comme toute forme modale, le prétérit modal après *it's time*, peut indiquer que l'on tente de faire pression sur autrui.
It's time you made a decision. Il est temps que tu prennes une décision.
(« J'essaie de t'en convaincre ou de t'y obliger. »)

Énoncé proche
It's time for you to make a decision.
(« Ce n'est pas moi qui te l'impose, ce sont les circonstances, les autres etc. »)
On perd avec la proposition infinitive la valeur modale, c'est-à-dire la pression avouée sur celui à qui on s'adresse ; l'énoncé se présente comme une simple constatation de la nécessité de l'acte.

LES RELATIVES ET L'IRRÉEL

Les propositions relatives peuvent être utilisées dans un contexte d'irréel (de faits imaginés ou souhaités). Le verbe de la relative est alors au prétérit modal.
I'd like a car that went faster than any other.
J'aimerais une voiture qui aille plus vite que toutes les autres.
L'existence de cette voiture est envisagée dans un cadre hypothétique (« Si j'avais une voiture, j'aimerais une voiture qui... »).

LES MODAUX ET LE PRÉTÉRIT MODAL

Les modaux peuvent être mis au passé. *Could* est le passé de *Can* ; *Might*, le passé de *May* ; *Would*, le passé de *Will*.
La forme passée du modal peut exprimer l'irréel, c'est-à-dire le moins certain.
Le sens du modal peut se trouver « atténué » par le passé, lorsque ce passé est un passé modal.

Probabilité moyenne *He may come.* Il se peut qu'il vienne.	**Probabilité faible** *He might come.* Il se pourrait qu'il vienne.
Capacité *I can do it for you.* Je peux le faire pour toi.	**Capacité virtuelle** *I could do it for you if you asked me.* Je pourrais le faire pour toi si tu me le demandais.
Volonté *Will you marry me?* Voulez-vous m'épouser ?	**Volonté atténuée** *Would you marry me, if I asked you?* Accepteriez-vous de m'épouser si je vous le demandais ?

EXERCICE

1. Traduisez.

1. Si seulement tu avais vu sa campagne électorale à la télé !
2. Je préfèrerais qu'elle n'assiste pas à notre réunion ; cela ne la regarde pas !
3. J'aimerais qu'ils daignent enfin faire quelque chose à propos de la circulation dans le centre ville. *(I wish)*
4. J'aimerais qu'ils nous envoient quelqu'un qui nous défende.
5. Si au moins tu nous avais dit que ta femme était avocate, nous aurions agi autrement ! *(I wish)*
6. Elle disait qu'elle aurait préféré que son mari ne devienne jamais sénateur.
7. J'aurais souhaité que tu sois là lorqu'ils ont gagné le premier prix.
8. J'aimerais avoir un ami qui ne soit pas trop curieux.
9. Si tu étais à ma place, est-ce que tu lui dirais la vérité ?
10. S'il venait à disparaître, je crois que la nation tout entière ne s'en remettrait pas.
11. S'ils avaient su qu'une autoroute allait être construite dans la région, ils n'auraient pas acheté la maison.
12. Oui, j'aimerais bien que tu aies raison !
13. Il est grand temps que les hommes politiques nous parlent de nous.
14. Il est temps que tu fasses quelque chose à propos de tes cheveux blancs.
15. Si jamais vous souhaitez acquérir une maison à la campagne, lisez nos petites annonces.
16. Ils ont dit qu'ils arrêteraient quiconque *(whoever)* essaierait de pénétrer dans le sanctuaire.

2. LES AUXILIAIRES MODAUX : INTRODUCTION

LES DEUX VALEURS DES MODAUX

COMPAREZ

a *He may come if he likes; I don't care.*
Il peut bien venir, s'il le souhaite. Cela m'est égal.
b *Don't go now! He may come any minute!*
Ne pars pas maintenant ! Il peut arriver d'une minute à l'autre !
Le contexte nous indique une valeur différente pour (**a**) et (**b**). En (**a**), il s'agit de l'expression de la permission, en (**b**), d'une éventualité. Tous les modaux ont ainsi deux valeurs. Parfois, le contexte seul permet d'identifier la valeur du modal.

QU'EST-CE QUE LA MODALITÉ ?

Il s'agit d'une « prise de position », d'un « engagement » de celui qui parle.

Sens 1 des modaux

L'énonciateur s'« engage » en soulignant certaines propriétés du sujet de l'énoncé (capacité), ou une certaine attitude de celui-ci (volonté). Il peut également exercer sur le sujet une pression (ordre, sollicitation, accord d'une permission). Dans leur sens 1, les modaux représentent la modalité du sujet (modalité « radicale »).

Sens 2 des modaux

Dans leur Sens 2, les modaux expriment un « engagement » de l'énonciateur par rapport à la vérité ou à la probabilité de ce qu'il déclare. L'énonciateur prononce un jugement de probabilité portant sur le contenu de l'énoncé.
Ce jugement peut aller du plus au moins certain.
En français, on exprime souvent la probabilité par une formule du type « Il se peut que / il se pourrait que » qui montre bien que le jugement de probabilité ne porte pas sur un seul élément mais sur l'énoncé entier (modalité « épistémique »).

L'expression de l'appréciation, le jugement de valeur est aussi une modalité
(voir p. 86)

LES MODAUX : FORME DU PRÉSENT ET FORME DU PASSÉ

Could est le passé de ***Can***, ***Might*** le passé de ***May***, ***Would*** le passé de ***Will***, ***Should***, le passé de ***Shall***. Or, le passé peut avoir trois valeurs :

- valeur temporelle renvoyant à du révolu : « avant, dans le passé »,
- valeur d'irréel,
- dans le passage au style indirect, il peut aussi assurer la « concordance des temps ».

COMPAREZ

a *He should have told her that he was going to marry another girl, but he could not tell her. (Fitzgerald)*
Il aurait dû lui dire qu'il allait épouser une autre fille, mais il ne pouvait se résoudre à le faire.
L'incapacité du sujet est présentée dans un contexte passé.
b *"I wish we could be like that again," she said, and he forced himself to answer: "I don't think we can." (Fitzgerald)*
« J'aimerais que nous soyons (= que nous puissions être) comme ça à nouveau, » dit-elle, et il se força à répondre : « Je ne pense pas que cela soit possible. »
Dans les deux énoncés, *could* et *can* renvoient à la capacité du sujet. Le passé de *could* a une valeur modale d'irréel déclenchée par *wish*.
c *"Can he do it ?"* **>** *I wondered whether he could do it.*
« Peut-il le faire ? » Je me demandais s'il pouvait le faire.
Le passé est celui du style indirect.

EXERCICE

I. Choisissez la phrase française qui commente le mieux le sens exprimé par l'auxiliaire de modalité.

1. *He can't be earning a salary of £2,000 a month as a window cleaner.*
   a) il en est incapable b) c'est inconcevable
   c) il n'en a pas l'autorisation
2. *She's not here: she must be fooling around with her new computer games.*
   a) c'est pratiquement certain b) il serait grand temps
   c) je l'ordonne
3. *He could give you a pay rise before the end of this year.*
   a) il en avait les moyens b) il en a eu la possibilité
   c) il le pourrait s'il le voulait
4. *"She said everything the government did was wrong." "She would."*
   a) Elle voudrait bien b) Elle l'a voulu c) C'est bien son genre
5. *It's unbelievable that he should have resigned.*
   a) ça paraît impossible b) il aurait dû c) il n'aurait pas dû
6. *Although he has always voted Labour he may have voted Liberal this time.*
   a) il en avait l'autorisation b) il en a eu l'autorisation c) peut-être
7. *She wished that he would take up economics at College.*
   a) si seulement il choisissait b) il choisirait c) c'était son habitude
8. *Her life was quite uneventful: she would sit alone in her room all day.*
   a) c'était son habitude b) c'était une obligation
   c) c'était un projet
9. *As he was an illegal immigrant, they would not let him apply for a work permit.*
   a) c'était une habitude b) c'était un refus c) c'était une possibilité
10. *You must have handed in your assignment by tomorrow.*
    a) il faudra b) il y a de grandes chances c) il est possible que
11. *He denies the facts, as men will.*
    a) ils le feront b) ils veulent le faire c) c'est leur caractéristique
12. *You needn't call me a liar.*
    a) c'est interdit b) ce n'est pas nécessaire
    c) ce n'est pas autorisé
13. *Even if you paid me twice as much, I couldn't work with such nasty people.*
    a) cela m'était impossible b) cela me serait impossible
    c) cela serait improbable

LA MODALITÉ

3. *CAN, CAN'T* ET *COULD*

Can permet de poser ce qui est possible et ***Can't*** ce qui est impossible.
On n'emploie pas ***Can*** pour exprimer la probabilité d'un événement (on emploie ***May***).

CAN SENS 1

Avec des sujets animés, *Can* exprime la capacité.
I can help you, if you like. Je peux t'aider si tu veux.
Lorsque ***Can*** exprime la capacité permanente, on traduit souvent par « savoir ».
He can speak Spanish. Il sait parler espagnol.
Avec un **verbe de perception**, ***Can***, renvoie à la faculté qu'a le sujet de voir ou d'entendre dans une situation particulière. Dans ce cas, souvent, on ne traduit pas ***Can***.
I can see… / I can hear… : Je vois… / J'entends …

Avec des sujets non-animés, *Can* désigne une propriété du sujet
(***Can*** désigne ce qui est possible pour le sujet.)
Accidents can happen you know. Les accidents, ça arrive tu sais.
(« C'est dans la nature des accidents qu'ils puissent se produire. »)

Can* peut également se substituer à *May
(« Ce que le sujet peut faire ».)
You can do what you like. Tu peux faire ce que tu veux.

Forme négative
Can't exprime l'impossibilité pour le sujet d'agir (ou son incapacité).
He can't do it, it's too difficult. Il ne peut pas le faire, c'est trop difficile.

CAN'T SENS 2

***Can't* signifie que l'événement ou le fait dont on parle est impossible.**
It can't be true! Cela ne peut pas être vrai ! (« C'est impossible ».)

Attention
Pour signifier qu'un événement est possible, on n'emploie pas ***Can*** ;
on emploie ***May***.
Il est possible qu'elle vienne. **>** *She may come* (et non pas *She can come*, qui signifie nécessairement « elle en est capable » ou « elle en a la permission »).

COULD

***Could* a les valeurs de *Can* au passé (passé temporel ou passé modal).**

COMPAREZ

a *I couldn't remember what had been going on.*
Je ne pouvais me rappeler ce qui s'était passé. (Passé temporel.)
b *I couldn't do it even if I tried.*
Je ne pourrais pas le faire, même si j'essayais. (Passé modal.)

Notez que *Could* ne s'emploie jamais avec une indication temporelle pour une action ponctuelle. (**Yesterday I could do it* : est **impossible** au sens de « J'ai pu », en revanche au sens de « Je pouvais », capacité permanente, on peut bien sûr utiliser ***Could***.)

EXERCICES

1. Complétez avec le modal qui convient en respectant les indications données.

1. He ...... answer. (refus - présent)
2. He ...... stay. (permission - présent)
3. A murderer ...... never admit the truth. (caractéristique du sujet - présent)
4. I ...... answer any of the questions. (incapacité - présent)
5. You ...... tell anyone. (interdiction - présent)
6. You ...... tell him the truth. (nécessité niée - présent)
7. ...... we stay? (suggestion)
8. I think that you ...... think it over. (conseil)
9. As a child, I simply ...... do it. (incapacité)
10. I asked him twice and he answered that he ...... (refus)
11. You certainly ...... see him twice a week! (négation de la nécessité - présent)

2. Complétez chacun des passages numérotés avec l'une des trois formes proposées dans la liste correspondante.

(1) : ought to / can / may
(2) : can / should / may
(3) : were to / will / may
(4) : should / would / will
(5) : will / shall / would
(6) : can / was to / has to

I felt that I (1) .... be showing these people where to find food. But (2) .... I? If I (3) .... lead them to a food ship still intact there (4) .... be a crowd which (5) .... not only have swept the place bare in five minutes, but have crushed a number of its workers in the process. Soon, anyway, all the food would be gone. I wondered what (6) .... be done with the thousands clamouring for more.

3. Traduisez.

"How could she behave like that?" thought Darrell. ("she": Gwen, a pupil.) "Gwen, I'd like a few words with you," said Darrell. "Come on up to my study, will you?"
Darrell led the way to her study. Could she possibly say something now, this very minute, to influence Gwen, and show her where she had gone wrong? Darrell felt that she might. She felt so strongly about the matter that she was certain she could make Gwen see her point.

d'après Enid Blyton, Last Term at Malory Towers.

4. Traduisez.

1. Comme il fait étouffant dans la pièce, quelqu'un propose : « J'ouvre la fenêtre ? »
2. Faut-il vraiment que tu défendes toujours les droits des chasseurs ?
3. Vous n'avez pas besoin d'un dictionnaire spécialisé pour faire cet exercice.
4. Donc, pas besoin de paniquer si vous n'en avez pas.
5. Puis-je vous présenter le député de votre circonscription ?
6. Tu ne peux pas ne pas l'aimer.
7. Si tu n'arrives pas à t'endormir, tu pourrais essayer de lire au lit plutôt que de prendre tant de somnifères.

4. *MAY* ET *MIGHT*

May a comme valeur fondamentale d'exprimer le possible. Avec ***May***, à la différence de ***Can***, l'énonciateur envisage toujours deux possibilités entre lesquelles il ne tranche pas.

MAY SENS 1

Dans son sens 1, *May* exprime la permission
La permission est accordée à un sujet par un autre sujet ; le sujet peut utiliser ou non cette autorisation d'agir.
You may smoke if you like.
Tu peux fumer si tu veux. (Personne ne t'empêche de le faire.)

May exprime également la possibilité pour le sujet
May est dans ce sens proche de ***Can*** (on trouve cet emploi très fréquemment dans les textes techniques). Mais à la différence de ***Can***, ***May*** permet de présenter (ou de sous-entendre) deux possibilités.
The jug may be made of aluminium ***or*** *steel.*
La cruche peut être en aluminium ou en acier.

Forme négative
I'm afraid you may not smoke here.
J'ai bien peur que tu n'aies pas l'autorisation de fumer ici.
La négation porte sur le modal : la permission est niée, d'où le sens d'interdiction.

MAY SENS 2

Dans son sens 2, ***May*** ne porte pas sur le sujet mais sur le fait dont on parle ou sur l'événement. L'emploi de ***May*** signifie qu'il y a autant de chances pour que le fait envisagé se produise que l'inverse.
She may arrive any minute now. Il se peut qu'elle arrive à tout moment maintenant.

May peut se trouver dans un énoncé exprimant une concession
She may be a good typist but she's a bad secretary.
Elle est peut-être une bonne dactylo, mais c'est une mauvaise secrétaire.

May s'emploie avec les composés de ever
Whatever you may say, I will stand by you.
Quoi que tu dises (quoi que tu puisses dire), je te soutiendrai.

Forme négative
You may not know that she is gone.
Il se peut que tu ne saches pas qu'elle est partie.
La négation porte sur le fait envisagé : « il est possible que cela ne soit pas le cas ».

MIGHT SENS 1

Might est la forme passée de ***May***

Might permet d'exprimer la valeur de permission de May au style indirect passé
He asked them if he might leave. Il leur demanda s'il pouvait partir.
La valeur de permission de ***May*** peut être « atténuée » par le passé de ***Might*** : il s'agit alors d'un passé modal. Dans certains contextes, l'expression de la permission est proche d'une incitation à agir ; ***Might*** peut ainsi exprimer une « suggestion ».
You might try this. Tu pourrais peut-être essayer ceci.

MIGHT SENS 2

Le passé modal de ***Might*** exprime le « moins certain ». Les chances que l'énoncé soit vrai ou que le fait se réalise sont plus faibles qu'avec ***May***.
You might be right after all. Il se pourrait que tu aies raison après tout.

EXERCICES

EXERCICE

1. Complétez chacun des passages numérotés avec l'une des formes proposées dans la liste correspondante. Traduisez ensuite le texte en français.

(1) : could / might / will / should
(2) : would / should / might
(3) : would / can / must
(4) : couldn't / mustn't / may not
(5) : would / must / should
(6) : will / may / would

It's strange that I (1) .... have been delivered at the hospital doors by the police, because at first so much of what was called my "therapy"'seemed to resemble criminal investigation. I (2) .... as well have been a suspect and the important thing, to save everyone time and trouble, was for me to make a clean breast of it. The doctors (3) .... conduct little question-games, like interrogations, and when I (4) .... come up with the right answer, they (5) .... sigh disappointedly, pump me full of tranquilisers and wait for the next session. I seriously wondered if at a certain stage they (6) .... resort to tougher, harsher methods.

THEME

2. Traduisez.

1. Allons faire la vaisselle, d'accord ?
2. Elle a dû chanter toute la nuit, elle a la voix complètement enrouée. *(hoarse)*
3. Ce n'était pas la peine de vous faire de souci sur l'issue des négociations.
4. Les portes à l'arrière de la salle *(back doors)* ne peuvent être utilisées qu'en cas d'urgence.
5. Elle aurait pu être gravement blessée dans cet attentat à la voiture piégée. *(car bombing)*
6. Ce n'est pas possible qu'il ait eu l'intention de te laisser tomber.
7. C'est un atout *(asset)* de pouvoir utiliser un ordinateur de nos jours.
8. Il est dommage que je n'aie pas pu assister à la première de ta pièce.
9. Tu aurais quand même pu me dire que tu étais enceinte !

LA MODALITÉ

5. *MUST, MUSTN'T* ET *NEEDN'T*

Must exprime le nécessaire.

MUST SENS 1

Dans son sens 1, ***Must*** exprime l'obligation. L'énonciateur impose une contrainte à un sujet ou du moins, s'associe à la contrainte qui est imposée à ce sujet.
You must go now! Tu dois t'en aller maintenant !

Must et le passé

On n'emploie pas *must* pour exprimer l'obligation au passé (un ordre ne peut logiquement pas porter sur un acte passé qui est déjà réalisé) ; au passé on emploie *have to* (voir « équivalents », p. 94).
Le seul cas où l'on trouve ***Must*** dans un contexte passé est le style indirect.
He felt he must make a decision.
Il sentait qu'il devait prendre une décision.

Forme négative : *mustn't*

Mustn't exprime une interdiction. La négation porte sur le verbe qui suit et non pas sur le modal : il s'agit d'une « obligation de ne pas ».
You mustn't do it again. Je t'interdis de recommencer.
Pour nier l'obligation et dire « ce n'est pas obligatoire, ce n'est pas nécessaire », on emploie ***Needn't*** (voir ci-dessous) ou ***Don't have to*** (voir p. 94).

MUST SENS 2

Avec ***Must*** l'énonciateur estime qu'il y a de fortes chances (forte probabilité) que la proposition soit vraie ou que l'événement se réalise.
He must be ill. Il doit être malade.
He must know that I'm gone. Il doit certainement savoir que je suis partie.

La négation du probable signifiant « c'est improbable / impossible » est exprimée la plupart du temps par ***Can't***.
Mary : *It must be late!* Il doit être tard !
John : *No, it can't be very late.* Non, il ne doit pas être très tard.
Cependant, on trouve de plus en plus fréquemment ***Mustn't*** avec des verbes d'état pour exprimer ce qui est très improbable.
She mustn't be very intelligent! Elle ne doit pas être très intelligente !

NEED

Need peut s'utiliser comme verbe ou comme auxiliaire. Le verbe *need* est précédé de *Do-did* aux formes interrogatives et négatives ; ce qui n'est pas le cas de l'auxiliaire *Need*.
Le verbe *need* signifie « avoir besoin de » et peut être suivi soit d'un nom soit d'un infinitif précédé de *to*.
Do you need this bag? As-tu besoin de ce sac ?
Do you need to go? Est-il nécessaire que tu partes ?

Need auxiliaire

On l'emploie surtout à la forme négative pour nier une obligation exprimée (de façon explicite ou implicite) par ***Must***.
- *He must tell us!* Il doit nous le dire !
- *He needn't tell you what you already know!*
Il n'a pas besoin de te dire ce que tu sais déjà!
À la forme interrogative, ***Need*** est la mise en question d'un ***Must*** implicite.
Need I tell you? Ai-je besoin de te le dire ?

EXERCICE

1. Traduisez. *"Yes, Charley. Aren't you trying to tell me you've decided to go back?"*
"You mean, go back Home?"
"Are you sure it is Home, still?"
"Oh dear - I'm not sure of anything - but - now Fred doesn't need me any more - will you tell me, Geo, what am I doing here?"
"You' ve got a lot of friends."
"Certainly I have. Friends. And they're real dears. The Peabodys and the Garfeins, especially, and Jerry and Flora, and I am very fond of Myrna Custer. But none of them need me. There isn't anyone who'd make me feel guilty about leaving them… Now, Geo, be absolutely honest - is there anyone, anyone at all, I ought to feel guilty about leaving behind?"
There's me. No, he refuses to say it. Such flirting is unworthy of them, even when drunk.
"Feeling guilty's no reason for staying or going," he tells her, firmly but kindly. "The point is, do you want to go? If you want to go, you should go. Never mind anybody else."
Charlotte nods sadly. "Yes, I suppose you're right."
George goes into the kitchen, fixes another round. (They seem to be drinking up much faster now. This one really should be the last.) When he comes out again, she's sitting with her hands clasped, gazing in front of her. "I think I shall go back, Geo. I dread it - but I'm beginning to think I really shall -"
"Why do you dread it?"
"In a way, I dread it. There's Nan, for one thing."
"You wouldn't have to live with her, would you?"
"I wouldn't have to. But I would. I'm sure I would."

Christopher Isherwood, A Single Man, *1964.*

6. *WILL* ET *WOULD*

Will exprime la visée ou en d'autres termes, il indique une projection faite par l'énonciateur vers la réalisation d'un acte.

WILL SENS 1

Will peut exprimer l'acceptation, le bon-vouloir ou la volonté du sujet.
- *Will you marry him?* Voulez-vous l'épouser?
- *Yes, I will.* Oui, j'accepte.

Forme négative : expression du refus

Won't you come in? Ne veux-tu pas entrer ?
The car won't start! La voiture refuse de démarrer !

***WILL* peut exprimer un comportement caractéristique du sujet**

He immediately forgot what it was all about, as children will.
Il oublia tout de suite de quoi il s'agissait, comme le font toujours les enfants. (Vu ce que l'on sait d'eux.)

WILL SENS 2

Will exprime la visée et peut donc exprimer la prévision. ***Will*** est une des façons de traduire le futur français. (voir ***Will*** et ***Be going to***, p. 104 - 106).
I'll (I will) go with him, if necessary. J'irai avec lui, si c'est nécessaire.

WOULD SENS 1

Au passé, ***Will*** devient ***Would*** et conserve ses valeurs.

Volonté

COMPAREZ

a *I asked him to do it but he wouldn't.* Je lui ai demandé de le faire mais il a refusé.
La valeur de volonté est exprimée dans un contexte passé.
b *She wishes that he would go.* Elle aimerait qu'il s'en aille (= qu'il accepte de s'en aller).
Le passé qui affecte le modal n'a pas valeur temporelle mais modale : le bon-vouloir du sujet est vu sur le mode de l'irréel.

WOULD « fréquentatif »

Would peut exprimer une caractéristique du sujet au passé, d'où la valeur d'habitude.
Frequently Toto would wake at night. (A. Brookner)
Fréquemment, Toto se réveillait la nuit.

WOULD et *USED TO*

COMPAREZ

a *He used to visit her every week.* Il lui rendait visite toutes les semaines.
b *He would talk to her about her children.* Il lui parlait de ses enfants.
L'énoncé en *used to* installe le cadre passé ; la forme en elle-même n'indique pas l'habitude ; c'est le complément *every week* qui indique l'habitude.
Dans le deuxième énoncé, c'est *would* qui permet d'exprimer l'habitude dans le passé : l'énonciateur souligne un comportement caractéristique du sujet dans le passé.

WOULD SENS 2

Would exprime la visée dans un contexte hypothétique (en français, on utilise le conditionnel).
I would go with you, if it was necessary. J'irais avec toi si c'était nécessaire.

EXERCICE

1. Traduisez en utilisant un auxiliaire modal le plus souvent possible.

- Excusez-moi mademoiselle, puis-je vous poser une question, s'il vous plaît ? Pourriez-vous me dire où se trouve la gare ?
- Bien sûr monsieur ; d'ailleurs je dois y aller moi-même, voyez-vous. Je devrais même y être déjà car je prends un train dans un quart d'heure.
- Eh bien je vous accompagne si vous le permettez.
- Volontiers, vous partez aussi ? Vous ne devez pas aller très loin, je suppose ; vous n'avez aucun bagage !
- Non, non, je ne pars pas, je vais seulement chercher une vieille amie qui doit arriver ce soir des États Unis.
- Vous avez dit ce soir ? Mais il n'est que huit heures du matin ! Vous n'avez certainement pas besoin de vous presser!
- En effet, mais vous ne pouvez pas vous imaginer à quel point je suis heureux de la revoir. Je n'habite pas ici et je suis parti de bonne heure afin d'être ici à l'heure. Après quinze ans, vous vous rendez compte ?
- Vous deviez être très jeune et elle doit avoir beaucoup changé !
- Non, c'est impossible ! Elle a plus de soixante ans et elle a toujours été jeune. Je ne peux pas croire qu'elle ait changé.
- Cela se pourrait, pourtant. Moi, j'ai une amie, comme ça. Elle refuse de vous dire son âge. Elle doit avoir à peu près le même âge. Je pense qu'elle doit avoir peur de vieillir.
- Vous n'auriez pas peur, vous, à son âge ? En tous cas, ce dont vous n'avez pas peur, c'est d'être en retard ! Vous devriez vous presser un peu, non ?
- Oui, je suppose que je le devrais, mais je dois vous avouer quelque chose : je ne vais pas à la gare, et je ne sais même pas où elle se trouve.
- Mais alors, ces valises ? Vous n'êtes pas obligée de tout me dire, remarquez.
- Euh... pourriez-vous parler plus fort ? Je n'entends pas très bien. Je vous offre un verre ?
- Ce sont normalement les hommes qui invitent les femmes : je devrais refuser, mais je ne le ferai pas. Il se peut que je sois impoli, mais j'accepte avec plaisir.
- Oh, désolée ! Je viens de voir quelqu'un que je connais. Je dois vous laisser. Contente de vous avoir rencontré ! Vous devez me croire. Je suis vraiment navrée !
- Oui, cela ne m'étonne pas de vous !

7. *SHALL* ET *SHOULD*

Shall indique fondamentalement ce qui « doit être ».

SHALL SENS 1

L'emploi de *Shall* exprime la contrainte pesant sur le sujet
You shall not kill. Tu ne tueras point.
La contrainte émane souvent de la loi, d'un règlement.
The owner shall be held responsible for the damage.
Le propriétaire sera tenu pour responsable des dégâts.

***Shall* peut s'utiliser pour exprimer un engagement de celui qui parle** (qui se contraint lui-même à agir).
We shall succeed. Nous vaincrons. (Nous nous y engageons).

À la forme interrogative, le sujet *I* ou *we* se soumet à l'approbation d'autrui
Shall we go? Et si on y allait ?
(Sous-entendu : « Qu'en pensez-vous ? » / « Voulez-vous bien que nous y allions ? »)
Let's go, shall we? Allons-y, voulez-vous ?

SHALL SENS 2

On peut utiliser ***Shall*** pour faire une prédiction et donc renvoyer à l'avenir (à la 1re personne du singulier et du pluriel).
I shall be in New-York on the 15th. Je serai à New-York le 15. (voir le futur, p. 104 à 108)

SHOULD SENS 1

La contrainte exprimée par ***Shall*** est atténuée par le prétérit modal.
Should exprime le conseil.
"Perhaps you should go home, Sir." (Anita Brookner)
« Peut-être devriez-vous rentrer chez vous, Monsieur. »

SHOULD SENS 2

Prédiction
La prédiction exprimée par ***Shall*** est atténuée par le passé modal.
He should be here by now. Il devrait être là maintenant.

Dans un contexte d'hypothèse
Should conserve sa valeur et signifie « ce qui devrait se produire ».
Should you hear from her, please let me know.
Si vous aviez de ses nouvelles (si vous deviez en avoir), faites-le moi savoir, s'il-vous-plaît.
Suppose he should call you! Imagine qu'il t'appelle !
(Imagine qu'il soit amené à t'appeler.)

EXERCICE

1. Traduisez. Leopold, *part I*

(Le petit Leopold sait qu'il doit retrouver sa maman qu'il n'a jamais vue. Henrietta, une fillette amie de Leopold, est venue rendre visite à Mrs Fisher et interroge cette dernière sur la mère de Leopold.)

"Mrs what is she?"

"Oh, I think it is useless to tell you. I should call her Mrs Brown."

"Why?"

"That would be better."

"What's Leopold's other name, then?"

"He is called Grant Moody."

"Oh, goodness! That doesn't suit him!"

"He has taken the name of the family that he lives with. They are very kind, good: he should be happy with them."

"But why is he not with her?"

"Please Henrietta," she said, "you must be content not to ask me so many things. You make the day more difficult. I did not see, I think, how difficult it might be. I think now you should go down and play with Leopold."

"We don't really play very much."

"He is a little shy, perhaps."

"I should call him superior."

Miss Fisher said : "Have you let him play with your monkey yet?"

"Mayn't I stay on the stairs?"

d'après Elizabeth Bowen

8. L'EXPRESSION DU JUGEMENT DANS LES STRUCTURES EN *"...THAT + SHOULD"*

La valeur fondamentale de ***Should*** est d'exprimer la contrainte, la nécessité, que ce soit pour un sujet ou pour un événement.
On emploie ***Should*** après l'expression du nécessaire ou de la contrainte, après l'expression d'un jugement de probabilité ou d'un jugement appréciatif.
L'énonciateur émet un jugement sur « ce qui devrait être ».

EXPRESSION DU NÉCESSAIRE OU DE LA CONTRAINTE

It is necessary that we should make a decision.
Il est nécessaire que prenions une décision. (**>** « Nous devrions prendre une décision ».)

Verbes exprimant la pression suivis de *SHOULD*

Suggest, recommend, arrange, demand, insist.
It was arranged that the Myers should call for her in a fortnight's time. (A. Brookner)
Il était prévu que les Myers l'appellent dans quinze jours.
He insisted that I should go with him.
Il insista pour que j'y aille avec lui.
I suggest that we should go and have a look at it. Je suggère que nous allions voir.

Attention
Après les verbes exprimant la suggestion ou la contrainte, on peut employer la base verbale dans la subordonnée (forme du « subjonctif »). **Pas de"s"** à la 3e personne du singulier (puisque ce n'est pas une assertion mais un subjonctif).
"I suggest that we go and have a look at it." (A. Brookner).

JUGEMENT DE PROBABILITÉ

"Are you sure?" And later, "That it should happen to me!" (A. Brookner)
« Tu es sûre ? » Et plus tard, il ajouta, « Que cela m'arrive (doive m'arriver) à moi ! » (C'est incroyable / impossible).
It is unlikely (impossible) that this should happen to me!
Il est improbable (impossible) que cela m'arrive à moi (que cela doive m'arriver) !

JUGEMENT APPRÉCIATIF

"It's only natural that he should want to be with his friends." (A. Brookner).
Il est tout à fait naturel qu'il veuille être avec ses amis.
It is unfair that he should be punished. Il est injuste qu'il soit puni.

There's no reason why, qui exprime un jugement sur la proposition qui suit, est suivi de ***Should***.
There's no reason why he should do it. Il n'y a aucune raison pour qu'il le fasse (pour qu'il se trouve dans l'obligation de le faire).

She did not see why anything should ever change. (A. Brookner)
Elle ne voyait pas pourquoi les chosent auraient dû changer.

1. Traduisez. Leopold, part 2

If Miss Fisher had had the idea of going downstairs when she left the sick-room, she clearly gave this up, for she went back again, shutting the door behind her firmly: Henrietta, lagging downstairs, heard her going off behind it in French. Her head, Henrietta thought with justifiable crossness, seemed to have been affected more than her heart. Coming into the salon, she found Leopold, an envelope to his forehead, his eyes shut.
"I am thought-reading, naturally," Leopold said. But she saw that he did not like her having come in.
"Can you, Leopold?"
"Naturally, or why should I? If you hadn't come in…"
"Well, I have got to be somewhere. I just can't melt."
Irritably contracting his forehead, Leopold went to the table and put the envelope back in Miss Fisher's bag.
"Oh, you oughtn't to thought-read letters to someone else!"
"It's dishonourable to touch other people's letters," Henrietta went on. "Your mother would hate you to!"
"You don't know her."
"Neither do you, either."
"She's the same as me; she would see why I do things!"
"Is her name Brown?"
This, for some reason, sent him into a passion. He said: "Her name's Forestier."
"Do you really know?"
"I found out."
"Then why are you Grant Moody?"
"Because no one knows I'm born." He said this with such an air of enjoying the distinction that Henrietta exclaimed: "I should hate that!"
"I expect you would. You couldn't possibly be me."

d'après Elizabeth Bowen

2. Traduisez.

1. Je suggère qu'elle leur demande ce qu'ils veulent faire.
2. Je ne m'attends pas à ce qu'ils me disent ce que je dois faire.
3. Si cela devait se produire à nouveau, je m'en irais.
4. Il est incroyable qu'il ne soit pas mort.
5. Il n'y a aucune raison pour que cela change.

9. EXPRESSION DE LA PROBABILITÉ : MODAUX SENS 2

PASSÉ DU MODAL OU PASSÉ DE L'ÉVÉNEMENT ?

Ne pas confondre

a Passé affectant le modal

She might be right after all! Who knows? Elle a peut-être raison après tout !

Probabilité plus faible qu'avec *may*.

Lorsque le modal exprime la probabilité, la forme passée *(Might, Couldn't, Should, Would)* exprime souvent l'irréel, c'est à dire le moins certain.

b Passé portant sur l'événement

He may have done it while he was there.

Il se peut qu'il l'ait fait pendant qu'il était là-bas.

He might have done it while he was there.

Il se pourrait qu'il l'ait fait pendant qu'il était là-bas.

La forme *Have-en* désigne l'accompli et permet le renvoi au passé.

Dans ces énoncés, c'est la subordonnée de temps qui situe le procès *have done it* dans le passé.

DEGRÉS DE PROBABILITÉ

Les modaux dans leur sens 2 diffèrent par le degré de probabilité qu'ils expriment.

Probabilité faible

The chances are against him; but who knows? He ***might*** *win.* Il se pourrait que …

Could *it be true?* Se pourrait-il que …

Probabilité moyenne

I don't actually know. He ***may*** *or* ***may not*** *win.* Il se peut que …

Il y a autant de chances pour que cela se produise que l'inverse.

Can *it be true?* Est-il possible que … ?

Nécessité dans la probabilité

He ***should*** *be back by now.* Il devrait être rentré maintenant.

Should exprime ce qui devrait se passer, selon toute probabilité.

Probabilité forte

He is very likely to be ill / I'm sure he's ill. > *He* ***must*** *be ill.* Je suis certain que …

I can assure you that he is very likely to win. He ***will*** *win.* Je peux affirmer que …

Il s'agit d'une prédiction avec visée (projection dans l'avenir).

EXERCICES

1. Choisissez la réponse qui convient.

1. He started early. He ...... by now.
a) must have finished   b) must finish   c) has to finish
2. After careful inspection, it appeared that the damage was not as bad as it ....
a) can't have been   b) must have been   c) might have been
3. He was lucky he came out safe. He ...... his leg.
a) might have broken   c) might break   d) could break
4. It occured to her there was no time to waste: she ...... to him now, before it was too late.
a) must have spoken   c) might have spoken   c) must speak

2. Choisissez en a, b, c le passage qui commente le mieux le sens de l'énoncé donné.

1. He must have been following her.
a) He had to follow her.   b) Maybe he was following her.
c) I'm sure he was following her.
2. You shouldn't have let him go away with that!
a)You let him go away with that! How incredible!
b)You let him go away with that! What a mistake!
c) I'm sure you didn't let him go away with that.
3. Should anyone call, tell them to leave a message.
a)I'd rather someone called.   b) I'd rather nobody called.
c) If anyone calls.
4. I knew that she might still be trying to find a way out.
a) Perhaps she would still try to find a way out.
b) Perhaps she had been trying to find a way out.
c) Perhaps she was still trying to find a way out.

10. MODAUX ET ASPECTS

On trouve après les modaux trois formes possibles :
- **base verbale simple** : *He must **be** ill.* Il doit être malade.
- **forme *Be + ing*** : *He must **be working**.* Il doit être en train de travailler.
- **forme *Have -en*** : *You should **have listened** to me!* Tu aurais dû m'écouter !

10.1. MODAUX ET FORME *BE + ING*

Avec les modaux, la forme *Be + ing* conserve ses valeurs habituelles : ancrage dans la situation, description ou commentaire (voir p. 12, 13).
Si la forme *Be + ing* (qui ne s'emploie qu'avec les verbes de processus) rattache le fait dont on parle à la situation présente, cela ne signifie pas toujours que l'action « se passe ici et maintenant ». Cela dépend du modal.

COMPAREZ

a *He must be sleeping.*
Il est certainement en train de dormir.
b *He may be looking for you.*
Peut-être est-il en train de te chercher.
c *When will you be leaving?*
Quand partez-vous ?
En (**a**) et (**b**), avec les modaux ***May*** et ***Must***, la forme *Be + ing* désigne une action qui se passe au moment où l'on parle. En (**c**), avec ***Will***, la forme *Be + ing* peut être glosée par « à l'heure qu'il est, je sais que le départ est déjà prévu » (ancrage situationnel) ; la forme *Be + ing* ne renvoie pas dans ce cas au moment présent car le modal ***Will*** situe l'action dans l'avenir (visée).

CAN'T

La présence de *Be + ing* rend en général impossible l'interprétation de sens 1.

COMPAREZ

a *He can't work.* Il est incapable de travailler.
Il s'agit de l'incapacité pour le sujet. (Sens 1).
b *He can't be working.* Il est impossible qu'il soit en train de travailler.
La présence de *Be + ing* nous fait interpréter ***Can't*** comme signifiant que ce fait est « improbable / impossible ». (Sens 2).

MUST

Must d'obligation n'est en général compatible avec *Be + ing* et *Have -en* que lorsque le contexte est futur.
You must be working when he comes back.
Il te faudra être en train de travailler lorsqu'il reviendra.
You must have finished when he comes back.
Il te faudra avoir fini lorsqu'il reviendra.
Cependant, on trouve aussi :
"We must be getting home." (A. Brookner) Il nous faut rentrer maintenant.
Be + ing garde sa valeur habituelle d'ancrage dans la situation (> « maintenant »).

EXERCICES

1. Choisissez la réponse qui convient.

1. *I didn't know what the experts had decided; they ...... the case.*
   a) may still be discussing b) might still be discussing c) would still discuss
2. *They arrived too late! How stupid of them! They ...... the train if they had left earlier.*
   a) must have caught b) might catch c) could have caught
3. *I can't remember seeing this building before. We ...... the wrong way.*
   a) might go b) may go c) may be going

2. Transformez l'énoncé en utilisant un modal.

1. *So you think he's unlikely to have overheard our conversation.*
2. *He is sure to win.*
3. *He's very likely to have done it.*
4. *Maybe he'll get over it.*
5. *I wonder whether he's back or not.*
6. *He's probably having a shower.*
7. *Maybe he didn't understand us.*
8. *Maybe he was kidnapped.*
9. *I'm sure he was watching us.*
10. *He's bound to come back.*
11. *Are you sure he won? It's impossible.*
12. *I'm sure he did a lot of training.*
13. *Perhaps they didn't mention it.*

3. Traduisez en utilisant un modal.

1. Tu devrais être en train de travailler, non ?
2. Il devait être en train de fouiller la chambre quand je suis entrée.
3. Il ne devait pas être très tard.
4. Peut-être ne sait-elle pas que tu es revenu ?
5. Peut-être est-elle en train de lire ta lettre ?
6. Il se pourrait très bien qu'ils soient toujours en train de discuter ton cas.

10. MODAUX ET ASPECTS
10. 2. MODAUX ET FORME EN *HAVE -EN*

DANS QUEL CAS LA FORME MODAL + *HAVE -EN* RENVOIE-T-ELLE À DU PASSÉ ?

COMPAREZ

a *He may have finished by now* **>** *Perhaps he has finished by now.*
Peut-être a-t-il fini maintenant.
La forme *Have -en* conserve sa valeur de base : elle exprime l'accompli et met l'accent sur le résultat d'un procès.
b *He may have arrived on Monday* **>** *Perhaps he arrived on Monday.*
Peut-être est-il arrivé lundi.
L'énoncé comporte une précision temporelle : la forme verbale renvoie à du passé.

LA FORME MODAL + *HAVE -EN* IMPLIQUE-T-ELLE QUE L'ACTION A ÉTÉ RÉALISÉE ?

Should have

COMPAREZ

a *He should stay.* Il devrait rester.
b *He should have stayed.* Il aurait dû rester.
En b *should* porte sur un procès présenté sous l'angle de l'accompli. « Il aurait été souhaitable que l'action fût réalisée ». Ici, la forme *Have -en* implique que l'action n'a pas été réalisée.

Needn't have

COMPAREZ

a *You needn't have done it.* Tu n'avais pas besoin de le faire (**>** tu l'as fait).
L'action est présentée comme accomplie (et par extension ici comme « réalisée »).
b *You didn't need to do it.* Tu n'avais pas besoin de le faire (**>** rien ne nous dit si tu l'as fait ou non).

Might have* et *could have

COMPAREZ

a *What a horrible accident ! He might have been killed!*
Il aurait pu être tué ! (**>** « il ne l'a pas été »).
L'énonciateur émet un jugement de probabilité. Dans ce contexte, on comprend que l'événement n'a pas eu lieu. *Have -en* a ici une valeur d'irréel.
b *I thought he might have changed his mind.*
Je pensais qu'il avait peut-être changé d'avis.
Expression d'une probabilité. Mais ici, rien ne nous dit si le sujet a ou non changé d'avis.
c *You might have realized it wasn't possible.*
Tu aurais pu te rendre compte que ce n'était pas possible.
***Might* indique le possible pour le sujet (sens 1). *Have -en*, indique ici que le procès n'a pas eu lieu. Dans ce contexte, la forme *Might Have -en* prend une valeur de reproche/réprobation.**
d *She could have loved him but would not allow herself to do so.*
Elle aurait pu l'aimer mais elle ne s'autorisait pas à le faire.
***Could* exprime la possibilité donnée au sujet de faire quelque chose (sens 1 du modal) (> « tout en elle aurait pu permettre qu'elle l'aime »). *Have -en* a une valeur d'irréel.**

EXERCICES

1. Les modaux des énoncés suivants sont affectés d'un passé.
a) Déterminez la valeur de ce passé : **A** renvoie à du révolu ; **B** renvoie à de l'irréel.
b) Traduisez ces phrases en français.

	A : renvoi à du révolu	B : renvoi à l'irréel
1. I ***might*** *ask the boss for a rise after all.*		
2. One ***might*** *think that leaking out the news was an unforgivable mistake.*		
3. I wish he ***wouldn't*** *leave litter all over the place.*		
4. He should have resigned when I told him to, but he ***wouldn't.***		
*5. If he'd applied for the job earlier, he'****d*** *be on the staff by now.*		
6. What a pity you ***couldn't*** *attend the meeting!*		
7. If only you ***could*** *pass your exam with flying colours!*		
8. I am sorry you ***couldn't*** *get the Oscar for best film.*		
9. If only someone ***could*** *send me a good story for a change!*		
10. There ***could*** *be no alternative to sending in the troops.*		

2. Traduisez.

1. Si vous avez vécu en Allemagne, vous avez forcément dû être témoin de nombreuses manifestations en faveur de l'environnement.
2. On peut me prendre pour un rêveur, mais je ne suis pas le seul dans ce cas.
3. Il a peut-être eu une réaction excessive *(to overreact)* quand il a insulté le Ministre de la Justice.
4. Si tu ne sais pas te conduire correctement, nous ne t'emmènerons pas.
5. Ce n'est pas possible qu'il ait été présent à la Chambre des Communes ce jour-là puisqu'il faisait une conférence à Paris.

11. LES MODAUX SENS 1 ET LEURS « ÉQUIVALENTS »

Certains verbes expriment des notions proches de celles exprimées par les modaux dans leur sens 1.
On a souvent recours à ces expressions au passé et au futur. Mais à la différence des modaux, ces expressions non-modales excluent la relation entre celui qui parle et le sujet de l'énoncé (par exemple la relation de pression pour *must* et *should*) ; ces formes excluent toute prise de position de celui qui parle et présentent donc la permission, l'obligation, etc. sous l'angle de la simple constatation.

	Modal	**Forme non-modale**
Obligation	*You must be careful.* Tu dois faire attention. (« C'est moi qui le veux. » > Pression sur autrui.)	*You'll have to be careful.* Il te faudra faire attention. (Simple constatation d'une nécéssité.)
Interdiction	*Remember that you mustn't smoke.* Souviens-toi que tu ne dois pas fumer. (« C'est moi qui te l'interdis ou bien j'approuve cette interdiction. »)	*You're not allowed to smoke.* Tu n'as pas le droit de fumer. (« C'est la loi, je n'y suis pour rien. »)
Absence d'obligation	*You needn't answer.* Tu n'as pas à répondre. (« Il n'y a aucune raison pour que tu le fasses », qui est proche de « je t'incite à ne pas le faire ».)	*You don't have to answer.* Tu n'es pas obligé de répondre. (Simple constatation.)
Conseil	*You should be in bed.* Tu devrais être couché. (L'énonciateur fait pression sur le sujet.)	*They ought to be in bed.* Ils devraient être couchés. (Selon le bon sens, un règlement ou une contrainte extérieure à l'énonciateur.)
Permission	*May I stay? Can I stay?* Puis-je rester ? (On demande à autrui la permission de rester.)	*I think that we'll be allowed to stay.* Je pense que nous aurons l'autorisation de rester. (La permission ne dépend pas de l'énonciateur.)
Capacité	*He can't do it! That's too obvious!* Il est incapable de le faire ! C'est évident ! (Il y a un jugement de la part de celui qui parle, qui attribue au sujet la capacité/incapacité d'agir.)	*He won't be able to do it.* Il ne sera pas capable de le faire. (Ce n'est pas l'énonciateur qui juge de la capacité ou incapacité du sujet.)
Volonté	*No, I won't do it!* Je refuse de le faire ! (« On souligne le refus catégorique du sujet. »)	*He doesn't want to do it.* Il ne veut pas le faire. (Simple constation.)

> PROBLÈMES DE TRADUCTION : DEVOIR

Obligation prise en charge par l'énonciateur	
You must not let him come back.	Tu ne dois pas le laisser revenir.
Nécessité du point de vue de l'énonciateur	
Need I tell you again what's wrong?	Ai-je vraiment besoin de te dire à nouveau ce qui ne va pas ?
Nécessité sans jugement de la part de l'énonciateur	
You have to tell them.	Il te faut le leur dire.
You'll have to tell them.	Il te faudra le leur dire.
I had to tell them.	J'ai dû le leur dire.
Conseil	
You should tell them.	Tu devrais le leur dire.
Reproche	
You should have told them.	Tu aurais dû le leur dire.
Probabilité avec jugement de l'énonciateur.	
Forte *It must be true.*	Cela doit être vrai.
Assez forte *It should be true.*	Cela devrait être vrai
Sur un fait passé *It must have been a lie.*	Cela devait être un mensonge.
Sur un fait négatif *It can't be true.*	Cela ne doit pas (peut pas) être vrai.
Probabilité sans jugement de l'énonciateur	
Forte *She is sure to win.*	Il y a toutes les chances pour qu'elle gagne (elle doit gagner).
Ce qui est prévu à l'avance	
He is to see her soon.	Il doit la voir bientôt.
He was to have met her at four.	Il aurait dû la rencontrer à 4 heures.
If it were to happen again, I would go.	Si cela devait se reproduire, je m'en irais.
L'inévitable	
It was bound to happen.	Cela devait arriver (c'était inévitable).

EXERCICE

1. Traduisez.

1. Ils ont certainement dû comprendre que j'avais menti.
2. Il devrait être là. Je ne vois pas ce qui a pu le retarder.
3. En fin de compte ils ont dû se débarasser des déchets. C'était absolument nécessaire. Ils ne pouvaient plus les garder.
4. Ils n'auraient pas dû commencer cette campagne contre le nucléaire. À la fin, ils ont été obligés de signer un accord avec le gouvernement. Cela devait arriver.
5. D'après l'horaire, l'avion aurait dû atterrir à 1h30.
6. Si elle devait revenir ce soir, il me serait impossible de les joindre.

PLACE DE L'ADVERBE

L'adverbe peut porter sur la phrase entière ou sur des éléments constitutifs de cette dernière. On dit alors qu'il « modifie » un élément de la phrase.
Sa position dans la phrase n'est pas figée. Elle peut changer pour le même adverbe selon l'intention de celui qui parle.

ADVERBES PORTANT SUR L'ENSEMBLE DE L'ÉNONCÉ

Adverbes d'appréciation

Actually, (un)fortunately, frankly, honestly, naturally, obviously, sincerely, etc.
Celui qui parle exprime son opinion et donne son point de vue ; il porte un jugement sur l'énoncé. Ces adverbes sont le plus souvent en position initiale.
Obviously, he must have been aware of her lack of money from the start.
Bien évidemment, il devait savoir qu'elle n'avait pas d'argent depuis le début.
Honestly, if she had known he was a crook, she wouldn't have married him.
Franchement, si elle avait su que c'était un escroc, elle ne l'aurait pas épousé.

Expression de la probabilité

Certainly, maybe, perhaps, presumably, probably, surely, etc.
Il s'agit pour celui qui parle d'évaluer les chances de réalisation d'un événement.

Se placent en position initiale : *maybe, perhaps, presumably.*
Il n'y a pas d'inversion sujet-verbe avec *perhaps* ou *maybe*.
Perhaps they forgot to lock the door.
Peut-être ont-ils oublié de fermer la porte à clé.
Surely, you must have met Mrs Brittle.
Je suis persuadé que vous avez rencontré Mrs Brittle.

Peuvent se placer en position médiane soit avant le verbe, soit après le premier auxiliaire : *certainly, probably, surely.*
They will probably phone us when they get there.
Ils nous téléphoneront probablement quand ils arriveront.
Probably porte sur l'ensemble de l'énoncé.
> *They will phone us when they get there: that is probable.*

ADVERBES PORTANT SUR UN OU PLUSIEURS ÉLÉMENTS

Ils se placent en position médiane devant le(s) mot(s) sur le(s)quel(s) ils portent.

Degré de réalisation d'un événement

Ces adverbes portent sur un verbe : *absolutely, barely, completely, definitely, entirely, fully, hardly, literally, nearly, possibly, scarcely, seldom, totally, almost, just,* etc.
Ils se placent soit avant le verbe (**a**), soit entre l'auxiliaire et le verbe (**b**, **c**), lorsqu'il y a un auxiliaire, soit entre les auxiliaires et le verbe quand il y a deux auxiliaires (**d**).

COMPAREZ

a *They almost ran over our guinea pig.* Ils ont failli écraser notre cochon d'Inde.
b *They don't totally agree with the new plan.*
Ils ne sont pas tout à fait d'accord avec le nouveau projet.
c *She hasn't fully recovered from the shock.*
Elle ne s'est pas entièrement remise de son choc.
d *She must have completely lost her senses.* Elle a dû complètement perdre la raison.

Avec *be* et *have*, les adverbes se placent immédiatement après l'auxiliaire.
She is certainly very beautiful. Elle est certainement très belle.
Placés avant, ils correspondent à une forme emphatique.
She certainly is very beautiful. (*Is* est accentué.) Sans aucun doute, elle est très belle.

EXERCICES

1. Placez les adverbes dans les phrases suivantes. (Il peut y avoir plusieurs positions possibles.)

1. (honestly) No one can say that the peace talks have failed so far.
2. (definitely) We believed that all the fuss about the millenium bug had been exaggerated.
3. (possibly) Can you stop that rumpus?
4. (literally) They went bonkers when they heard the news.
5. (probably) He thinks he is infallible.
6. (completely) I have lost sight of her.

2. Traduisez.

1. Il prendra très certainement le train, et probablement celui de dix heures.
2. Elle a peut-être essayé de t'appeler hier matin.
3. Elle seule pourra nous dire si elle est tout à fait prête pour sa conférence.
4. Après l'alerte à la bombe *(bomb scare)*, tous les clients ont été entièrement fouillés.
5. Elle a rarement été si fière de ses enfants.
6. Il a manifestement beaucoup de talent, mais il en use très modérément, malheureusement.

PLACE DE L'ADVERBE

Degré d'intensité (positive ou négative) d'une notion

Les adverbes portent soit sur un adjectif, soit sur un participe passé ou sur un autre adverbe : *completely, entirely, fairly, totally, almost, much, most, too, very*, etc.
She must have gone completely mad. Elle a dû devenir complètement folle.
(*Completely* porte ici sur un adjectif.)

Too, very, much too, far too, that

- *Too* et *very* intensifient l'adjectif et le précèdent directement.
  How very nice of you! C'est vraiment très gentil de votre part !
  Isn't it too heavy? Ce n'est pas trop lourd ?
- *Much* et *far* peuvent renforcer *too* devant un adjectif. Dans ce cas, ils se placent avant *too.*
  It's much too far. C'est beaucoup trop loin.
  It's far too easy. C'est beaucoup trop simple.
  (Ne pas confondre avec *too much*, voir p. 147)
- *Very much* ne s'emploie pas pour intensifier un adjectif, (on emploie *very*) sauf, parfois, devant quelques rares adjectifs qui sont des participes passés lexicalisés :
  He was (very) much respected / admired. Il était très respecté / admiré.
  Pour certains de ces adjectifs, on peut utiliser soit *very*, soit *very much* : *afraid, interested, surprised.*
  I'm very / very much interested, very / very much surprised.
  Je suis très intéressé / très surpris.
- *That*, dans une langue informelle, peut aussi intensifier un adjectif.
  He wasn't that clever after all. Il n'était pas si malin que ça après tout.

Much + adjectif au comparatif ou participe passé

On peut employer *much* devant un adjectif au comparatif de supériorité ou d'infériorité ; *far* peut également être utilisé dans ce cas. Ces deux adverbes intensifient le comparatif.
She's much better now. Elle va beaucoup mieux maintenant.
They're far less demanding. Ils sont beaucoup moins exigeants.
On peut utiliser *much* (ou *very much*) devant un participe passé :
His speech was much criticized. Son discours a été beaucoup critiqué.

Quantité : *Much, a little, a lot, very much, (far) too much, enough, at all*

- Ces adverbes, lorsqu'ils portent sur la relation entre le sujet et le verbe+complément, se placent en position finale.
  I didn't work much. Je n'ai pas beaucoup travaillé.
  She likes me a lot. Elle m'aime beaucoup.
  It worries me a little. Cela m'inquiète un peu.
  I like dancing very much. J'aime beaucoup danser.
  He talks too much. Il parle trop.
  Si le complément est long, on peut placer *much* entre l'auxiliaire et le verbe.
  He doesn't much care for them. Il ne les aime pas beaucoup.
  (voir aussi *much*, quantifieur, p. 147)
- *Too much* se place également en fin d'énoncé, sauf s'il introduit un infinitif (*to*...)
  He's drunk too much. Il a trop bu.
  There's too much to do. Il y a trop à faire.
  Too much ne s'utilise pas devant un adjectif (voir *too* et *much* ci-dessus).
- *Enough* exprime l'idée d'une « quantité suffisante » et se place après l'adjectif.
  They're not competent enough to take on such responsibilities.
  Ils ne sont pas assez compétents pour assumer de telles responsabilités.
  Se place en position finale, s'il porte sur la relation entre le sujet et le verbe+complément.
  I think you've said enough. Je crois que tu en as assez dit.

• *At all* s'emploie avec *if*, *any*, dans des énoncés interrogatifs et avec *not*
If you love her at all, go and comfort her. Si tu l'aimes un tant soit peu, va la consoler.
Did you see them at all? Est-ce que tu as réussi à les voir ?
I'm not at all worried. Je ne suis pas du tout inquiet.

Les adverbes appréciatifs *quite, rather, fairly, enough*
Ils expriment différents degrés d'intensité et se placent directement devant le mot sur lequel ils portent, sauf *enough*.

• ***Quite*** peut avoir plusieurs sens et être proche des notions suivantes :
Completely : *I quite agree.* Je suis tout à fait d'accord.
Exactly : *It's not quite what I wanted.* Ce n'est pas exactement ce que je voulais.
Rather : *It's quite good.* Ce n'est pas mal du tout.
Grande intensité : *She's quite a woman!* Quelle femme !

• *Rather* est proche de « plutôt » (degré plus élevé que *quite*).
It's rather good. C'est plutôt bien.
I rather like him. Je l'aime bien.

• *Fairly* exprime un moindre degré que *quite* et *rather*
"How was the film?" "Fairly good." « Alors, ce film ? » « Pas mal. »
He did fairly well, didn't he? Il s'en est plutôt pas mal sorti, non ?

• *Enough*, employé comme adverbe de modalité appréciative (et non pas comme expression de la quantité, voir ci-dessus) est dans ce sens proche de *rather* (mais exprime une appréciation moins positive). À la différence de *rather, enough* se place après l'adjectif.
She seems happy enough. Elle n'a pas l'air trop malheureuse / elle a l'air assez heureuse.
She seems rather happy. Elle a l'air plutôt heureuse.

Fréquence

Always, ever, never, often, sometimes, still, usually, etc.
Ils se placent avant le verbe sur lequel ils portent :
Have you ever eaten haggis? As-tu jamais mangé du haggis ?

EXERCICE

THÈME

1. Traduisez.
1. C'était beaucoup mieux organisé que l'an dernier.
2. Nancy passait beaucoup trop de temps à se remémorer le passé.
3. Est-ce que ça fait très mal ?
4. Ils étaient très surpris.
5. Je n'ai pas beaucoup apprécié ce que j'ai entendu.

PLACE DE L'ADVERBE

Restriction et précision

Actually, alone, even, just, hardly, merely, only, seldom, etc. Ils apportent une précision restrictive et peuvent porter sur un verbe, un adjectif, un adverbe, un nom ou un pronom.

She did not even try to answer the question.
Elle n'a même pas essayé de répondre à la question.

Only et *alone* portant sur un pronom n'occupent pas la même place.

Only he could tell you where Sandra is hiding. Lui seul pourrait te dire où se cache Sandra.
She alone would be capable of such things. Elle seule serait capable de telles choses.

Attention

Dans un style emphatique, les adverbes restrictifs (*only* suivi d'un adverbe de temps, *not only, hardly, little, never, no sooner, nor, nowhere, seldom*) placés en début de phrase sont suivis d'une structure interrogative avec auxiliaire en tête (voir chapitre 3, p. 46).

Only then did I realize that she was blind.
Ce n'est qu'alors que je remarquai qu'elle était aveugle.
Not only will they help you but they will also be glad to do so.
Non seulement ils vous aideront, mais ils seront également heureux de le faire.
Hardly had she come in when it started to rain.
À peine était-elle entrée qu'il se mit à pleuvoir.

ADVERBES DESCRIPTIFS OU ADVERBES DE MANIÈRE

- **Ils décrivent l'événement et se placent en général devant le verbe.**
  She slowly walked down the stairs. Elle descendit lentement les escaliers.
- **En position initiale, ils mettent la description de l'événement en relief.**
  Very slowly, she walked down the stairs. (style narratif, littéraire)
  Carefully take out your weapon and place it on the floor.
  Sortez votre arme avec précaution et posez-la par terre.
  On attire l'attention sur la manière : *carefully*.
- **En fin de phrase, ils explicitent l'événement.**
  She made for the door and disappeared suddenly.
  Elle se dirigea vers la porte et disparut soudainement.
  She opened the door rather reluctantly. Elle ouvrit la porte plutôt à contre cœur.

ADVERBES DE TEMPS ET DE LIEU

Early, late, today, tomorrow, yesterday, etc. et *here, there, everywhere, somewhere, nowhere*, etc.

- **Il se placent en général en fin de proposition (c'est toujours le cas pour *early* et *late*).**
  She arrived early. Elle est arrivée tôt.
  We saw John Smith yesterday. Nous avons avons vu John Smith hier.
- **En début de phrase, ils servent de repère.**
  Yesterday, we saw John Smith. Hier, nous avons vu John Smith.
  Here lie the remains of the duke. Ici reposent les restes du duc. (style soutenu)
- **Les particules adverbiales (Voir chapitre 23, p. 278 à 283).**

> PROBLÈMES DE TRADUCTION ET DE COMPRÉHENSION

- ***Most* peut être adverbe portant sur un adjectif. Dans ce cas, l'adjectif, même s'il est court, ne subit pas de transformation. *Most* signifie *very*.**
  I am most glad to welcome Mrs Brittle. Je suis vraiment très heureux d'accueillir Mrs Brittle.
- **Le verbe et le complément ne sont en général pas séparés par l'adverbe.**
  I like her brother very much. J'aime beaucoup son frère.

• **Quand plusieurs adverbes se suivent, ils se placent dans l'ordre *"how"*, *"where"*, *"when"*.**
They behaved perfectly at home last night.
Ils se sont comportés parfaitement à la maison hier soir.

• ***Only* peut porter sur un élément éloigné.**

COMPAREZ

a *Only Jane saw them come in.* Il n'y a que Jane qui les ait vu entrer.
b *I only bought the dinner, I didn't cook it.*
Je n'ai fait qu'acheter le dîner ; je ne l'ai pas préparé. *Only* porte sur *bought.*
c *I only like snails when my mother cooks them.*
J'aime les escargots seulement quand ma mère les prépare.
d *I only saw Mary last night.*
Cet énoncé est plus ambigu puisque *only* peut porter respectivement sur *saw* (accentué) « J'ai seulement vu Mary (je ne lui ai pas parlé) » ou sur *Mary* (accentué) « Je n'ai vu que Mary (et personne d'autre) », ou enfin sur *last night* (accentué) « ce n'est qu'hier soir que j'ai vu Mary. »

EXERCICES

1. Placez les adverbes dans les phrases suivantes en opérant éventuellement certaines modifications.

1. (seldom) He is the kind of man who will tell lies.
2. (often) We don't go to the cinema in the winter.
3. (hardly) The candidate said very few words about the condition of illegal immigrants.
4. (alone) Not anyone else but she can tell you where the meeting will be held.
5. (ever) He asked me if I had been to the opera.

2. Formez l'adverbe à partir de l'adjectif en apportant les modifications nécessaires.

1. She walked up to the agent (hesitant) …… .
2. They have (entire) …… finished their job.
3. He answered the headmaster very (shy) …… .
4. She slammed the door (noisy) …… behind her.
5. That part of the country is (economic) …… very poor.
6. The price of the jewel has been (authentic) …… proved.
7. He (careful) …… opened the box: he couldn't believe his eyes.
8. The balloon flew (incredible) …… high, didn't it?
9. She recited her poem quite (unconvincing) …… .

3. Placez les adverbes dans les phrases suivantes en opérant éventuellement certaines modifications (il peut y avoir plusieurs positions possibles).

1. (remarkably) They wrote about the King's eclectic taste in the field of the arts.
2. (highly) She speaks of you in very good terms.
3. (hard) The school works a lot to ensure that the students receive a rich experience.
4. (brilliantly) He passed his exams.

4. Même exercice.

1. (very - much) Did she enjoy the show?
2. (noisily) He put down the phone.
3. (quite - reluctantly) They went to the party.
4. (soon - perfectly) He learned how to swim.
5. (daily) They have the groceries delivered.
6. (badly) She dances.
7. (well) He sings.

PLACE DE L'ADVERBE

DÉRIVATION : FORMATION DES AVERBES EN *"LY"* À PARTIR D'UN ADJECTIF

On ajoute le suffixe *"ly"* à l'adjectif qui ne subit aucune modification : *complete* + *ly* = *completely*.

Cas particuliers

- Les adjectifs se terminant en *"ble"* : le "e" tombe et on ajoute seulement *y* .
  Reasonable > *reasonably* (exception : *whole* > *wholly*)
- Les adjectifs se terminant par "y" : le *y* se transforme en *i* et est suivi de *ly*.
  Happy > *happily ; merry* > *merrily*
  Remarques : *dry* > *drily* / *dryly ; wry* > *wryly ; true* > *truly ; due* > *duly ; economic* / *economical* > *economically*.

Attention

- Certains adjectifs se terminent par *"ly"*; ne pas les confondre avec des adverbes : *manly, timely, friendly, melancholy* (adj et nom). Dans ces cas, on ne peut pas former un adverbe en rajoutant le suffixe *"ly"* : on aura recours à une périphrase *(in a ... fashion, manner, way)* indiquant la manière et qui sera en position finale.
  She greeted the newcomers in a friendly way.
  Elle accueillit les nouveaux venus de façon amicale.
- D'autres mots ne prennent pas le suffixe *"ly"* et sont adjectifs et adverbes :
  A fast car (adj) ; *He runs fast* (adv) ; *This is hard work* (adj) ; *He works hard* (adv : ne pas confondre avec *hardly* : à peine)
- Certains mots se terminant par *"ly"* sont adjectifs et adverbes *(daily, early)* :
  The early bird catches the worm. Le monde appartient à ceux qui se lèvent tôt.
  She arrived early. Elle arriva tôt.
- D'autres ont une forme différente : *good* > *well* (mais *bad* > *badly*)
  She knows her lesson well (toujours post-posé) ;
  mais : *he is well-read.*
- Certains adjectifs, indiquant la dimension *(big, tall)*, la couleur *(red, blonde)*, l'âge *(old, young)* ne se transforment pas en adverbes.

EXERCICES

1. Comparez et commentez les groupes de phrases suivantes : de quel type d'adverbe s'agit-il ? Sur quoi porte-t-il ? Traduisez.

1. **a** *Honestly, she did what was expected of her.*
   b *She honestly did what was expected of her.*
   c *She worked honestly all her life.*
2. **a** *Even Jane told me about the fright they had the other day.*
   b *Jane even told me about the fright they had the other day.*
3. **a** *Only now do I realize that I was a bit too abrupt with her.*
   b *Only she is capable of telling such lies.*
   c *He only stammers when he is drunk.*
   d *She only saw the very first minutes of the performance.*
4. **a** *She certainly has a talent for drawing.*
   b *She has certainly some sort of talent.*
   c *She has some sort of talent, certainly.*
   d *Certainly, she has some sort of talent.*
5. **a** *I'm still waiting for them to phone.*
   b *Are you still with James?*
   c *What's the matter? She still hasn't arrived!*
6. **a** *Surprisingly, she reacted to Thomas's letter.*
   b *She surprisingly reacted to Thomas's letter.*
   c *She reacted surprisingly to Thomas's letter.*
   d *She reacted to Thomas's letter surprisingly.*
7. **a** *All alone, she went through her ordeal without flinching.*
   b *They alone know how to handle him.*
   c *Would you believe it? He did it alone.*

2. Quels sens peut-on donner à la phrase suivante ? Comment se fait la discrimination du sens ? Proposez une ou plusieurs traductions.

I only opened that bottle of whisky last night.

EXPRESSIONS DU FUTUR

Il n'existe pas de temps futur en anglais : le verbe ne peut porter que les marques du présent et du passé (base verbale et terminaison - *s* pour le présent, terminaison - *ed* pour le passé). En anglais, selon ce que l'on veut dire, le renvoi à l'avenir se fait grâce à des formes appartenant à plusieurs catégories grammaticales.
On peut utiliser :
- l'expression *"Be going to"*,
- le modal *Will* et le modal *Shall*,
- l'expression *Is to / was to* (la valeur de base de *"to"* signifie en effet que l'action est envisagée dans l'avenir par celui qui parle),
- les deux formes de présent : le présent simple ou le présent *Be + ing*, avec certains marqueurs d'avenir *(tomorrow, next year)*, peuvent renvoyer à l'avenir

BE GOING TO

Cette forme permet d'exprimer la certitude de l'énonciateur que quelque chose va se produire. L'action future a un lien avec la situation présente : « Vu ce que je sais du présent, étant donné ce que j'observe en ce moment, je conclus que quelque chose va se produire ». L'emploi de *Be going to* rend par conséquent la présence d'un complément de temps non nécessaire le plus souvent.
Look! It's going to rain! Regarde ! Il va pleuvoir !

Dans certains contextes, avec une intonation et/ou une accentuation appropriée, *Be going to* peut exprimer une nuance de volonté / refus.
I'm not going to answer that question!
Je n'ai pas l'intention de répondre / je refuse de répondre à cette question !

WILL - WON'T

La valeur fondamentale de *Will* (ou *'ll*), c'est de renvoyer à une prédiction faite par l'énonciateur et/ou d'indiquer la volonté ou le comportement caractéristique du sujet grammatical (voir *Will*, p. 82).

Prédiction pure (avec repère temporel)

It'll rain in the South this afternoon. Il pleuvra dans le Sud cette après-midi.

Prédiction + volonté

I won't sign this paper. Je ne signerai pas / je ne veux pas signer ce papier.

Prédiction + caractéristique

She will do that sort of thing. Elle fait (ou fera) ce genre de chose. (Je peux prédire cela parce que je la connais.)

Avec une subordonnée de temps en *when, as soon as, as long as, by the time, once, until, while,* etc. ou une subordonnée en *If*, on emploie *Will* dans la principale mais **pas** dans la subordonnée qui reste au présent ou au *present perfect*, selon le sens.
I'll tell you the real story when he comes back / when I have finished.
Je te raconterai ce qui s'est vraiment passé, quand il reviendra / quand j'aurai fini.
I'll have lunch with you if it's not too late. Je déjeunerai avec toi, s'il n'est pas trop tard.
Pour un acte qui s'adapte à une situation, on emploie toujours *Will* (ou *'ll*) ; c'est comme s'il y avait une hypothèse sous-entendue.
(The telephone is ringing) **>** *'I'll answer it,' says Mary.*
Je vais répondre. (Puisque le téléphone sonne.)
- *Can I speak to Mrs Brown, please?*
- *I'll put you through.*
Je vous mets en communication avec elle. (Puisque vous voulez lui parler).

EXERCICES

1. Choisissez la réponse qui convient.

1. *She won't be satisfied until ....*
   a) he apologizes b) he will apologize c) he is going to apologize
2. *John ...... ask for a renewal before the contract expires.*
   a) has to b) will have to c) is going to
3. *It's hot. ...... open the window.*
   a) I'll b) I am to c) I'm going to

2. Traduisez.

1. - Jack, on n'a plus de ruban encreur *(ink cartridge)* ni de disquette.
   - Je vais en acheter en allant faire les courses.
2. Je ne louerai plus de voiture, ça coûte trop cher.
3. Je n'irai pas en vacances cette année, il va falloir que j'économise pour m'acheter une imprimante haut de gamme *(upmarket)*.
4. Ma copine, elle, ira chez sa mère, parce qu'elle a horreur de rester à Londres l'été.
5. Ma soeur restera à Birminham où elle se présentera à une interview pour un emploi en informatique *(data-processing)*.
6. Je vais débarrasser la table. Pendant ce temps-là, vous imprimerez ce qu'on a entré dans l'ordinateur ce matin.
7. Je ne sais pas ce que je vais dire au patron pour obtenir une augmentation.
8. Il va y avoir un orage. Tu n'oublieras pas d'éteindre le PC, hein ?
9. Attendez, je réfléchis ; je vais vous dire quels caractères *(type)* je vais utiliser pour mon introduction.
10. Il vous présentera à l'un de ses collègues, si vous le lui demandez gentiment.

EXPRESSIONS DU FUTUR

SHALL

En anglais moderne, on emploie de préférence *Will* ou *'ll* à toutes les personnes. Dans un style plus formel, on peut trouver *Shall* à la 1re personne du singulier ou du pluriel pour une prédiction simple.

We shall meet tomorrow then. Nous nous verrons demain donc.

Le modal *Shall* exprimant la contrainte, on retrouve cette nuance quand il est utilisé pour exprimer le futur.

Les emplois les plus fréquents

À la forme interrogative, pour exprimer une suggestion : on se met à la disposition de l'autre ; c'est une contrainte sollicitée.

Shall I help you? Veux-tu que je t'aide ?

- *Shall we do the washing-up?* Tu veux qu'on fasse la vaisselle ?

- *Yes, let's.* D'accord, on s'y met.

Let's do the washing-up, shall we? On fait la vaisselle, d'accord ?

Pour marquer la contrainte dans les lois, les prophéties, les engagements.

Candidates shall remain in their seats until all the papers have been collected.

Les candidats ne quitteront leur place que lorsque toutes les copies auront été relevées.

WILL OU SHALL ?

COMPAREZ

a *Will we see each other again?*

Nous reverrons-nous ? (Je me le demande : question pure et simple.)

b *Shall we see each other again?*

Nous reverrons-nous ? (Invitation à se revoir.)

BE GOING TO OU WILL ?

Avec *Will*, il faut une hypothèse implicite ou explicite alors que *to be going to* se suffit à lui-même.

COMPAREZ

a *I'm going to faint.* Je vais me trouver mal. (Je le sens.)

On ne peut pas dire : *I'll faint*, hors contexte.

Mais on dira :

b *If this noise goes on, I'll faint.* Si ce bruit persiste, je vais me trouver mal.

You know, I'm going to buy a new car. Tu sais, je vais m'acheter une nouvelle voiture.

On ne peut pas dire, sans autre contexte : *I'll buy a new car.*

Mais, en revanche, on dit :

If I get the money, I'll buy a new car.

Si j'obtiens l'argent, je m'achèterai une nouvelle voiture.

WILL BE + ING

Avec *Will*, la forme *Be + ing* conserve ses valeurs (situation, description, commentaire, voir p. 12) La valeur de volonté de *Will* est neutralisée. Ce dont on parle c'est d'une activité future.

COMPAREZ

a *Will you come to the party tonight?*

(Je t'invite.)

b *Will you be coming to the party?*

(Je me renseigne pour savoir si tu viens.)

BE ABOUT TO

Cette forme exprime l'imminence de l'acte.
We were about to leave when the telephone rang.
Nous étions sur le point de partir lorsque le téléphone sonna.

BE BOUND TO

Cette forme exprime une probabilité très forte, l'idée de l'inévitable.
It was bound to happen. Cela devait arriver. (C'était inévitable.)
She's bound to come back sooner or later. Il est certain qu'elle reviendra tôt ou tard.

EXERCICES

1. Remplacez le verbe en gras par le verbe entre parenthèses que vous mettrez au futur + *Have -en.*

Ex. : *If we don't hurry, the concert **will already be in progress** (start).*
> *If we don't hurry, the concert will have started.*

*1. He **will be out of money** by the time he has finished his shopping. (run out of money)*
*2. **Will he already be at school** when we call round ? (reach school).*
*3. Do you think the kids **will be inside** by the time the storm breaks out ? (come inside)*
*4. **Will** Johnny **be out of prison** by the end of next week? (leave)*
*5. **Will** the water **be off** when the works start? (cut off)*

2. Traduisez en utilisant l'un des éléments proposés.

Présent simple, présent + be + ing, will, will + be + ing, be going to, is to, ainsi que *be bound to, be sure sure/certain to, be likely to.*

1. Il fait une communication au colloque du mois de mai ; je dois aussi en faire une.
2. Elle se demande quand son père viendra la voir dans la pièce où elle tient le premier rôle.
3. Il doit inviter son homologue *(counterpart)* allemand à déjeuner, dès qu'il viendra dans la région.
4. Il devait y avoir un concert de rock ce soir, mais il a été annulé à la dernière minute.
5. Quelqu'un sait-il où on trouvera l'argent pour financer le projet ?
6. Il va se demander ce qui se passe, si vous ne donnez pas signe de vie.
7. « On arrête de travailler, d'accord ? » « D'accord. »
8. Tu sais, je vais finalement me présenter à la session de juin.
9. Je vais lui dire ce que je pense de son comportement envers toi.

BE SURE TO, BE CERTAIN TO, BE LIKELY TO

Ces formes peuvent présenter des ambiguïtés de structure.

a *She is sure to win.* ne veut pas dire « Elle est persuadée qu'elle va gagner» mais « Il y a de fortes chances pour qu'elle gagne ».

L'énoncé signifie *"It is sure that she will win."*

b *She is certain to win.* Il y a toutes les chances pour qu'elle gagne.

L'énoncé signifie *"It is certain that she will win."*

c *She is likely to win.* Il est probable qu'elle va gagner.

d *This is sure to happen.* Cela ne peut manquer de se produire.

IS TO

On emploie cette forme pour exprimer :

Ce qui est déjà prévu

The Prime Minister is to address the Commons next week.

Le premier ministre doit en principe s'adresser aux Communes la semaine prochaine.

Ce qui était prévu

She was to meet him at the station.

Il était prévu qu'elle aille le chercher à la gare. (Elle devait aller le chercher…)

On rencontre aussi la forme

She was to have met him. Elle aurait dû le rencontrer.

Avec l'infinitif + *have -en*, cette forme signifie que ce qui était prévu ne s'est pas réalisé.

L'obligation dans certains contextes

Lorsque les relations entre les personnes sont mises en valeur et avec l'accentuation qui convient :

*You're **not** to come back!* Tu ne dois pas revenir !

On emploie aussi cette forme au prétérit modal dans un contexte d'hypothèse

***Was to / Were to*, prétérit modal de *is to* s'utilise dans des énoncés où l'on exprime une hypothèse encore plus incertaine.**

a *If it were to happen again, I would tell her the truth.*

b *Were it to happen again, I would tell her the truth.*

Si cela devait se reproduire, je lui dirais la vérité.

Remarque

Toutes les expressions ci-dessus comportent la particule *"to"* qui renvoie à l'avenir. Notez la parenté avec la préposition *"to"* qui indique la direction vers un lieu, c'est-à-dire un point à atteindre dans l'espace.

EXERCICES

1. Ajoutez aux phrases ci-dessous, lorsque c'est indispensable, un marqueur de temps que vous choisirez dans la liste proposée.

This year, next month, tomorrow, in August

1. *She's going to take up a job as head of department.*
2. *She'll manage to get a holiday.*
3. *He will be wondering where you've gone.*
4. *I shall be twenty-two.*
5. *I'm about to fix the tap in the bathroom.*
6. *It will rain.*
7. *I'll spend two weeks in Jersey.*
8. *The exams will be difficult.*

2. Traduisez en utilisant l'un des éléments proposés.

Présent simple, présent + Be + ing, will, will + Be + ing, be going to, is to, ainsi que be bound to, be sure sure/certain to, be likely to.

1. Vous voulez que je porte les bagages ? Ils ont l'air très lourds.
2. « Et si on allait dîner dehors ? » « Bonne idée, on y va. »
3. Et penser que la semaine prochaine, je descendrai les pentes neigeuses des Alpes !
4. Qui est-ce qui emmène les enfants au cinéma mercredi prochain ? Toi ou moi ?
5. À quelle heure tu quittes le bureau aujourd'hui ?
6. Il parle déjà l'anglais presque couramment, il va devenir bilingue en un rien de temps.
7. Elle va certainement obtenir le poste pour lequel elle s'est portée candidate.
8. Le Conseil d'administration ne peut pas faire autrement qu'entériner le choix du comité de sélection *(screening committee).*
9. Il y a de fortes chances pour qu'elle perçoive, dans son nouvel emploi, un salaire très élevé pour un cadre moyen.
10. L'augmentation va la placer dans la tranche *(bracket)* des 35 000 livres par an.

CHAPITRE 7

LE GROUPE NOMINAL

1. VUE D'ENSEMBLE

Tout groupe nominal est construit sur le modèle suivant :

DÉTERMINANT | **QUALIFIANT** (mot en fonction d'adjectif) | **NOM**

Les déterminants

Ce sont les articles *(a/an, the, ø)*, les démonstratifs *(this/that, these/those)*, les possessifs *(his/her, etc.)*, certains génitifs *(John's)*, les quantifieurs *(two, three, some, any, no, much, many, several, few, etc.)*, qui peuvent être précédés de restrictifs *(only two girls)*, les interrogatifs *(What colour?)*. Les déterminants peuvent être complexes : *all the … , the other …*

Les qualifiants

Ils sont invariables (ils ne se mettent jamais au pluriel). Il peut s'agir d'adjectifs *(**nice**, **old**, etc.)*, d'adjectifs composés *(**twenty-year-old**)*, ou de mots occupant la place d'un adjectif : noms (*a **Sunday** newspaper* : un journal du dimanche), certains génitifs (*a **woman's** magazine* : un magazine féminin), participes passés *(a **frightened** man)*, participes présents *(an **amusing** story)*.

Les noms

Selon qu'ils sont « dénombrables » ou « indénombrables », ils sont compatibles ou incompatibles avec certains déterminants (voir chapitre 8, p. 116)
Les noms peuvent être suivis d'un complément prépositionnel (en *of* par exemple) ou d'une relative (voir p. 190).

DÉTERMINANT	QUALIFIANT	NOM
A	*nice*	*girl*
A	*£10 million*	*contract*
Ø	*twenty-year-old*	*people*
the/this	*1985*	*film*
John's/His	*ø*	*house*
A	*woman's*	*magazine*
Several/not many	*funny*	*people*
Two	*frightened*	*boys*
The other	*amusing*	*thing*
All … the other	*Sunday*	*newspapers*
every	*ø*	*day*

2. COMBINAISONS PARTICULIÈRES

OTHER

Other et l'article ø ou l'article *the*

Ø Other people say… D'autres gens disent que…
I want the other book. Je veux l'autre livre.

EXERCICES

1. Identifiez dans les passages en gras le(s) déterminant(s), le(s) qualifiants (adjectifs ou mots occupant la place d'un adjectif) et le nom principal. Indiquez vos réponses dans le tableau donné. Traduisez les énoncés.

	DÉTERMINANT(S)	QUALIFIANT(S)	NOM
1. *This is* ***Peter's former wife.***			
2. *They will open* ***16 new shops.***			
3. *They have signed* ***a four-year contract.***			
4. *It is* ***Britain's most successful product.***			
5. *They are living* ***well-organised and agreeable lives.***			
6. *He's* ***the world's best-paid actor.***			
7. *They went to* ***another well-known, expensive hotel.***			

2. Mettez les éléments entre parenthèses dans l'ordre qui vous semble le plus logique. Formez des mots composés lorsque c'est nécessaire.

1. *He is (best - player - Australia's).*
2. *She spent (years - two - another) in Asia.*
3. *This is (Clinton's - campaign - successful - most).*
4. *He visits me (day - every - other).*
5. *We learnt more in (weeks - two - first - the) than we learnt in the whole period.*
6. *(children - three -all) live in Cairo.*
7. *I've seen (films - two - his - last).*
8. *She trains for two hours before school.*
   She then returns to the gym after school for (two - hours - another) of coaching.
9. *The number of viewers will be calculated on (three - month - period - a) in (one - any - year).*
   (The European)

Other et l'article *A/An*

- On écrit en un seul mot *another*, qui est normalement suivi d'un nom singulier.
Another story. Une autre histoire.
- Dans les expressions *another two weeks*, *another few days*, *another* porte sur le groupe *[two weeks]* ou *[few days]* qui est considéré comme une unité. (ou un ensemble au singulier). *Another* signifie alors *"additional"*, c'est-à-dire « supplémentaire ».
I'm staying another few days. Je vais rester quelques jours de plus.
I want another two bottles. Je veux deux bouteilles supplémentaires (deux autres bouteilles).

Autres déterminants + *other*

My other sister lives in Greece. Mon autre sœur vit en Grèce.
I see him every other day. Je le vois tous les deux jours.

Ø others / the others

Others remplace *other* + nom (le nom est alors omis).
He never thinks of others. (> *He never thinks of other people.*)
Il ne pense jamais aux autres (gens).
Where are the others ? (> *Where are the other books?*) Où sont les autres (livres) ?

LES NUMÉRAUX *(ONE, TWO, THREE, ETC.)*

Les numéraux sont des déterminants du nom

Ils indiquent la quantité (ce sont des « quantifieurs »).
Two old women. Deux vieilles femmes.
Les numéraux peuvent précéder *dozen*, *hundred*, *million*, *billion* qui sont dans ce cas invariables.
Two thousand people. Deux mille personnes.
(Employés seuls, *dozen*, *hundred*, *million*, *billion* peuvent se mettre au pluriel.
Thousands of people. Des milliers de gens. Voir p. 160)

Les numéraux peuvent être associés à d'autres déterminants

- Les numéraux peuvent être précédés des déterminants ***the, these/those, all, every, another, any***.
The *two books on the table.* ***Those*** *two books.* Les deux livres sur la table. Ces deux livres.
Every *four weeks.* Toutes les quatre semaines.
It concerns France, England and Germany. ***All*** *three countries…*
Cela concerne la France, l'Angleterre et l'Allemagne. Les trois pays…
It lasted ***another*** *two years.* Cela dura deux ans de plus.
You can buy ***any*** *five records for £30.* Vous pouvez acheter cinq disques (« n'importe quel groupe de cinq disques ») pour la somme de 30 livres.
- Notez les expressions *"an estimated …"* ou *"a good …"* qui peuvent également être combinées aux numéraux.
There were an ***estimated*** *two thousand people.*
Il y avait à peu près deux mille personnes.
I've met ***a good*** *twenty people.* J'ai rencontré une bonne vingtaine de gens.
- ***The first, the last, the next*** se placent devant les numéraux.
The first two weeks. Les deux premières semaines.

EXERCICES

1. Choisissez la réponse qui convient.

1. They go to London ...... week.
a) every other b) one in two c) two other
2. The programme was watched by three ...... viewers.
a) millions b) million c) millions of
3. In theory ...... techniques are equally valuable.
a) the three all b) all the three c) all three
4. It happened in ...... years.
a) two first b) the first two c) first the two
5. I can stay ...... days with you.
a) every other b) other two c) another two
6. You can get ...... CDs for £20 only.
a) any five b) five any c) any of
7. ...... lives could have been saved.
a) Hundreds b) Hundreds of c) Hundred
8. There were ...... estimated ...... people.
a) Ø ... two thousand b) an ... thousands of c) an ... two thousand

2. Traduisez.

1. Je vais rester deux semaines de plus.
2. J'ai lu les deux premiers chapitres.
3. Il y avait des milliers de gens.
4. Il y a eu à peu près deux cents victimes.
5. Tous les autres enfants jouent dans le jardin.
6. Il leur téléphone un jour sur deux.
7. C'est un contrat de deux ans.
8. Cela vaut trois millions de dollars.
9. Il va à New York toutes les trois semaines.
10. C'est l'athlète le plus connu du monde.
11. Il a écrit ses trois derniers romans en Afrique.
12. Pendant les deux premiers jours, ils ont regardé des dizaines de vidéos et sélectionné des centaines de photos.

DÉNOMBRABLES ET INDÉNOMBRABLES, SINGULIERS ET PLURIELS

I. LES DÉTERMINANTS

LES DÉNOMBRABLES

Ce sont des noms qui désignent des éléments que l'on peut compter et qui peuvent donc s'employer au singulier et au pluriel. *One chair, a chair, many chairs*, etc.

Les **dénombrables** sont **incompatibles** avec :
(a) little : (un) peu de, *much* : beaucoup de, *a great deal of* : beaucoup de.

Remarque
People (des gens) est un nom dénombrable *(two, three people)* mais sa particularité est qu'il s'emploie seulement au pluriel (sauf lorsque *people* signifie « peuple»).

LES INDÉNOMBRABLES

Ce sont des noms qui renvoient à des objets vus dans leur ensemble, des activités ou des notions. Ces éléments ne sont pas susceptibles d'être comptés, ils s'emploient donc toujours au singulier. Les dictionnaires utilisent le signe *(U)* qui signifie *uncountable* (indénombrable).

En français aussi, il existe des indénombrables, par exemple, le mot « neige » ne s'emploie pas avec l'article indéfini (sauf s'il est qualifié par un adjectif) :
* « Il y avait une neige sur le toit » est incorrect.
On dira « Il y avait de la neige » ou bien, si l'on veut « fragmenter » l'ensemble compact « neige », on pourra dire « Il est tombé un / deux / trois / quelques flocons de neige ».

- Il n'y a pas de correspondance exacte entre les indénombrables en français et les indénombrables en anglais, car chaque langue a sa façon propre de « découper » la réalité.
Par exemple, *"luggage"* est indénombrable en anglais (il désigne « l'ensemble des bagages »), alors que « bagage » est dénombrable en français (« un, des bagages»).
- Les **indénombrables** sont **incompatibles** avec :
l'article indéfini *a / an*, le pluriel (et donc avec *few / many / several*), l'expression du nombre : *one / two*.
- **Le verbe est au singulier**
My luggage is very heavy. Mes bagages sont très lourds.
Your advice was very useful. Vos conseils ont été très utiles.

* Ce signe signifie «phrase incorrecte».

EXERCICES

1. Dites quelle réponse est INCORRECTE.

1. I don't have .... luggage.
a) many b) any c) much
2. Did you have a nice .... ?
a) travel b) trip c) journey
3. He was given a .... at the post-office.
a) work b) job c) position

2. Choisissez la réponse CORRECTE.

1. How .... rubbish do they recycle?
a) much b) ø c) many
2. We had .... good ....
a) ø ... laughter b) ø ... laugh c) a ... laugh
3. She gave me .... advice.
a) some b) an c) many
4. What .... useful information !
a) ø b) a c) an
5. I am told he is not at .... , but I know he is at ....
a) office ... the work b) office ... work c) the office ... work
6. What ... nonsense!
a) a b) much c) ø

3. Traduisez.

1. Mes bagages sont trop lourds.
2. Tes conseils ont été très utiles.
3. Il m'a donné une information intéressante.
4. Les affaires sont les affaires.
5. C'est une affaire de 20 millions de dollars.
6. Il fait des recherches scientifiques au sein d'une équipe américaine.
7. Nous avons fait beaucoup de progrès ces dernières années et un grand nombre d'avancées dans le domaine médical.
8. Quel temps affreux !
9. Il y avait des preuves de sa culpabilité.
10. Il est sans travail.
11. Donne-moi un toast.

THÈME

DÉNOMBRABLES ET INDÉNOMBRABLES, SINGULIERS ET PLURIELS

Sont indénombrables

Les noms de matériaux et d'aliments

Bread, cloth (tissu), *fruit, meat, milk, steel* (l'acier), *tea, wool,* etc.

Les noms renvoyant à un ensemble

- **Noms concrets :** *applause* (applaudissements), *clothing* (vêtements), *furniture* (des meubles), *hair* (les cheveux), *leisure* (les loisirs), *luggage* (des bagages), *rubbish* (les détritus), etc.
- **Noms abstraits :** *advice* (des conseils), *business* (les affaires), *calumny* (la calomnie), *capital, censure, damage* (dégâts), *evidence* (des preuves), *information* (des renseignements), *knowledge* (le savoir), *news* (des nouvelles), *progress* (des progrès), *research* (la recherche), etc.
- **Noms formés à partir de verbes :** *blackmail* (le chantage), *blame* (reproches), *help, laughter* (le rire / des rires), *prohibition* (l'interdiction), *swimming* (la natation), *starvation* (la famine), *work* (le travail), etc.
- **Noms dérivés d'adjectifs ou d'autres noms :** *enthusiasm, homelessness* (le fait d'être sans-abri), *housing* (le logement), *joblessness* (le chômage), *optimism, reluctance* (la réticence), *whiteness* (la blancheur), etc.
- **Autres :** *weather, smoke, thunder, space,* etc.

Indénombrable et fragmentation

Les indénombrables désignent parfois des éléments qui peuvent être «fragmentés» (exemple : en français, «la neige» peut être fragmentée en «flocons», «le sable» en «grains»).
En anglais on utilise assez souvent l'expression *a piece of* (« une partie de»).
a piece of furniture / news / luggage / toast / advice / information / evidence / cloth / calumny / blackmail / luck / nonsense / etc.

Certains indénombrables sont associés à un terme qui leur est particulier.
an article of clothing, a fit of anger / madness : une crise de colère / de folie, *a crack of genius :* un trait de génie, *a peal of laughter :* un rire, *a loaf of bread :* une miche de pain, *a blade of grass :* un brin d'herbe, *a means of transport, a stretch of country, a speck of dust :* un grain de poussière, *a shower of rain :* une averse, *a stroke of lightning, a trail, a column, a wreath of smoke, a wisp of hair.*

D'autres refusent toute fragmentation. Pour désigner un élément apparenté à la notion désignée par un indénombrable, on doit changer de mot.
shade (indén.) devient *a shadow, progress* (indén.) devient *an advance, expenditure* (indén.) **>** *expenses, judgement* (indén.) **>** *a verdict, work* (indén.) **>** *a job, evidence* (indén.) **>** *a proof, produce* (indén.) **>** *a product, machinery* (indén.) **>** *a machine, scenery* (indén.) **>** *a setting.*

Dénombrable ou indénombrable ?

Certains mots peuvent changer de catégorie (et de sens) selon le contexte.
some hair (indén. des cheveux) **>** *a hair* (un poil),
youth (indén. la jeunesse), mais *a youth* (un jeune),
work (indén. le travail) mais *public works* (travaux publics).

COMPAREZ

a *Time is money.* Le temps c'est de l'argent.
(*Time* et *money* renvoient ici chacun à des notions, dans une phrase énonçant une généralité ; ils sont indénombrables.)
b *There were times when…* Il y eut des moments où…
(Le nom *times* renvoie à un moment concret ; il est dénombrable et peut donc s'employer au pluriel.)

1. Soulignez le mot qui par son fonctionnement n'appartient pas à la suite proposée.

Ex.: *furniture, chair, sofa, table.*

On soulignera *furniture* : alors que *chair, sofa, table* sont tous trois dénombrables (compatibles avec *l'article A), furniture* est indénombrable (on dira "*some furniture*").

1. *bread, cake, sweet, pudding*
2. *suitcase, trunk, luggage, bag*
3. *sign, evidence, indication*
4. *laughter, mirth, laugh, glee*
5. *capital, investment, cash*
6. *business, transaction, deal, opportunity*
7. *opinion, advice, idea, view*
8. *product, produce, profit, benefit*
9. *shade, shadow, darkness, obscurity*
10. *waste, rubbish, bin, garbage*
11. *advance, move, step, progress*
12. *trip, journey, tour, travelling*
13. *information, news, report*
14. *starvation, hunger, famine*

2. Choisissez la réponse CORRECTE.

1. *He had an unexpected ...... of anger.*
   a) piece b) fit c) peal
2. *It's .... big deal!*
   a) no/ø b) not/ø c) no/a
3. *It's a 24-hour ....*
   a) travel b) trip c) travelling
4. *He was ...... youth of twenty.*
   a) ø c) much of c) a

3. Traduisez.

1. Il y avait beaucoup de détritus et de déchets.
2. Il n'a pas eu beaucoup de remords ni de regrets.
3. C'était un joli décor.
4. Il a montré une certaine réticence.
5. Il y avait deux ou trois vêtements étalés sur le lit.
6. Elle avait une mèche de cheveux rouge.
7. Il n'y avait pas un grain de poussière dans la pièce.
8. Je vis une ombre s'avancer vers moi.
9. Ce fut un jugement surprenant.
10. Il y eut beaucoup d'applaudissements.
11. C'était du pur chantage.

DÉNOMBRABLES ET INDÉNOMBRABLES, SINGULIERS ET PLURIELS

2. SINGULIERS ET PLURIELS PARTICULIERS

S'ACCORDENT AU SINGULIER

Les indénombrables
News, luggage, furniture, advice, etc.

Noms de sciences ou activités en - *ics*
Economics is my favourite subject.
(Acoustics, athletics, dynamics, ethics, linguistics, mathematics, metaphysics, politics, physics.)

Noms de jeux
Billiards / Darts (fléchettes) *is…*

Deux noms de maladies
(The) mumps (oreillons) / *measles* (rougeole) *is…*

Pays
The United States / The Netherlands + is. (La règle est que tous les pays ayant une terminaison de pluriel prennent l'article *the* et s'accordent au singulier.)

Sommes et quantités
Five pounds ***is*** *a lot of money.* Cinq livres, c'est beaucoup d'argent.
They had ***another*** *two days together.* Ils passèrent deux jours de plus ensemble.

S'ACCORDENT AU PLURIEL

Collectifs
Clergy, cattle, police + are

Remarque
People est un dénombrable pluriel :
Some people, many people + verbe au pluriel.
Sa particularité est qu'il n'accepte pas le singulier :
a et *one* sont impossibles (sauf lorsque *people* signifie : « peuple »).

Fractions
- Au dessus de 1, on emploie le pluriel.
  It lasted one and a half hours. Cela a duré une heure et demie.
  1.3 metres = 1,3 mètre. (Un mètre trois).
- En dessous de 1, on emploie un nom au singulier.
  It's three quarters of a ton.

Reprises d'indéfinis
Nobody knows it, do they?
Personne ne le sait, n'est-ce pas ?

ONT UN COMPORTEMENT MIXTE

Certains collectifs
- Au singulier lorsqu'ils renvoient au groupe vu comme unité,
- Au pluriel lorsqu'ils désignent les éléments du groupe.
  The government, audience, family, jury, army, crowd, party, enemy, committee, staff + is, are

Noms de gibier et de poissons d'eau douce
Sheep (mouton), *deer* (cerf), *trout* (truite), *salmon* (saumon).
a *I saw a sheep ; the sheep was... :* au singulier, le nom renvoie à une unité (« un mouton »).
b *The sheep are... :* au pluriel, le nom renvoie à l'ensemble, au collectif (« les moutons »).
I caught a fish / three fish : (pas de "s" au pluriel lorsqu'il s'agit d'un certain nombre d'unités).
On peut trouver *fishes*, mais il y a alors renvoi à différentes variétés de poissons.

FORMES IDENTIQUES DE SINGULIER ET DE PLURIEL

A series / two series, a means / several means, crossroads, barracks (caserne), *head-quarters* (quartier général), *craft (aircraft, hovercraft).*

EXERCICE

THÈME

1. Traduisez.
1. Les maths sont ma matière préférée.
2. Les États-Unis sont une grande puissance.
3. Tout le monde l'a vue, n'est-ce pas ?
4. Vos conseils étaient ridicules.
5. La police est sur ses traces.
6. Les informations sont à 9 heures.
7. La politique est partout.
8. Vingt kilomètres, c'est long.
9. Je resterai une demie-heure.
10. Ces pantalons ne te vont pas vraiment bien.
11. Il y avait deux moutons dans le pré.
12. Trois ans, c'est long.
13. Il y a eu une série de catastrophes.
14. C'est un moyen de transport.
15. Cela pèse une tonne et demie.
16. Les déchets seront recyclés, n'est-ce pas?
17. Cinq cents francs, ce n'est pas beaucoup.
18. C'est une nouvelle espèce de roses.
19. Trente degrés, c'est trop chaud pour moi.
20. Ses progrès sont remarquables.
21. Le quartier général est plein de policiers.
22. Ils passèrent trois autres semaines ensemble.

LES ARTICLES

1. CHOIX DE L'ARTICLE

Il n'y a pas de correspondance exacte entre le français et l'anglais pour ce qui est de l'emploi des articles.
Le choix d'un article pour un nom se fait en fonction de quatre opérations distinctes. Ces opérations sont les suivantes :

Sélection sans particularisation d'un élément
Un parmi d'autres sans autre précision.
I saw a cat in your garden. J'ai vu un chat dans ton jardin.

Détermination d'un élément par rapport à un autre
Cet élément particulier et pas un autre, cet élément déjà cité ou connu de tous.
I can still remember the day (when) you arrived.
Je me souviens encore du jour où tu es arrivé.

Renvoi à la notion
On fait référence au concept, souvent à la généralité.
Time is money. (Attention : en français, article «le».) Le temps c'est de l'argent.

Auto-définition du nom propre
Paul is not a friend of mine! Paul n'est pas mon ami !

Les articles peuvent être associés à des noms qui peuvent avoir plusieurs fonctionnements, mais chacun a une valeur dominante :
A - an : élément individuel non déterminé.
The : détermination particulière.
ø (est ainsi notée l'absence d'article) : notion, expression de la généralité et nom propre.

EXERCICES

1. Choisissez la réponse qui convient.

1. Don't interfere with ....
a) nature b) the nature c) a nature
2. Between their diverging views, there is ...... for negociations.
a) the room b) room c) a room
3. ...... of ...... has never destroyed man's wonder at ...... of ....
a) The advance ... technology / the beauty ... nature
b) The advance ... the technology / the beauty ... the nature
c) Advance ... technology / the beauty ... the nature
4. It is a war for ...... ; I mean ...... of ....
a) the survival / the survival ... humanity
b) survival / survival ... the humanity
c) survival / the survival ... humanity
5. We want to hold the greatest celebration in ....
a) history of mankind
b) the history of mankind
c) the history of the mankind

2. Complétez avec ø ou *the*.

1. ...... worst accident in ...... history of ...... nuclear power took place in ...... night of ...... April 25-26 1986 at Chernobyl.
2. ...... history is ...... story of ...... mankind; but when we try to tell ...... story of ...... man in ...... America from the beginning, ... lack of data quickly brings us to a halt.
3. Thus, what we mean by ...... history of the American people is ...... history in ...... America of ...... immigrants from other continents.
4. Mainly they came from ...... Europe, and there were many unwilling ones from ...... Africa, and quite a few from ...... Asia.

3. Traduisez.

1. Notre bien-être *(well-being)* dépend d'activités qui peuvent nuire *(damage)* à l'environnement.
2. La terre nous fournit *(provide with)* l'énergie que nous utilisons.
3. L'activité humaine a toujours été source de gaspillage *(waste)* et de pollution.
4. Nous devons développer notre capacité *(ability)* à conserver les ressources et à recycler les produits usés.
5. Nous devons protéger la planète pour les générations futures.

LES ARTICLES

2. L'ARTICLE *A - AN*

A - an ne s'emploie pas avec les indénombrables (voir chapitre 8).
What awful weather! Quel temps abominable!
Cependant, on emploie *a* devant *pity* et *shame* (pourtant indénombrables).
What a pity! Quel dommage ! *It's such a shame!* Quelle honte!

A OU *AN* ?

Les sons consonantiques sont précédés de *A*.
Y, *U* ou *O* au début de certains mots, se prononcent à l'oral comme des consonnes. On emploie donc l'article *A*.
A year, a one-hour meeting (une réunion d'une heure), *a university.*
Le *H* aspiré (consonne) est précédé de *A*.
A horrible idea, a house, a hobby.
Les *H* non prononcés à l'oral sont précédés de *An*.
An honour, an honest man, an hour, an heir (héritier).

A OU Ø ?

Dans un grand nombre de cas, là où le français renvoie à la notion (article ø), l'anglais utilise l'opération de sélection *(a - an)*.

Métiers
He is a teacher. Il est professeur.

Apposition
A pretty and clever girl, Christine had many friends.
Jolie et intelligente, Christine avait beaucoup d'amis.

***A* distributif**
It's 50p a kilo. C'est 50 pence le kilo.
He comes twice a week. Il vient deux fois par semaine.

Après les prépositions lorsque les noms sont dénombrables
He went out without an umbrella. Il sortit sans parapluie.
She knew herself to be something of a coward.
Elle savait qu'elle était quelque peu lâche. (A. Brookner)
Mr Hardy had not been much of a father. (A. Brookner)
M. Hardy n'avait pas tellement joué le rôle de père.

Notez
To be at a loss (être perplexe), *to be in a hurry* (être pressé), *all of a sudden* (soudain).
There were an estimated 40,000 people. Il y avait à peu près 40.000 personnes.
Prices rose by an average 10%. En moyenne, les prix ont augmenté de 10%.

Après *quite* et *such*
He is quite a good musician and such an adorable man.
C'est un très bon musicien et un homme tellement adorable.

Autres expressions
They love a party (Ils aiment les soirées), *they want a divorce* (ils veulent divorcer), *he made a fire* (il a fait du feu).

Caractérisation : *"as"*

"*As*" (en tant que) peut être suivi de l'article *A - An*. Il renvoie alors à un individu, dans une situation particulière.

As a child, he was a bit strange.

Enfant (à ce moment particulier de sa vie où il était enfant), il était un peu étrange.

On utilise l'article ø lorsque l'on considère non pas la personne mais sa qualité ou sa fonction. (Il y a renvoi à la notion.)

They came back as man and wife. Lorsqu'ils revinrent, ils étaient mari et femme.

As chairman of a multinational company, he is used to travelling.

En tant que président d'une multinationale (en sa qualité de président, de par sa fonction), il est habitué à voyager.

EXERCICES

1. Choisissez la réponse qui convient.

1. *Americans love ...... party and this was a big one.*
   a) the b) a c) of a
2. *The Scots usually have ...... for ....*
   a) porridge ... breakfast b) the porridge ... breakfast
   c) the porridge ... the breakfast
3. *He never was much ...... hero.*
   a) of a b) of the c) of ø
4. *All those spare parts can be very useful in the event of ....*
   a) failure b) a failure c) the failure
5. *This is as profound ...... any I have read.*
   a) a book that b) a book as c) book than

2. Complétez avec ø, THE, A ou AN (ajoutez des majuscules si nécessaire).

1. *Perhaps ...... American Dream will never again flourish on this planet.*
2. *And to restore it, we have to capture ...... spirit that exemplified it, ... spirit of ...... individualism, of ...... self reliance, of ...... risk taking, ... spirit described by Rose Wilder Lane in Give Me Liberty.*
3. *...... freedom and ...... equality cannot coexist.*
4. *We have tried it, like others before us who attempted it, ... results have been disastrous.*
5. *...... sooner we admit our errors, and begin accepting our punishment, ... sooner we can get back to enjoying ...... freedom that has escaped us.*
6. *Ultimately, ... freedom must be achieved or it must be lost in its pursuit.*
   From Restoring the American Dream *by R.J. Ringer*

3. Traduisez.

1. Femme à l'air triste, Mrs Horsefall avait très peu d'amis. Son neveu lui rendait visite deux fois par semaine. Enfant, il avait vécu avec elle pendant trois ans. Andrew était sans travail et sans argent. Mais c'était un garçon si gentil !
2. On se souvient tous de John Kennedy Junior, petit garçon de trois ans saluant le cercueil *(coffin)* de son père. Le Président Clinton a immédiatement téléphoné à plusieurs membres de la famille Kennedy après l'accident.

3. L'ARTICLE *THE*

Un nom (qu'il soit dénombrable ou indénombrable) peut être déterminé, c'est-à-dire particularisé, par le **contexte** ou par la **situation**. L'élément est qualitativement distingué par rapport à un autre. L'article ***The*** apparaît.

DÉTERMINATION PAR LE CONTEXTE

Le terme « contexte » désigne les énoncés qui entourent la forme grammaticale en question. L'article ***the*** apparaît dans les cas suivants :

Reprise

L'élément a déjà été mentionné dans ce qui précède, il est donc connu.
She caught sight of a dress on a hanger. The dress was a beautiful grey.
Elle aperçut une robe sur un cintre. La robe était d'un beau gris.

Détermination par des relatives ou certains compléments

Relatives

The friends (that) she had met were unusually silent.
Les amis qu'elle avait rencontrés étaient curieusement silencieux.

Of

The advance of technology. Les progrès de la technologie.

In

Yet in his mind he never entirely left the flat in Compayne Gardens. (Anita Brookner)
Et pourtant, dans sa tête, il n'avait jamais vraiment quitté l'appartement de Compayne Gardens.

Attention

Tous les compléments en « *in* » ou « *of* » n'entraînent pas l'article défini.
The apparaît seulement lorsque le complément permet de **particulariser** l'élément en question.

COMPAREZ

a *Technical change can sometimes lead to* **ø** *deterioration in the natural environment.*
b *The mood of hopelessness is reflected in* ***the*** *deterioration of many housing projects.* (Newsweek).
En **a**, *in the natural environment* n'opère pas de sélection sur *deterioration* ; il ne s'agit pas de la détérioration de l'environnement. (On traduira par « une certaine détérioration dans l'environnement naturel ».)
En **b** il s'agit de « la détérioration des immeubles » **>** *housing projects are deteriorated.*

Opposition de deux éléments

Un nom peut renvoyer de façon implicite à un autre ; il y a détermination réciproque : *The mind/the body - the past/the present - on the one hand/on the other hand - the rich/the poor.*

COMPAREZ

a *The workers and the unemployed.*
b *Workers are on strike.*
En **a**, *The workers* se définit par opposition à *the unemployed* **>** article *the*.
En **b**, il s'agit du groupe, sans rapport d'opposition à un autre groupe **>** ø.

Adjectifs restrictifs *(only)* et superlatifs *(last, first, best)*

Ils désignent l'élément comme unique, donc tout à fait « particularisé ».

He was the first winner, the best champion, the only one.

Il était le premier gagnant, le meilleur champion, le seul.

Attention

À la différence du français, on n'emploie pas « le, les » pour les parties du corps mais le possessif correspondant.

He always walked with his hands in his pockets.

Il marchait toujours les mains dans les poches.

EXERCICES

1. Choisissez la réponse qui convient.

1. Will all those in favour please raise ...... ?
a) the hands b) their hands c) the hand

2. The driver, ... hands and feet acting mechanically, kept his eyes fixed on the road.
a) all b) the c) his

3. The window was smashed and the child received pieces of glass right on ......
a) the head b) his head c) his own head

4. Cameras are to be set up next year to film drivers jumping lights ; ...... will be used to prove the motorists' guilt.
a) pictures b) the pictures c) their pictures

5. ...... process whereby ...... lawyers can be got rid of for ...... incompetence is extremely complicated.
a) The ... the ... the b) A ... the ... ø c) The ... ø ... ø

2. Complétez avec ø, *the* ou *a/an*. Ajoutez des majuscules si nécessaire.

1. ...... carmakers were accused yesterday of trying to prevent ...... buyers from getting ...... better deal and keeping ...... prices too high.

2. ...... European Commission will publish ...... report tomorrow showing that there is still ...... considerable gap between ...... car prices in ...... Britain and ...... rest of ...... European Union.

3. But ...... carmakers warned that ...... hundreds of thousands of jobs would be at risk if they reduced ...... prices.

3. Traduisez.

1. D'après une étude *(survey)* récente, les jeunes femmes font de leur carrière leur priorité. Certaines d'entre elles travaillent à peu près *(estimated)* 70 heures par semaine.
2. Elles exigent des salaires égaux pour les hommes et les femmes. L'accès aux emplois et les conditions de travail diffèrent d'un pays à l'autre.
3. En Europe, des projets *(programmes)* ont été développés pour promouvoir l'égalité des chances. Des progrès significatifs ont été faits ces dernières années.

LES ARTICLES

DÉTERMINATION PAR LA SITUATION

L'élément est immédiatement identifiable du fait qu'il se trouve dans l'environnement de celui qui parle (et de celui auquel il s'adresse), du fait qu'il est censé être connu des interlocuteurs ou de l'ensemble d'une communauté, qu'il est observable ou qu'il fait partie de l'expérience commune.

Situation étroite

Ce terme désigne le monde qui entoure celui qui parle et celui auquel il s'adresse.
Give me the newspaper! Donne-moi le journal !
L'interlocuteur peut immédiatement identifier le journal dont il s'agit, par exemple parce qu'il l'a entre les mains.

Situation large

Ce terme désigne éléments, personnages, groupes qui sont censés être connus de tous.

Les fonctions officielles (sans mention de nom propre)
The President, the headmaster, the boss, the Prime Minister, the Queen, the Pope.

Les institutions
The Press, the Church.

Les groupes identifiés
The poor, the unemployed (les chômeurs), *the homeless* (les sans-abri).

Les noms de nationalités lorsqu'ils renvoient à la collectivité
The Dutch, the Germans.

COMPAREZ

a *The Americans are devoted to the pursuit of freedom.*
Le peuple américain par opposition à un autre peuple.
b *He likes Americans.*
Les Américains dans les caractéristiques qu'on leur connaît, les Américains en général, ce qui ne signifie pas « en totalité ».
On opposera de même : *the English* (le peuple anglais) et *English people* (les anglais).

Les noms de pays au pluriel
The United States, the Netherlands.
Au singulier, les noms de pays s'emploient sans article : *France, Scotland, Italy.*

Les éléments du monde qui nous entoure (connus de tous)
The earth, the sky, the sea, the sun, the mountains, the environment, the cosmos, the Alps, the Rocky Mountains, the Pyrenees, etc.
Pour des éléments proches par le sens, on peut faire la distinction entre les mots renvoyant à ce qui est **observable** (appartenant à la situation au sens large) et les mots qui renvoient au **concept.**

COMPAREZ

a *Photos of the earth from space* (Time). Des photos de la terre depuis l'espace.
On emploie ø avec *space* : l'espace est d'abord un concept.
b *The cosmos.* Le cosmos.
Il est constitué d'éléments observables (planètes, systèmes etc.). On emploie *the.*

COMPAREZ

a Ø *Nature.* La nature. (Concept).
b *The environment.* L'environnement.
(Ensemble d'éléments directement observables.)

***The* générique**

Il peut arriver que le nom (dénombrable) au singulier fonctionne comme représentant de l'ensemble :

... putting the individual in the setting of society and realizing the pressure society exerts on the individual. (« L'individu »)

EXERCICES

1. Choisissez la réponse qui convient.

1. If ...... run out, ... may have to fall back on the horse.
a) oil supplies ... the man b) the oil supplies ... man
c) oil supplies ... man

2. The captain gave ...... Smith a brief order.
a) Lieutenant b) the lieutenant c) to the lieutenant

3. It was revealed that nuclear plants had littered ...... with ....
a) the large areas ... the radioactive waste
b) large areas ... the radioactive waste
c) large areas ... radioactive waste

4. We think of ...... in terms of ....
a) the cosmos ... the space b) cosmos ... space c) the cosmos ... space

2. Complétez avec ø, *a - an* ou *the*.

1. ...... European community is mindful of ...... rights of its citizens and its workers.

2. ...... unemployed, ... disabled and ...... elderly are entitled to its support.

3. It is committed to improving ...... social protection of ...... working people and to helping ...... unemployed retrain for ...... new jobs.

4. ...... single market programme has done more for ...... business than it has for ...... workers.

3. Traduisez.

1. Les tremblements de terre *(earthquakes)* et les ouragans *(hurricanes)* nous rappellent le pouvoir de la nature.
2. Au nom du progrès, on a pollué l'environnement.
3. La population du monde doublera dans les 40 ans à venir.
4. Les scientifiques nous alertent *(warn)* sur les dégâts que le progrès peut provoquer.
5. Les chômeurs et les sans-abri devront créer des associations.
6. Le prochain gouvernement devra s'occuper du problème du chômage.
7. Nous avons tous besoin d'eau et d'air.
8. Les Américans ont inventé le jazz et le rock and roll, la télévision et l'ordinateur.

4. ARTICLE ø

Lorsqu'on se trouve en présence de ø, le renvoi à la notion signifie que l'on considère l'élément en question en sa qualité de…, en tant que…, dans le cadre d'une définition, selon les propriétés que l'on connaît de cet objet.

LA NOTION, L'EXPRESSION DE LA GÉNÉRALITÉ

On emploie ø dans les énoncés exprimant une idée générale, présentant une définition.
Time is money. Le temps c'est de l'argent.

ø et les indénombrables

On utilise l'article ø pour renvoyer à une notion abstraite : *space* (l'espace), *nature* (la nature).

COMPAREZ

a *Industrial progress has deteriorated nature.*
Les progrès industriels ont abîmé la nature.
b *The progress of events cannot be changed.*
Le cours des événements ne peut être changé.
En **a**, il y a renvoi à l'idée de progrès (renvoi à la notion) ; en **b**, il y a détermination par le complément du nom, d'où l'apparition de l'article défini en **b**, et la présence de ø en **a**.

On peut opposer pour certains mots : l'emploi dans un contexte de généralité (renvoi à la notion, à « l'idée de ») et le renvoi à une situation particulière.

Le général	Le particulier
School begins at eight. L'école commence à huit heures. L'école en tant que notion.	*The school she goes to…* L'école où elle va… Objet défini du monde : les locaux.
They starved to death. Ils sont morts de faim. Notion	*After the death of his son.* Après la mort de son fils. Événement particulier.
Time is money. Le temps c'est de l'argent. Notion, idée générale.	*She remembers the time when it happened.* Elle se souvient du moment où cela s'est produit. Moment particulier dans le temps.
What is truth? Qu'est-ce que la vérité ? Notion, « la vérité en général ».	*Tell me the truth.* *Dis-moi la vérité.* Dans une situation particulière.
Nature should be protected. La nature devrait être protégée. « La nature en général ».	*The nature of the disease.* La nature de la maladie. Le mot "*nature*" change de sens (« les caractéristiques »).

EXERCICES

1. Choisissez la réponse qui convient.

1. He used to go to his shop four times ...... day.
a) that b) a c) the
2. The death of ...... left his party without ....
a) Prime Minister ... leader b) the Prime Minister ... the leader
c) the Prime Minister ... a leader
3. Have you met Mr Higgins, ... chairman of our association?
a) a b) the c) ø
4. He had always hoped he would be ....
a) conductor b) a conductor c) one conductor
5. Prices rose by ...... 10%.
a) an average b) average c) the average
6. Mr Smith is as loyal ...... as you could hope to find.
a) the Democrat b) a Democrat c) Democrat

2. Insérez l'article qui convient : *A - AN, THE, Ø.* Rajoutez des majuscules si nécessaire.

1. After more than 11 years of flying with ...... US Air Force, I know that your article about ...... inefficiency in ...... Pentagon is true. At every level ...... command structure is faulty. Even in ...... peacetime, ... military is full of confusion and lacks ...... flexibility.

2. Anti poll tax protesters yesterday disrupted a press conference held by Scottish sherrif's officers. As ...... officers complained about ...... intimidation and ...... harassing, while appealing for ...... public support in ...... difficult task, about 50 demonstrators burst into ...... meeting at ...... Glasgow hotel.
The Guardian, *July 1990*

3. At ...... first press conference in its 68-year-old history, ... Society of Messengers at Arms and Sherrif's officers outlined a catalogue of ...... grievances ranging from ...... car vandalism to ...... physical assaults and ...... intimidation in ...... school playgrounds.
The Guardian, *July 1990*

3. Traduisez.

1. Nous produisons 21 millions de tonnes de déchets *(waste)* toxiques par an.
2. Nous devons faire appel *(appeal to)* au sentiment de responsabilité des consommateurs.
3. La pollution ne connaît pas de frontières.
4. La qualité de l'air est source *(give cause for)* d'inquiétude dans la plupart des villes.
5. Le réchauffement de la planète va transformer des zones tempérées *(temperate)* en déserts.

LES ARTICLES

Ø et les dénombrables pluriels

Renvoi à la généralité
Le nom pluriel sans article (noté ø -*s*) exprime la notion lorsqu'il est placé dans un contexte de généralité.
Cats like milk. Les chats aiment le lait.
Présent de généralité + ø -s : « les chats en général ».

« Un nombre indéfini d'éléments »
Lorsque le contexte renvoie à une situation particulière, le pluriel sans article (ø -*s*) désigne un nombre indéfini d'éléments correspondant à la définition de l'objet désigné.
I saw cats in the garden. J'ai vu des chats dans le jardin.
Il s'agit d'un ensemble d'éléments correspondant à la définition de *"cat"* : des chats. On ne dit rien sur le nombre de chats à la différence de *"I saw some cats"* qui désigne un nombre non précisé de chats.

Remarque
Man et *woman* peuvent s'employer au singulier sans article pour exprimer la notion.
Man has reached a final point in his evolution.
L'homme (en tant qu'espèce) a atteint un point final dans son évolution.

LE NOM PROPRE

Le nom propre est précédé de ø. En effet, le nom propre renvoie à l'unique, sur lequel on ne peut faire (sauf volonté particulière) ni sélection *(A)* ni détermination particulière *(The)*.

Noms de personnes

Mr Bancroft is a friend of mine.

La fonction d'un personnage indiquée devant le nom ne modifie pas le fonctionnement du nom propre.

Queen Elizabeth. La Reine Elizabeth.
President Clinton. Le Président Clinton.
European Commissioner Manuel Marin. Le Commissaire Européen Manuel Marin.
(En revanche, en l'absence de nom propre, on dira : *the Queen of England, the President of the US*).

La présence d'un adjectif ne modifie pas non plus le fonctionnement du nom propre.

Old Mr Barnes. Le vieux M. Barnes.
German Foreign Minister Joschka Fischer. Le Ministre des Affaires Étrangères allemand Joschka Fischer.

Les noms de pays au singulier s'utilisent avec ø

France, England, Canada, South America.
En revanche : *the Netherlands, the United Kingdom, the United States*, qui sont formés à partir d'un nom commun, sont précédés de l'article *The*.

Les noms de rue et de monument fonctionnent également comme de l'unique

Oxford Street, Buckingham Palace,
ainsi que **les repères temporels** : *Sunday, April,*
les fêtes : *Christmas, Easter, New Year's Eve,*
les moments de la journée : *midday, lunch-time, midnight.*

EXERCICES

1. Complétez avec *the*, *a* - *an* ou *ø*. Rajoutez des majuscules si nécessaire.

1. ...... Europe is ...... cradle of ...... science and ...... technology. However it can no longer claim ...... lead in most of ...... major areas of ...... research and ...... technological development.
2. For several decades ...... United States has played ...... leading role on ...... international scientific scene, and ...... number of ...... economically crucial technological sectors are dominated by ...... Japan.
3. ...... Europe does not lack ...... potential. It has many research scientists. Its research spending, while lower than that of its competitors, is still quite respectable.
4. Nevertheless, divided as it is into ...... different countries, ... Europe does not make ...... most of its substantial intellectual and economic potential.
5. ...... dispersed funding, ... isolated research, ... lack of ...... mobility among ...... research scientists, ... duplication of ...... effort under ...... national programmes: these factors tend to reduce ...... impact of ...... European research work.

From European Files, Commission of the European Communities, *1991*

2. Traduisez.

1. Le Premier Ministre britannique Tony Blair va probablement gagner les prochaines élections. Le Premier Ministre est encore très populaire.
2. Le Premier Ministre irlandais rencontrera le sénateur George Mitchell la semaine prochaine.
3. Le gouverneur Ryan veut interdire le jeu *(gambling)* dans l'Illinois.
4. Les températures sont toujours très élevées dans un grand nombre d'états américains. La vague de chaleur *(heatwave)* actuelle est responsable d'au moins 58 décès.
5. Le maire de St Louis, Clarence Harmon, a encouragé les gens qui ont besoin d'aide à en demander. Les habitants *(residents)* qui n'ont pas de climatisation doivent éviter le soleil et boire beaucoup d'eau.
6. Des millions d'Africains sont gravement menacés par la famine. Cette situation est le résultat de la sécheresse *(drought)* et de la guerre civile. La communauté européenne fournit à peu près *(estimated)* deux millions de tonnes de nourriture par an.
7. L'aide humanitaire inclut l'aide d'urgence *(emergency aid)* pour les victimes de catastrophes naturelles. Les opérations d'urgence sont effectuées *(carry out)* par des organisations humanitaires.

5. ARTICLES ET ADJECTIFS

L'introduction d'un adjectif, d'un nom ou d'une date devant un nom ne modifie pas le fonctionnement de l'article portant sur ce nom. L'élément introduit ne « détermine » pas le nom, ne le distingue pas par rapport à un autre, il le qualifie.

Introduction d'un adjectif

L'adjectif n'entraîne pas de modification de l'article portant sur le nom.
ø Society - in Britain **>** *ø British society.* La société britannique.
The social fabric - in Britain **>** *The British social fabric.* Le tissu social britannique.

Introduction d'un nom

Un nom peut être précisé par un autre nom, qui occupe la place d'un adjectif. Le choix de l'article se fait par rapport au nom principal.
A heap - where you can dump ø rubbish **>** *A rubbish heap.* Un dépotoir.
***Rubbish*, indénombrable, qualifie *a heap*, qui conserve son article.**
A programme - for ø research **>** *A research programme.* Un programme de recherche.
ø Officers - in the Army **>** *ø Army officers.* Les officiers de l'armée.

Date ou période

L'introduction d'une date ou période devant le nom ne modifie pas l'article portant sur le nom principal.
In ø Europe - in the 19th century **>** *In ø 19th century Europe.*
Dans l'Europe du XIXe siècle. Le nom principal est Europe (précédé de l'article ø).
A film - shot in 1978 **>** *A 1978 film.* Un film datant de 1978.
A newspaper - published every Sunday **>** *A Sunday newspaper.*
Un journal du dimanche. (Voir aussi les repères temporels au génitif, p. 138)

Titre ou fonction devant un nom propre

La fonction d'un personnage indiquée devant le nom ne modifie pas le fonctionnement du nom propre.
Queen Elizabeth, President Clinton, Prime Minister Tony Blair, British Prime Minister Tony Blair.
En revanche, en l'absence de nom propre, on dira : *the Queen of England, the President of the US*

> PROBLÈMES DE TRADUCTION

Dates et articles

Avec les repères temporels « subjectifs » (liés à l'énonciateur)
comme *today, tomorrow, last year, next week*, on peut utiliser une forme au génitif. On n'emploie dans ce cas pas d'article. (C'est le génitif qui occupe la place du déterminant.)
Last week's events. Les événements de la semaine dernière.

Avec les repères chronologiques « objectifs » (dates)
On place la date devant le nom, comme un adjectif. On emploie un article qui détermine le groupe nominal.
The 1999 election. L'élection de 1999. *A 1989 film.* Un film de 1989.

Fonctions officielles et articles

Sans mention de nom propre, on emploie l'article *the* (ou *a - an*).
The British Prime Minister. Le Premier Ministre britannique.

Si l'on introduit un nom propre, on emploie l'article ø.
British Prime Minister Tony Blair. Le Premier Ministre britannique Tony Blair.

Personnages célèbres et articles

Les noms de personnes peuvent être utilisés comme déterminants d'un nom commun

On peut les construire au génitif (sans article).

Clinton's Administration. L'administration de Clinton.

Spielberg's last film. Le dernier film de Spielberg. (voir p. 136)

Les noms de personnages célèbres peuvent être utilisés comme adjectifs. On emploie alors un article qui détermine le groupe nominal.

The Clinton Administration. L'administration (de) Clinton.

A Spielberg film. Un film de Spielberg.

Remarque

Les deux constructions ne s'emploient pas exactement dans le même contexte. Avec le génitif, l'accent est mis sur le premier terme qui est au centre du propos (*Clinton* ou *Spielberg* dans les exemples ci-dessus). Avec la construction adjectivale, l'accent est mis sur le deuxième mot (*Administration* ou *film* dans les exemples ci-dessus).

EXERCICES

1. Trouvez une (ou parfois deux) transformation(s) possible(s) pour les passages entre parenthèses.

1. *(The government of Jospin) was in power for five years.*
2. *(The Administration of Bush) wasn't very popular.*
3. *("Citizen Kane" shot by Orson Welles) was made at RKO studios.*
4. *(The heirs of Picasso) have sold dozens of (paintings of the master).*
5. *(A painting by Picasso) can be worth millions of dollars.*
6. *I've seen (the latest film by Woody Allen).*
7. *(The film shot in 1978) was by far his best film.*
8. *(Kennedy, The American President) was assassinated in Dallas, Texas, in 1963.*

2. Complétez avec *ø, the* ou *'s.*

1. *...... success of ...... Monarchy had ...... great consequences for both ...... good and ...... ill. It helped preserve ...... cohesion of ...... British social fabric in ...... 20th century and ...... stability of ...... British politics.*
2. *...... Monarchy helped ...... nation weather ...... tensions of ...... democracy, ... socialism and ...... World War II. But ...... British society, ... royal family and ...... media have all changed.*
3. *...... Princess Diana ...... announcement that she had "acquiesced" in ...... Queen ...... demand that she and ...... Prince Charles divorce marked ...... end of a fairy-tale marriage.*
   Adapted from Time, March 11, 1996.

3. Traduisez.

1. L'ancien Président de la Commission Européenne est accusé de diffamation *(defamation)* par la presse britannique.
2. L'administration Clinton était hostile à cette mesure.
3. La loi de 1922 est maintenant obsolète.
4. Cela ressemble à un tableau de Dali.
5. La vie de Woody Allen ressemble beaucoup à ses films.
6. La société Britannique a beaucoup changé depuis 1950.
7. Les événements de l'an dernier ont provoqué beaucoup d'inquiétude.

6. *SOME* ET LE PLURIEL

Some peut renvoyer à une quantité : il s'agit d'une quantité indéfinie ; en français on peut traduire par « des », « un certain nombre de ».
Some peut aussi exprimer la qualité ; il signifie alors « certains ».

Ø -*S* EST-IL REMPLAÇABLE PAR *SOME* ?

Dans un contexte de généralité
L'article ø avec un nom pluriel n'est pas remplaçable par ***Some.***
Cats love milk. Les chats (en général) aiment le lait.
Dans cet énoncé, *some cats* signifierait « certains chats ».

Dans un contexte renvoyant à un événement particulier
On peut trouver l'article ø ou *some* mais le sens n'est pas le même (voir p. 142)
En français, on ne marque pas la différence.
I saw cats in your garden : des chats (« cela avait les caractéristiques des chats »).
I saw some cats in your garden : des chats (« un nombre indéterminé de chats »).

7. L'ARTICLE ET LES ÉNONCÉS EXCLAMATIFS

WHAT

On emploie ***What*** devant un groupe nominal. Le groupe nominal comporte toujours un article (y compris l'article ø) et parfois un adjectif. (voir aussi p. 64)

"*What a*" avec un dénombrable singulier
What a nice girl! Quelle gentille fille !

"*What* + ø" avec un dénombrable pluriel
What lovely flowers! Quelles belles fleurs !

"*What* + ø" avec un indénombrable
What beautiful weather! Quel beau temps !

Such
Il existe des constructions parallèles formées avec *such.*
She's such a nice girl! C'est une fille si gentille !
They are such nice people! Ce sont des gens si gentils!

HOW

On utilise ***How*** lorsque l'exclamation porte sur un adjectif ou un adverbe.
How nice of you! Comme c'est gentil à vous ! (voir aussi p. 64)

So
Il existe des constructions parallèles formées avec *so.*
She's so nice! Elle est si gentille !

Ever so
On peut intensifier la valeur de *so* par l'emploi de *ever.*
She's ever so nice! Elle est vraiment tellement gentille !

EXERCICES

1. Complétez avec *a - an, the* ou *ø*. Rajoutez des majuscules si nécessaire.

1. ...... earth will probably last another 4 billion to 5 billion years. ...... nuclear cataclysm, on ...... other hand, could destroy ...... earth tomorrow.
2. For ...... man has reached ...... point in his evolution where he has ...... power to affect, for better or worse, ... present and future state of ...... planet.
3. ...... toxic waste and ...... radioactive contamination could lead to ...... shortages of ...... safe drinking water.
4. Almost every society has had its myths about ...... earth and its origins. ...... ancient Chinese depicted Chaos as ...... enormous egg. ...... Greeks believed Gaia, ... earth, was created immediately after Chaos.
5. No attempt to protect ...... environment will be successful in ...... long run.
From Time, *1989*

2. Utilisez les éléments entre parenthèses pour former des exclamatives en *What* ou *How*.

1. "Three South African teachers were shot to death by a colleague." (news - horrible - !)
2. "Torrential rainfall forced the evacuation of about 25,000 people in Japan." (distressing - !) (awful - weather conditions - !)
3. "Famous football player Barry Sanders is leaving the Detroit Lions. (disappointing - !). (pity - !)

3. Traduisez.

1. Certaines écoles américaines utilisent la publicité pour résoudre des problèmes budgétaires.
2. A Springfield, dans l'Oregon, en mai dernier, un adolescent a tiré sur des élèves dans la cour de l'école et en a tué deux. Certains experts disent que le nombre de fusillades *(shootings)* pourrait être réduit. Les adolescents ne devraient pas être autorisés à porter d'armes dans quelque situation que ce soit.
3. Un artiste de 22 ans a demandé à des personnes célèbres de soutenir la lutte contre les mines anti-personnel *(anti-personnel landmines)*.
4. Je suis homme d'affaires et je voudrais rencontrer des gens nouveaux. Je voyage en Europe et aux États-Unis.

LE GÉNITIF OU CAS POSSESSIF *'S*

Le génitif exprime une relation entre deux termes. C'est *'s* qui marque la mise en relation des deux termes : *John's book.* Il peut s'agir d'une relation de possession, mais ce n'est pas nécessairement le cas. On peut former le génitif à partir d'un grand nombre de mots, par exemple certains repères de temps ou de lieu.

LA POSSESSION

Il existe diverses combinaisons de Nom + *'s*.

Possesseur singulier

John's book, the actress's room, anybody's life, one's life (généralité), *somebody else's book* (le livre de quelqu'un d'autre).

Possesseur pluriel

The Harpers' house (la maison de la famille Harper), *the parents' room, the children's room.*

Les noms propres terminé par *s*

Charles's wife, Denis's friends. Certains noms célèbres acceptent les deux formes : *Dickens's novels* ou *Dickens' novels.*
Les noms d'origine grecque ou biblique sont seulement suivis de l'apostrophe : *Hercules' labour, Socrates' death, in Jesus' time.*

Double cas possessif

Jane's mother's house (la maison de la mère de Jane).

L'objet possédé peut rester sous-entendu

- Pour des lieux bien connus : *At the butcher's (shop), at his father's (house).*
- Pour éviter la répétition : *It isn't my car, it's John's.* Ce n'est pas ma voiture, c'est celle de John.

Question sur la possession

Whose car is it? It's John's car.
À qui est la voiture ? C'est la voiture de John.

LES POSSESSIFS

Ce sont des génitifs appliqués à des pronoms personnels.
My, your, his, her, its, our, your, their.
The car belonging to me > My car.
Le possessif s'accorde en nombre (et en genre à la 3e personne du singulier) avec le possesseur, alors que c'est l'inverse en français.
Paul's car. > His car. Sa voiture (le possessif s'accorde en français avec l'objet possédé : « voiture ».)
The parents' car > Their car.
On peut éviter la répétition de l'élément possédé grâce aux pronoms possessifs.
Mine, yours, his, hers, ours, yours, theirs.
This car is my car > This car is mine. Cette voiture est à moi.

Les possessifs avec *of*

of + 's
a friend of her mother's (un ami de sa mère), *a friend of mine* (un de mes amis).

Les possessifs avec *own*

of + own
He has a room of his own. Il a une chambre qui est à lui tout seul.
Having a room of one's own is better. Avoir une chambre à soi, c'est beaucoup mieux.
"one" exprime la généralité.

Everybody, everyone, anyone, someone, nobody, no one
Ces indéfinis sont repris par le possessif *their*.
Everybody liked their presents. **(Il y a plusieurs cadeaux, donc *presents* est au pluriel.)**
Tout le monde (chacun) a aimé son cadeau (le cadeau que chacun a reçu).
Somebody has left their purse. Quelqu'un a laissé son porte-monnaie.

EXERCICES

1. Choisissez la réponse qui convient.

1. ...... glasses are these?
a) Who's b) Whose c) Which one
2. Are these his shoes? ...... ?
a) Who else b) Who's other c) Who else's
3. Sally is a good friend of ....
a) them b) their c) theirs
4. Most of ...... Nobel prizes were awarded before 1960; most of ...... since then.
a) Britain ... America b) Britain's ... America's c) Britain's ... America
5. The American president said he was trying to enlist ...... support in his campaign against drugs.
a) people's b) peoples' c) peoples
6. He insisted on having a room ....
a) of his own b) of one's own c) of his
7. Everybody liked ...... presents.
a) his b) his own c) their
8. Try to exercise your ...... and guess who she is!
a) woman's intuition b) woman intuition c) women's intuition
9. A remake of The Diaboliques is to be released next week. But ...... 1965 ...... film was much better.
a) The ... 's b) ø ... ø c) The ... ø

2. Reformulez les passages entre parenthèses de façon à obtenir des génitifs.

1. (The speech made by the Prime Minister) was inappropriate.
2. (The decision made by the parents) was totally unexpected.
3. The film, breaking box-office records, is well ahead of (the release this week).
4. This was (the best film made by Woody Allen).
5. (The announcement made last week) caused much alarm.
6. (The only big store in the city) has closed down.

3. Traduisez en utilisant un génitif chaque fois que c'est possible.

1. À qui est ce stylo ? Il n'est pas à moi. Est-il à ton frère ?
2. La politique économique du gouvernement est très risquée.
3. Le propriétaire de l'appartement m'a téléphoné.
4. C'est l'actrice la mieux payée d'Angleterre.
5. Je ne me souviens pas du nom de ce livre.
6. Chacun a ses propres problèmes.

AUTRES CAS DE GÉNITIF

On peut former le génitif avec un grand nombre de mots. Le premier élément doit être clairement identifiable ; il sert de repère. Lorsque l'on a déjà mentionné dans son discours un lieu, une ville ou un pays, celui-ci devient un repère possible.

Repères dans l'espace

America is a land of immigration. The country's immigrants have built America's future.
L'Amérique est une terre d'immigration. Les immigrants de ce pays ont construit l'avenir de l'Amérique.
The world's biggest exhibition. La plus grande exposition du monde.

Éléments connus de tous

Sont également des repères possibles les institutions connues de tous ceux auxquels on s'adresse.
The government's policy. La politique pratiquée par le gouvernement (On sait de quel gouvernement il s'agit).
The school's headmaster. Le directeur de l'école. (On sait de quelle école il s'agit.)
The town's population. La population de la ville.

Repères dans le temps

Today's paper (le journal d'aujourd'hui), *last year's disaster* (la catastrophe de l'année dernière), *last night's events* (les événements de la nuit dernière).

Remarque

Le moment qui sert de repère doit nécessairement se définir en relation avec l'énonciateur : *today, yesterday, last year, next week.*

Attention

Les dates, repères « objectifs » (qui ne se définissent pas par rapport à l'énonciateur, mais par rapport à une chronologie « objective ») n'entraînent généralement pas de construction au génitif. La date s'insère comme un adjectif devant le nom.
The riots - that took place in 1990 > *The 1990 riots.* Les émeutes de 1990.

LE GÉNITIF GÉNÉRIQUE

Certains génitifs servent à désigner un type d'objet.
She was reading a woman's magazine.
Elle lisait un magazine féminin (un magazine pour femmes).
She had a child's face. Elle avait un visage d'enfant (enfantin).
À la différence des génitifs vus précédemment, le premier mot désigne non pas un élément particulier du monde, mais un genre (> générique). Il fait fonction d'adjectif.
A butcher's knife (un couteau de boucher), *a doctor's degree* (un diplôme médical), *a man's job* (un emploi masculin), *a summer's day* (un jour d'été).
Le nom au génitif peut être au pluriel.
A boys' school (une école de garçons), *a women's college* (une université pour femmes).

EXERCICES

1. Trouvez pour chaque passage en gras une reformulation explicitant le sens du génitif.

Ex. : *It was a children's programme.* **>** *It was a programme for children.*

1. They all agreed that ***the government's decision*** *was sensible.*
> ....

2. His film is set at ***a boys' school.***
> ....

3. ***Today's teenagers*** *are being forced into adulthood at a very young age.*
> ....

4. He spends most of his time at ***a men's club.***
>.. .

5. She looked after ***an Italian farmer's children.***
> ....

6. It was ***a two hours'*** *meeting.*
> ....

7. I like to have a nice bath after ***a day's work.***
> ....

8. She used to have ***a lady's bicycle.***
> ....

2. Traduisez en utilisant un génitif lorsque c'est possible.

1. Le premier match de Peter Reid sera le Championnat Européen.
2. Les parents des trois enfants enseignent dans une école de garçons.
3. Ils ne s'intéressent pas aux problèmes des autres.
4. La délégation de lundi dernier incluait trois hommes et deux femmes.
5. 85% de la population mondiale a regardé les jeux Olympiques de 1996.
6. Il avait le visage d'un homme de la campagne.
7. Evelyn est un prénom masculin aussi bien que féminin.
8. La population du monde s'accroît toutes les dix minutes.
9. La femme de l'ancien président s'occupait de ces problèmes.
10. Les événements de 1990 ont conduit à la situation présente.
11. C'est la mesure gouvernementale la plus populaire.
12. Les représentants de ce pays ont décidé de voter contre leur président.
13. C'est un jeu d'enfant.
14. Les plus grands scientifiques du monde se sont rassemblés à Chicago la semaine dernière.

LE GÉNITIF OU CAS POSSESSIF *'S*

LE GÉNITIF DE MESURE : DURÉE, DISTANCE, ARGENT

Pour le temps et la distance, il existe deux tournures possibles.

Forme 1 : le génitif occupe la place d'un adjectif

A two years' ***sentence***. Une peine de deux ans.
A three hours' ***trip***. Un voyage de trois heures.
L'article *A* porte sur le nom (*sentence* et *trip* dans les énoncés ci-dessus). Cette tournure est seulement possible avec les noms dénombrables, qui seuls peuvent se combiner avec l'article *A/An* (voir «dénombrables et indénombrables», p. 122). Le génitif de mesure qualifie le nom comme un adjectif. On peut d'ailleurs trouver à la place du génitif un adjectif composé.
It's a two miles' walk > *It's a two-mile walk.* C'est une promenade de 3 km.

Forme 2 : le génitif détermine le nom

After ***two days'*** *work.* Après deux jours de travail.
After ***three weeks'*** *holiday.* Après trois semaines de vacances.
Le génitif occupe la place du déterminant.

- **Lorsque l'unité de mesure est inférieure à *"two"*, on emploie l'article *a/an* à la place de *one* devant *day, week, year, moment, minute, month.* (L'article *A* porte alors sur le nom qui suit et non sur le nom principal.)**
After ***a day's*** *work.* / Après une journée de travail. *In* ***a week's*** *time.* / Dans une semaine. ***A moment's*** *pleasure.* / Un moment de plaisir. *After* ***a moment's*** *rest.* / Après un instant de repos. ***A minute's*** *break.* / Une pause d'une minute. ***A month's*** *delay.* / Un mois de retard. ***A year's*** *silence.* / Un an de silence.
- **On emploie nécessairement ce type de génitif avec les noms indénombrables, (qui ne peuvent pas être déterminés par l'article *A/An*)**
Les noms en *-ing* exprimant une activité (gérondifs) sont indénombrables.
After two hours' walking. Après deux heures de marche.

Le mot *worth*, renvoyant à une mesure d'argent est utilisé dans ce type de structure.
I want a pound's worth of sweets. Je veux pour une livre de bonbons.
It's two dollars' worth. Cela vaut deux dollars.

> PROBLÈMES DE TRADUCTION

Attention à la préposition «de» en français.

Pour traduire «de», on emploie une structure en *of* (et non le génitif)

Avec les mots *beginning, end, top, back, bottom, middle, side*
The back of the car (l'arrière de la voiture), *the top of the hill* (le sommet de la colline), *the bottom of the sea* (le fond de la mer), *the beginning of the year* (le début de l'année).
Attention *The water's edge* (le bord de l'eau) ; on emploie un mot composé pour *seaside* (bord de mer), *roadside* (bord de route).
Pour les «contenants»
A box of matches (une boîte d'allumettes), *a cup of coffee* (une tasse de café).
Lorsque le «possesseur» est un inanimé
The owner of the restaurant (le propriétaire du restaurant), *the name of the book* (le nom du livre), *the name of the street* (le nom de la rue).
Lorsque le 2e terme sert à apporter une information supplémentaire
A feeling of disappointment (un sentiment de déception), *a sign of interest* (un signe d'intérêt), *a problem of money* (un problème d'argent).
Pour «fragmenter» un indénombrable (voir aussi p. 116)
A drop of water (une goutte d'eau), *a slice of bread* (une tranche de pain), *a piece of paper* (un bout de papier), *a lump of sugar* (un morceau de sucre).

Pour désigner un ensemble d'éléments
A group of children (un groupe d'enfants), *a bunch of flowers* (un bouquet de fleurs).
Lorsque la forme sous-entend une voix passive
The production of coal = coal is produced (la production de charbon), *the sale of the house = the house is sold* (la vente de la maison).

On ne traduit «de» ni par *of* ni par un génitif
Lorsqu'en français «de» indique la provenance *(> from)*
Une femme de Lancaster. *A woman from Lancaster.*
Lorsqu'en français «de» signifie «à propos de»
Un livre d'histoire. *A history book.* Un film de guerre. *A war film.*
Lorsqu'en français «de» signifie «fait de»
A woollen dress (une robe de laine), *a stone bridge* (un pont de pierre).

Autres prépositions pour traduire «de» (Voir liste des prépositions p. 266 à 278).
Une augmentation des prix. *A rise in prices.* Un accroissement de la circulation. *Growth in traffic.* Un ralentissement de l'économie. *A slowdown in the economy.* La chute des prix. *A drop / a fall in prices.*

EXERCICES

1. Peut-on «oui» ou «non» traduire les passages donnés par un génitif *('s)* ? Indiquez votre réponse dans le tableau ci-contre puis proposez une traduction.

	Oui	Non	Traduction
1. Le propriétaire de la voiture			
2. Une journée de travail			
3. Une histoire d'amour			
4. La politique du gouvernement			
5. L'acteur le plus célèbre du monde			
6. Deux heures de marche			
7. Un sentiment de colère			
8. La production de pétrole			
9. Les décisions du mois dernier			
10. Le prix des transports			
11. Une augmentation des prix			

2. Traduisez.

1. Elle n'avait jamais un moment de repos.
2. Après une dure journée de travail, elle s'occupait des enfants d'un professeur américain.
3. Nous avons eu dix minutes de pause.
4. Il doit deux mois de loyer.
5. En moins d'une minute, dix années de travail ont été perdues.
6. Les lois d'immigration de cette année sont très restrictives.
7. Ils devraient faire au moins une demi-heure de travail à la maison tous les jours.
8. Dans six mois, tu seras dans ton jardin, en train de planter des rosiers.
9. Après un voyage en bus de 24 heures, nous sommes arrivés à Los Angeles.
10. Après deux heures de marche, nous avons vu les ours.

QUANTIFIEURS ET INDÉFINIS

SOME

Some (une quantité indéfinie de quelque chose) ne peut s'interpréter que par rapport à une situation d'énonciation : *I bought some potatoes* dit par une cliente peut être 3 ou 4 kilos ; dit par l'épicier, ça peut être 10 sacs de 10 kilos.

Some et les indénombrables

Some s'emploie avec des noms indénombrables *(money, butter, luggage)*, singuliers par définition. Il se prononce [səm]

I bought some tea. J'ai acheté du thé. (une certaine quantité de thé non précisée)

S'il s'agit de mots abstraits *(courage, kindness)*, *some* a une une valeur qualitative et s'interprète comme signifiant « un certain degré de » ; il se prononce [sʌm].

He expects some help from you. Il s'attend à que vous lui apportiez une certaine aide.

Some et les dénombrables pluriels

Some s'emploie avec des noms dénombrables pluriels.

I've bought ***some*** *books.* J'ai acheté des livres. (un certaine nombre de livres)

Some avec un nom dénombrable singulier

Some employé avec un nom dénombrable singulier prend une valeur qualitative et se prononce [sʌm].

He lives in some island in the Pacific Ocean. Il habite une île dans l'Océan Pacifique. (Je sais que c'est une île, mais je n'en dis pas plus pour l'instant.)

Some employé dans une exclamative prend une forte valeur qualitative, il se prononce aussi : [sʌm] et il est en plus accentué.

That's ***some*** *car.* Ça, c'est une voiture! ou : Comme voiture, çe n'est pas rien !

Some dans une question

Some employé dans une question suppose l'existence de ce dont on parle.

Would you like some tea? Est-ce que vous voulez du thé ? (Je sais qu'il y en a.)

Some dans une phrase négative

He did not see some of the most obvious mistakes.

Il n'a pas vu certaines des erreurs les plus évidentes.

Dans une phrase négative, si la négation ne porte pas sur le nom mais sur le verbe (ici : *see*) on peut également employer *some* ; on ne nie pas l'existence de *mistakes*. (On présuppose qu'il y a bien eu des erreurs.)

Some et ø

COMPAREZ

a *Have you got some money with you?*

Est-ce que vous avez de l'argent ? (une certaine quantité d'argent)

b *Money is a great help in life.*

L'argent est d'un grand secours dans la vie. (l'argent en général)

EXERCICES

1. Choisissez la réponse qui convient.

1. She is ...... member of this community.
a) none b) not a c) no d) neither
2. Not once on this - or ...... - occasion has he shown one spark of generosity.
a) others b) no other c) other d) any other
3. None of what's going on is making ...... worry much about the consequences.
a) nobody b) anybody c) somebody d) nobody else
4. I'm afraid you've given me one ticket ....
a) so more b) too much c) in more d) too many
5. Because of the strike, only ...... people came to the meeting.
a) very little b) not much c) very few d) so little
6. There was ...... question of her being sent to Washington in the spring.
a) not a b) no c) a little d) a few

2. Traduisez en utilisant *some, any* ou *no.*

1. Je me demande si je pourrais avoir un peu plus de lumière, s'il vous plaît.
2. Pas de larmes, s'il te plaît ! Ça ne te mènera nulle part.
3. C'est de l'oignon ou de l'ail ?
4. Du courage, j'en ai. C'est du temps que je n'ai pas.
5. Que de belles pommes ! Pourriez-vous m'en vendre quelques-unes ?
6. Auriez-vous des roses par hasard ?
7. Tu vois tous ces champs ? Certains m'appartiennent, mais pas tous.
8. Y a-t-il quelqu'un qui sache parler Suédois parmi vous ?
9. Du gâteau au chocolat ou du gâteau à la fraise ? Que préfères-tu ?
10. Pourriez-vous me passer un peu de sel, s'il vous plaît ?
11. Il n'a pas prêté attention à certains fruits pourris *(rotten)* qui étaient dans le plat.
12. Il n'a prêté attention à aucune des filles qui attendaient.

QUANTIFIEURS ET INDÉFINIS

ANY

Any ne pose pas, comme *some*, l'existence du nom qu'il accompagne. C'est pourquoi il s'emploie essentiellement dans les questions, parce que dans une question on met en doute l'existence de ce dont on parle et aussi dans les phrases négatives, parce qu'une phrase négative nie l'existence de ce dont on parle.

Any dans les phrases interrogatives et négatives

Any s'emploie devant un nom indénombrable *(money, luggage, sugar)* ou un nom dénombrable pluriel *(cars, books)*.

Have you got any money? Est-ce vous avez de l'argent ?
Have you got any books? Est-ce que vous avez des livres ?
I haven't got any money. Je n'ai pas d'argent.
I haven't got any books. Je n'ai pas de livres.

Any devant un nom dénombrable singulier

Any employé devant un nom dénombrable singulier prend une valeur qualitative.

I don't want (just) ***any*** *souvenir.* Je ne veux pas n'importe quel souvenir.

Any est accentué et généralement renforcé par *just.*

Any et les modaux dans les phrases affirmatives

- Pour les raisons exposées précédemment, *any* ne peut pas se trouver dans une phrase affirmative, s'il s'agit d'une assertion catégorique.
  * *"Anybody came to see her when she was sick."* est une phrase grammaticalement incorrecte.
- Mais *any* peut s'employer dans une phrase affirmative comportant l'un des modaux suivants : *may, might, can, could, will, would,* parce qu'il ne s'agit plus dans ce cas d'une assertion pure et simple.

Any doctor will tell you that olive oil is good for you.
N'importe quel médecin vous dira que l'huile d'olive est bonne pour la santé.
You can take any jumper for the journey.
Vous pouvez emporter n'importe quel pull pour le voyage.

Any et *if*

Any s'emploie aussi dans une proposition en *if* qui met en doute l'existence de ce dont on parle.

If you get any information, let me know.
Si tu obtiens des renseignements, fais-le moi savoir.

Any peut être renforcé par *whatsoever.*

If you get any information whatsoever...
Si tu obtiens des renseignements quels qu'ils soient...

Any et les termes restrictifs

Any se trouve aussi avec les termes restrictifs comme *hardly, scarcely, barely.*

There's hardly any milk left. Il ne reste presque plus de lait.

ANY OU *A* ?

On emploie *any* seulement avec des indénombrables ou des dénombrables pluriels, à moins qu'*any* n'ait une valeur qualitative (voir ci-dessous : *any* devant un nom dénombrable singulier).

Avec un dénombrable au singulier (*book, car, chair,* etc.), on emploie l'article *a - an.*

Have you got ***a*** *car?* As-tu une voiture ?
Have you got ***any*** *money?* Est-ce que tu as de l'argent ?
I haven't got ***a*** *car* (dénombrable sing.) *and I haven't got* ***any*** *money* (indénombrable).
Je n'ai pas de voiture et je n'ai pas d'argent.

* *Ce signe signifie «phrase agrammaticale»*

EXERCICES

1. Choisissez la réponse qui convient.

1. There's hardly …… food left.
a) no b) any c) much d) a little
2. The streets were almost empty. There were very …… people about.
a) little b) many c) much d) few
3. We'd better stop at the next filling station, there is very …… petrol left.
a) little b) no c) some d) much
4. There were …… people in that room that we could hardly breathe.
a) too many b) so many c) so much d) as many
5. We've bought far …… toys for our children.
a) several b) many c) a lot of d) too many
6. I searched the drawer for the matches, but I found …… .
a) any b) none c) many d) some

2. Traduisez en utilisant *some*, *any* ou *no*.

1. Il ne reste presque plus de vieilles cabines téléphoniques à Londres.
2. Si jamais tu as des ennuis avec elle, dis-le-moi.
3. Il n'y a aucun espoir quel qu'il soit.
4. S'ils n'ont pas d'argent, nous leur en prêterons.
5. Est-ce que tu as une écharpe pour moi ?
6. Je n'ai pas de place pour le concert de demain.
7. Y a-t-il de la place pour moi dans votre maison ?
8. Donne-moi n'importe laquelle de tes valises. Tu en as trop.
9. J'ai commandé du vin, pas de la bière ; désolé !
10. Voici du vin : on le reconnaît facilement. Ça, c'est du vinaigre.
11. Pour cette recette *(recipe)* il faut des œufs, mais pas de farine.

QUANTIFIEURS ET INDÉFINIS

NOT A, NOT ANY ET *NO*

COMPAREZ

a *He is not a poet.* Ce n'est pas un poète. (> c'est un musicien). **Valeur quantitative.**
b *He is no poet.* Il n'est pas poète ou : Il n'a rien d'un poète (bien qu'il écrive de la poésie). **Valeur qualitative.**
***No* nie l'appartenance à tout ce qui correspond à la définition du mot, ici *poet*.**
c *There are not any doctors in this village.*
Il n'y a pas de médecins dans ce village. **Valeur quantitative.**

SOME, ANY ET *NONE* PARTITIFS

***Some, Any* et *None* (= *not one*) s'emploient avec *of* pour opérer un prélèvement sur un ensemble défini : soit sur un groupe nominal défini, soit sur un pronom qui reprend un nom défini.**
Some of the people I met had never heard of Stonehenge.
Certains des gens que j'ai rencontrés n'avaient jamais entendu parler de Stonehenge.
He has seven grand-children, but he hasn't seen any of them for ages.
Il a sept petits-enfants, mais il n'en a vu aucun depuis fort longtemps.
None of my friends know that I was offered the job yet.
Aucun de mes amis ne sait encore que l'on m'a offert le poste.

EXPRESSION DE LA QUANTITÉ

Les quantifieurs ne peuvent être associés à tous les noms. La nature du nom (dénombrable ou indénombrable) permet de choisir le quantifieur qui convient.

	Indénombrable	Dénombrable pluriel	Traduction
Grande quantité	*a lot of money* *lots of money* *plenty of time*	*a lot of people* *lots of people* *plenty of friends*	beaucoup de …
(pas) grande quantité	*there isn't much time*	*there aren't many people*	pas beaucoup de …
Petite quantité	*a little money* *(very) little money*	*a few people* *(very) few people*	un peu de / quelques … (très) peu de …
Quantité nulle	*he has no money* *he hasn't got any money*	*he has no friends* *he hasn't got any friends*	pas de …

Remarque
Après a *lot* et *plenty*, *of* sert à introduire un complément. Lorsqu'il n'y a pas de complément, ces expressions sont utilisées seules.
I like him a lot. Je l'aime beaucoup.
I saw plenty. J'en ai vu beaucoup.

Little ou *few* ? *Much* ou *many* ?

- **On emploie *little* et *much* avec les indénombrables, qui sont toujours au singulier.**
  He had very little money left. He didn't have much money left.
  Il lui restait très peu d'argent. Il ne lui restait pas beaucoup d'argent.
- **On emploie *few* et *many* avec les dénombrables au pluriel.**
  He had very few friends. He didn't have many friends.
  Il avait très peu d'amis. Il n'avait pas beaucoup d'amis.
  ***Little* et *few* s'emploient dans des énoncés affirmatifs.**

Much

- **S'emploie de préférence dans des énoncés négatifs et interrogatifs.**
  We didn't get much support. Nous n'avons pas reçu beaucoup de soutien.
  Have you got much work? Tu as beaucoup de travail ?
  Dans les énoncés affirmatifs, on utilise plutôt *a lot of* ou *plenty* of :
  She's got a lot of work. Elle a beaucoup de travail.
  There's plenty of time. Nous avons largement le temps.
- **En revanche, lorsque *much* est intensifié par *too* ou *so*, on l'utilise fréquemment dans des énoncés affirmatifs.**
  She's got too much work. Elle a trop de travail.
  (Ne pas confondre avec *much too*, voir p. 98).
  He had so much work that he stayed in all day.
  Il avait tellement de travail qu'il est resté chez lui toute la journée.
- **On trouve également fréquemment *much* (*much of*) en position de sujet.**
  Much of the work had already been completed.
  Le plus gros du travail avait déjà été achevé.
  (Voir autres emplois de *much*, adverbe, p. 98).
- ***Many* peut s'employer dans des énoncés affirmatifs, interrogatifs et négatifs. Il peut également être précédé de *too* ou *so***
  He looks like his brother in many ways. Il ressemble à son frère en bien des points.
  There were too many / so many problems. Il y avait trop / tant de problèmes.
  Were there many people around? Y avait-il beaucoup de monde ?
  There weren't many children around. Il n'y avait pas beaucoup d'enfants.
- **Notez l'expression *one* (...) *too many* :**
  He had one bag too many. Il avait un sac de trop.

EXERCICE

THÈME

1. Traduisez.

1. Je ne veux pas n'importe quelle méthode d'apprentissage.
2. Un certain Mr Smith a été nommé chef de la police urbaine.
3. Aucun homme sensé ne se comporte de la sorte.
4. Après tout, il n'avait rien d'un bon parti *(a good match)* pour elle.
5. Il a passé la nuit avec quelque ami rencontré par hasard.
6. Un peu plus d'amour ne fera de mal à personne.
7. Je veux seulement connaître quelques mots de Grec, pas plus.
8. Peu de moyens ont été mis en œuvre pour combattre la guerre du soja.
9. Peu de personnes acceptent de telles manifestations d'intégrisme.
10. Une grande partie de la ville a été détruite lors de l'assaut *(attack)*.
11. Il a bu un verre de trop.

QUANTIFIEURS ET INDÉFINIS

A little ou *ø little* ? *A few* ou *ø few* ?

Ils expriment tous une petite quantité.
La différence est surtout une question d'appréciation.

	Singulier	Pluriel	Traduction
Appréciation positive	*a little luck*	*a few words*	un peu de / quelques
Appréciation négative	*little luck*	*few words*	peu de

No, None

- *No* se place devant un nom.
  She's no beauty, really. C'est loin d'être une beauté.
- *None* (= *not* + *one*) est un pronom qui fonctionne seul ou avec *of*.
  I have no friends. Je n'ai pas d'amis.
  What do you mean? Friends? I have none.
  Que veux-tu dire ? Des amis ? Je n'en ai aucun.
  None of my friends would betray me. Aucun de mes amis ne me trahirait.
  Attention Ne pas confondre *none* (aucun) et *no one* (personne).
- *None = not at all*
  You're none the worse for having tried.
  Tu n'es pas plus malheureux pour avoir essayé.
  Dans ce cas, la construction est : *none* + *the* + adjectif au comparatif de supériorité.

None, Neither

Ils signifient tous deux « aucun ».

- *Neither* s'emploie pour deux éléments seulement.
  Neither woman knows how to knit. Aucune des deux femmes ne sait tricoter.
  Neither est suivi d'un nom et d'un verbe au singulier.
  I could marry neither of them. Je ne pourrais en épouser aucune (des deux).
- *None* s'emploie pour les ensembles de plus de deux éléments.
  I needed some matches, but there were none in the kitchen.
  J'avais besoin de quelques allumettes, mais il n'y en avait aucune dans la cuisine.
  (Voir chapitre 14 : Expression de la comparaison)
- *Either*, dans un énoncé affirmatif, a les mêmes emplois que *neither dans un énoncé négatif*.
  In either case, you will lose money anyway.
  Que tu choisisses l'une ou l'autre des solutions, tu perdras de l'argent de toutes les façons.
  - *Which one do you prefer?* Laquelle préfères-tu ?
  - *Either (of them).* L'une ou l'autre.

Either ou *Both* ?

COMPAREZ

a *There were shops on both sides of the street.*
Il y avait des magasins des deux côtés de la rue.
Both, suivi d'un nom au pluriel, fait la somme des deux éléments.
b *There were shops on either side of the street.*
Il y avait des magasins de chaque côté de la rue.
Either, suivi d'un nom singulier, considère les deux éléments séparément.
Dans ce cas, il est proche de *each* et on aurait pu dire :
There were shops on each side of the street.

EXERCICES

1. Choisissez la réponse qui convient.

1. *Her attitude, say ...... close to her, should not be taken too seriously.*
   a) one b) these c) those d) them
2. *These twins look so alike that I cannot tell ...... from ....*
   a) each ... other b) one ... another c) one ... other d) one ... the other
3. *The programme was watched by three ...... viewers.*
   a) millions b) million c) millions of d) million of

2. Transformez les énoncés suivants de manière à faire apparaître *a little / little / a few / few* : il s'agit de conserver le même sens ou de faire un commentaire de l'énoncé donné.

1. *There aren't really many obstacles to his success.*
2. *There's enough water for you to drink.*
3. *She's hardly got any money left.*
4. *Look! He's only got 3 CDs! It's not a lot, is it?*
5. *I wonder why they don't have more than a couple of trees in their garden.*
6. *Two guests? You're not inviting many people, are you?*
7. *When I have some time, I will tell you the story of my life.*
8. *It was almost no trouble at all, really.*
9. *Among the 25,000 demonstrators, only two were hurt.*
10. *I'm not very optimistic about it. (hope)*

3. Complétez les énoncés par *no, none, neither, either, both.*

1. *She is ...... close relative of his.*
2. *There were only two candidates. She liked ...... of them, so she didn't vote.*
3. *...... he and his wife came to visit us; we had a great time together.*
4. *John and Jim were ...... taken as hostages.*
5. *Leave or stay? In ...... case, I'll have a terrible time.*
6. *I wrote to them all, but ...... of them replied.*
7. *They said all the pencils were in the drawer, but I found ...... at all.*
8. *Shall I leave? Shall I stay? In ...... cases, history will repeat itself.*
9. *First they won, then they lost. On ...... occasions they had an article in the paper.*
10. *...... of the friends you brought along were overenthusiastic.*

QUANTIFIEURS ET INDÉFINIS

QUANTITÉ ET COMPARAISON

	Indénombrable	Dénombrable pluriel	Traduction
Quantité supérieure	• *more money*	• *more people*	• plus de
Quantité inférieure	• *not as much money* • *less money*	• *fewer friends* • *not as many friends*	• moins de • pas autant de
Quantité égale	• *as much money*	• *as many friends*	• autant de

Remarque

On dira plus couramment :

You shouldn't spend so much money. Tu ne devrais pas dépenser tant d'argent **que** *You should spend less money.*

So + quantifieurs

So **peut se combiner avec** ***much, many, little, few.***

L'expression peut être suivie d'une complétive avec ***that.***

I didn't know we would have so little time.

Je ne savais pas que nous aurions si peu de temps.

He made so many mistakes that he failed his exam.

Il a fait tellement de fautes qu'il a échoué à son examen.

So much so

Le deuxième ***so*** **peut reprendre une proposition.**

He was very upset, so much so that he decided not to see her again.

Il a été très contrarié, à tel point qu'il a décidé de ne plus la revoir.

DE L'UNITÉ À LA TOTALITÉ

	+ nom	+ *of*
One **un et un seul**	*one city*	*one of them* *one of the cities*
Both **les deux**	*both children*	*both of them* *both of the children*
Each (toujours suivi du singulier) **chaque**	*each child*	*each of them* *each of the children*
Every (toujours suivi du singulier) **chaque, tous**	*every child*	
Most **la plupart de**	*most children*	*most of them* *most of the children*
Whole **tout(e), entier(e)**	*the whole town*	*the whole of it* *the whole of the town*
All **tout, tous**	*all his children* *all his money*	*all of them* *all of his children* *all of it* *all of his money*

EXERCICES

1. Choisissez la réponse qui convient.

1. He gave us ...... money he had.
a) so much   b) what little   c) the few   d) little
2. We get our mail delivered every ...... day.
a) two   b) another   c) other   d) both
3. There were demonstrators at ...... end of the town.
a) either   b) the two   c) both   d) each of the two
4. ...... women are afraid of spiders.
a) The most   b) Most of   c) Most   d) The most of

2. Traduisez.

1. Elles ont autant de charme l'une que l'autre.
2. Il n'y a pas eu autant de jours de pluie en février!
3. Plus de filles que de garçons fument, je crois.
4. Vous pourrez recommencer autant de fois que vous voudrez.
5. Il y a moins de vagues en Méditerranée, non ?
6. Moins de travail, plus d'argent, autant d'amis... c'est le paradis !
7. Tu devrais dépenser beaucoup moins d'énergie !
8. Il faut davantage de savoir faire *(know-how)* et un peu moins d'efforts.
9. Il y a tant de sans-abri dans les rues de Paris que j'en ai honte.
10. Elle a fait tellement de fautes à son permis de conduire qu'elle a échoué.
11. Je ne savais pas que nous aurions si peu de circulation sur la route.
12. - Il reste un peu de fromage dans le frigo.
- Un peu ? On voit que tu n'en manges pas. Moi je dirais qu'il en reste peu, même très peu.
13. Il y avait un peu de bruit hier soir, non ?
14. Je crois qu'il y avait un peu de monde chez les voisins.
15. Ils gagnent un peu d'argent, mais ils ont peu d'économies *(to save)*.
16. Je ne connais pas beaucoup de femmes qui accepteraient cela.

QUANTIFIEURS ET INDÉFINIS

QUANTIFIEURS + *OF*

All, a few, each, either, both, many, much, most, neither, one, several

- **Ces quantifieurs sont suivis de *of* lorsqu'ils portent sur un nom déterminé : lorsque le nom est précédé de *the* ou d'un possessif, *his*, *her*, etc.**
  Most of the people I know like him. La plupart des gens que je connais l'aiment bien.
  I've met most of his friends. J'ai rencontré la plupart de ses amis.
  Several of the cars I've seen... Plusieurs des voitures que j'ai vues...
- **Ces quantifieurs sont aussi suivis de *of* lorsqu'ils portent sur un pronom (déterminé).**
  ***Of* sert ici à prélever une partie d'un tout.**
  All of them said she was attractive. Ils dirent tous qu'elle était séduisante.
  Both of us said she was attractive. Nous avons dit tous les deux qu'elle était séduisante.
  A few of them said... Quelques uns dirent...
  Most of them said... La plupart d'entre eux dirent...

Remarques

- ***All* peut se construire avec ou sans *of* devant un possessif ou l'article *the*.**
  All (of) my friends like him. Tous mes amis l'apprécient.
  All (of) the people I know... Tous les gens que je connais...
- ***All* et *both* peuvent aussi se placer après le pronom complément.**
  I have read both of them. **>** *I have read them both.* Je les ai lus tous les deux.
  I've seen all of them. **>** *I've seen them all.* Je les ai tous vus.
- ***Little* et *much* peuvent s'employer avec *of + him / her / it*.**
  I saw little of him then. **>** *I didn't see much of him then.*
  Je ne le voyais pas beaucoup à l'époque.
  Much of what she said was true. Beaucoup de choses qu'elle a dites étaient vraies.
- ***Little* peut se combiner avec *what*.**
  He gave us what little money he had. Il nous a donné le peu d'argent qu'il avait.

MOST, MOST OF, THE MOST

- ***Most* s'utilise pour exprimer la quantité (« la plupart de », « la plus grande partie »).**
  Most people say... La plupart des gens disent...
  I liked most of it. J'en ai aimé la plus grande partie.
- ***Most of* est suivi d'un groupe nominal déterminé (voir ci-dessus).**
  Most of the paintings we saw came from Moscow.
  La plupart des peintures que nous avons vues venaient de Moscou.
- ***The most* n'exprime pas du tout la quantité. C'est la marque du superlatif.**
  It's the most attractive town I've ever seen.
  C'est la ville la plus attrayante que j'aie jamais vue.
- ***Most* utilisé seul = « le plus ».**
  What do you like most? Qu'est-ce que tu aimes le plus ?

ALL OU *THE WHOLE* ?

Devant un nom dénombrable singulier

***All* et *the whole* signifient tous deux « en entier », « tout, toute ».**
I've read the whole book. J'ai lu le livre en entier.
I've been here all the time. Je suis resté ici tout le temps.

Devant un nom dénombrable pluriel, ils ont un sens différent

All flights have been cancelled. Tous les vols ont été annulés.

All correspond à une somme arithmétique ; il est proche de *every* et signifie « tous, toutes ».

Whole communities of illegal immigrants were sent back to their countries.

Des communautés entières de sans papiers ont été renvoyées dans leur pays.

Whole renvoie à un tout indissociable ; il correspond à « entier ».

EXERCICES

EXERCICE

1. Complétez les énoncés avec *all*, *every* ou *each*.

1. *...... that money, and not a single penny for me!*
2. *She enjoyed it so much that she came back ...... and every day.*
3. *We took several photos. ...... of them was lost in the plane.*
4. *You must water the plants ...... other day.*
5. *Not ...... Welshmen speak Celtic.*
6. *Not ...... man is fond of spiders.*
7. *...... single night, he would phone her.*
8. *Don't take them ...... Take one ....*
9. *We must keep a slice of cake for ...... of them.*
10. *Take ...... one very carefully.*

THÈME

2. Traduisez.

1. Entrée gratuite pour tous les moins de six ans.
2. Tous ceux qui ne savent pas nager n'ont rien à faire ici.
3. Des quartiers *(districts)* entiers ont dû être évacués après l'invasion des scorpions.
4. C'est incroyable, elle les connaît tous !
5. Tu crois qu'on doit les rencontrer tous les deux ?
6. Ils ont déjà travaillé dans une entreprise pour la plupart.
7. Nous avons visité plusieurs villes. Certaines nous ont paru ennuyeuses.
8. Quelques-unes des propositions pour stocker les déchets paraissent folles.
9. Nous avons rencontré beaucoup de députés. Plusieurs d'entre eux nous ont fait des promesses.
10. Ils nous ont donné le peu de pain qu'ils avaient.
11. Chacune d'entre vous devra porter une robe de couleur différente.
12. Chaque fois que tu regarderas les étoiles, tu penseras à moi.
13. La plupart des villes n'ont pas résolu le problème de la circulation.
14. La nation tout entière est fière de ses enfants.

QUANTIFIEURS ET INDÉFINIS

All + *the*, *All* + article ø

All + nom pluriel

Le nom renvoie à un ensemble non déterminé.
All children will get in first. Tous les enfants entreront en premier.
(= tout ce qui correspond à la définition « enfant ».)

All + *the*

Le nom renvoie à un élément déterminé.
All the children there were from Spain. Tous les enfants présents venaient d'Espagne.

Devant *"day"* ou *"night"*

On n'emploie pas l'article *the* avec *all*.
I spent all day with her (et non pas **all the day*). J'ai passé toute la journée avec elle.
On peut aussi utiliser *the whole*.
I spent the whole day with her. J'ai passé toute la journée avec elle.

Devant un indénombrable *(money, advice, information)*

On emploie *all* et non pas *the whole*.
I've spent all the money. J'ai dépensé tout l'argent.

Rappel

Dans une relative, *all* est repris par *that* (qui peut être omis).
All that I possess is yours. **>** *All I possess is yours.* Tout ce que je possède est à toi.

All, Every, Each

- ***All* peut être suivi de n'importe quel déterminant : *all the, all this, all those, all five*…**
  Il donne l'idée du résultat d'une somme.
  All those CDs belong to me. Tous ces CD m'appartiennent.
- ***Every* n'est suivi que d'un nom dénombrable singulier.**
  Il insiste davantage sur chaque élément sans exception.
  He was here every day. Il était ici tous les jours.
  Mais : *Every four days.* Tous les quatre jours.
  C'est le seul cas où *every* est suivi du pluriel.
- **Il en va de même dans les énoncés négatifs.**
  Not all English people like tea. Tous les anglais n'aiment pas le thé.
  Not every English person likes tea. Tous les anglais (pris individuellement) n'aiment pas le thé.
- ***Each* singularise davantage. Il se traduit par « chaque » ou « chacun » et correspond à *every single*. Contrairement à *every*, il peut être suivi directement de *of*. Il peut être postposé (placé après).**
  Each day was the same. **>** *Every single day was the same.* Chaque jour était pareil.
  Each of them was given a medal. **>** *They were given a medal each.*
  Ils ont chacun reçu une médaille.

ONE

One … too many

I've had one drink too many. J'ai bu un verre de trop.
***Too many* est dans cette expression précédé du singulier.**

One, some

***One*, tout comme *some* (voir *some*), peut aussi signifier « un certain… ».**
One / Some day, you will see that I was right. Un jour, tu verras que j'avais raison.
***A* n'est jamais utilisé dans ce cas.**

Le signe * signifie « phrase agrammaticale »

EXERCICES

1. Choisissez la réponse qui convient.

1. *They had tried both methods but ...... worked.*
   a) two b) neither c) not either d) none
2. *We have ...... time left; it's too late now, I'm afraid.*
   a) much b) a little c) little d) not any
3. *...... in this position would have done the same.*
   a) Anybody b) Somebody c) Each d) None
4. *It's not true, ... women are afraid of spiders.*
   a) not any b) not all c) neither d) not some
5. *...... crowd cheered and stood up.*
   a) All b) The all c) Whole d) The whole
6. *Well, I'm not sure I would like ...... coffee just now.*
   a) some b) none c) no d) not any
7. *Why don't we buy ...... oysters?*
   a) a dozen b) dozen c) a dozen of d) dozen of
8. *That is a place where there is always armed conflict of one sort or ....*
   a) the other b) another c) any other d) some other

2. Traduisez.

1. *"There were five of us altogether," said the second tallest child in the group.*
2. *"How deep is your love?" goes the song.*
3. *Your friendship is worth a million times more than all that I possess.*
4. *Every other morning, he gets up and goes jogging without having had breakfast.*
5. *We've already had as many as thirty-five people in that room.*

3. Traduisez.

1. Tous les enfants ont beaucoup aimé le spectacle de Guignol *(Punch and Judy)*.
2. Qui a renversé *(spill)* toute cette eau ?
3. Tous les hommes ne sont pas des machos, heureusement !
4. Je les ai très peu vus pendant mon séjour.
5. Tout le pays a regardé l'événement à la télévision.
6. La plupart de nos amis ne possèdent pas de deuxième voiture.

QUANTIFIEURS ET INDÉFINIS

OTHER

Other peut être précédé de déterminants.
All the other students. Most of the other students.
Tous les autres étudiants. La plupart des autres étudiants.
Every other day. Un jour sur deux.

Other, Others

COMPAREZ

a *He's got many other pairs of glasses.* Il a plusieurs autres paires de lunettes.
b *Where's my other pair of glasses?* Où sont mes autres lunettes ?
Other est précédé d'un déterminant _(the, my, his, her…)_ il est adjectif en (a) et (b).
c *He's lost his new tie, but fortunately, he's got many others.*
Il a perdu sa cravate neuve, mais heureusement, il en a plusieurs autres.
Others est pronom en (c).

Other, *first, last, next* précèdent les nombres

The last five days were excellent. Les cinq derniers jours ont été excellents.

One combiné avec *Other*

- **_One_, pronom, peut intervenir seul ou suivi de _other_.**
  He's got two sons. One is a doctor, the other one is a carpenter.
  Il a deux fils. L'un est médecin, l'autre est charpentier.
- **_Other_ et l'article _an_ : on écrit _another_ en un seul mot.**
  Give me another one. Donnez-m'en un autre.
  Avec _another_, _one_ peut être omis.
  There's always serious trouble of one kind or another.
  Il y a toujours des ennuis graves de quelque sorte que ce soit.
  Another (one) peut être intensifié par l'adverbe _yet_.
  I'm afraid we're in for yet another storm!
  J'ai bien peur que nous ayons droit à encore une autre tempête !
- **Au pluriel, on distinguera entre _others_ (d'autres) et _more_ (encore ; davantage).**
  Give me some others. Donnez-m'en d'autres (= des différents).
  Give me more. Donnez-m'en d'autres. Donnez-m'en davantage.
- **Le choix entre _others, the others, the other ones_ dépend de la détermination du nom.**
  The shop sells different kinds of tools: some for drilling, others for gardening.
  Le magasin vend différentes sortes d'outils : certains pour percer, d'autres pour jardiner.
  Others : d'autres. Indéterminé.
  The first guests arrived at 11:00, the others / the other ones came much later.
  Les premiers invités arrivèrent à 11 heures, les autres arrivèrent beaucoup plus tard.
  The others / the other ones : les autres. Déterminé.
  (voir aussi _Other_ chapitre 7, p. 112)

Each other ou *one another* ?

They looked at each other. Ils se regardèrent. **>** 2 personnes.
They looked at one another. Ils se regardèrent. **>** + de 2 personnes.
La différence est cependant de moins en moins respectée.

EXERCICES

1. Choisissez la réponse qui convient.

1. They had ...... customers to survive.
a) too few b) too little c) too much d) not any
2. You must put away these papers in ... place.
a) any b) no c) some d) a
3. She didn't even give us as much as ...... smile.
a) half b) an half c) half a d) half of
4. He hasn't had ...... yet.
a) rest enough b) enough rest c) enough of rest d) of enough rest
5. You shouldn't treat ...... like that.
a) others b) another c) the other d) another one
6. As we had five tickets, we gave them one ....
a) another b) each c) each other d) every
7. ...... of the twins looks like John.
a) Not any b) None c) Neither d) No one
8. We know them ...... very well.
a) most b) all c) each d) the most

2. Traduisez.

1. Je crois que j'ai mis un sucre de trop !
2. Les cinq autres états n'étaient pas représentés.
3. Ils ont deux solutions. L'une consiste à tout vendre, l'autre à licencier cinquante employés.
4. Certaines portaient un chapeau, d'autres des sacs extravagants.
5. Il y a beaucoup d'autres personnes qui aimeraient être à ta place.
6. Donne-moi une autre idée que celle-là ; elle est idiote !
7. J'ai fini le livre, pourrais-je en avoir un autre ?
8. Un, ce n'est pas assez, il m'en faut d'autres.
9. Non, pas ceux-là ! D'autres sur le même sujet.
10. Certains l'aiment avec du lait, d'autres avec du citron, les autres nature *(plain)*, certains avec du sucre, les autres sans, qu'est-ce que c'est ?
11. Je lui ai parlé deux ou trois fois, mais jamais je n'ai pu le convaincre.
12. Deux fois par mois, elle lui apportait des fleurs.
13. Une fois tous les deux jours, vous devrez prendre ces pilules.
14. J'achète des fruits tous les trois jours environ.
15. Trois personnes sur cinq lisent la presse régionale.

QUANTIFIEURS ET INDÉFINIS

DEGRÉS DE QUANTITÉ

Intensifieurs

Too, _so_ (et _that_ dans une langue informelle) peuvent intensifier les quantifieurs _much_ et _many_ (voir p. 146).

He gave me too much work / so much work.
Il m'a donné trop de travail / tellement de travail.
(Attention : ne pas confondre *too much* et *much too*, voir p. 98)
I can't do that much work in one day.
Je suis incapable de faire autant de travail en une seule journée.

Emphase sur la grande quantité

Many a + nom singulier (registre plutôt soutenu)
I have told her many a time. Je le lui ai souvent dit.

A great deal of + indénombrable (toujours au singulier)
She certainly showed a great deal of courage

A great many + nom pluriel
They have a great many things to share. Ils ont beaucoup de choses à partager.

A large number of + nom pluriel
There were a large number of guests at the party. Il y avait beaucoup d'invités à la soirée.

A large amount of + indénombrable (= _a big sum / quantity of_)
That represents a large amount of money. Cela représente une grosse somme d'argent.

Approximation

About, around, almost, approximately, nearly, next to (style soigné)
It weighs about 5 kilos. Cela pèse environ 5 kilos.
Ces adverbes se placent devant l'expression de quantité.

Dans un registre informel, on peut utiliser *"say"* ou le suffixe *"ish"*.
You can have it for - say - 5 quid. Tu peux l'avoir pour… disons… 5 livres.
She is fortyish. **>** *She is about forty.* Elle a environ quarante ans.
What is left of what he won amounts next to nothing.
Ce qu'il reste de ce qu'il a gagné s'élève à presque rien.

Quantité minime

Hardly any. Rappel : cette expression s'emploie dans un énoncé affirmatif.
There's hardly any water left. Il ne reste presque plus d'eau.

Enough

Il signifie « une quantité suffisante de » et se place normalement avant (ou plus rarement après) le nom qu'il quantifie.
Have you got enough money? Tu as assez d'argent ?
They've got money enough. Ils ont assez d'argent.
(voir aussi l'adverbe *enough* p. 99)

Traduction de « en »

- *Some, any et no (+ more)* (voir début de ce chapitre, p. 142, 144, 146).

Would you like some (more)? En veux-tu (encore) ?
There isn't any (more) left. Il n'en reste plus.
Are there any (more) left? En reste-t-il (d'autres) ?

1. Traduisez.

1. Britain's privatised rail companies made pre-tax profits of $1.7bn last year, despite unreliable services and longer delays. Meanwhile Railtrack, which is responsible for stations, tracks and signals, faces demands from new regulator Tom Winsor to improve its performance by 14% within a year. (The Guardian Weekly, *July 8 1999.)*

2. In the twenties, two men out of three in this country had a mustache. Nowadays, quite a few men can be seen with a mustache or a beard. Either is equally fashionable.

3. We drank half a pint of milk at breakfast; what remained was divided into three. The first third was given to the first of the three brothers. As the other two did not want the remaining two thirds, they kept it in the fridge for the next two days that they were to spend there.

4. "I'm no chicken", said James, while eating most of the apple pie that was left in the bottom half of the small cupboard.

2. Traduisez.

1. Regarde cette terre mon fils : elle représente une grande somme de travail !
2. Ma maison m'a coûté environ 200 mille livres.
3. Les frais *(expense)* s'élèvent à presque la moitié de la somme totale.
4. Nous n'avons presque plus le temps de nous téléphoner.
5. Tu ne m'as pas donné assez de vin. J'en veux encore.
6. Veux-tu dormir davantage ou bien as-tu assez dormi ?

AUTRES EXPRESSIONS DE LA QUANTITÉ

Half

She only gave us half (of it). Elle ne nous en a donné que la moitié.

Worth

He had his money's worth. Il en a eu pour son argent.

Traduction de « encore »

Encore (quantité) se traduit par *(some) more*.
I haven't got enough, I'd like (some) more.

Interrogation sur la quantité

How much + singulier
How much is it for a pair of gloves? Combien coûte une paire de gants ?

How many + pluriel
How many times have I told you? Combien de fois te l'ai-je dit ?
How much is that hat worth? / How much does that hat cost? How much is that hat?
Combien vaut ce chapeau ?
(voir aussi chapitre 3 : Types d'énoncés)

- **Les quantifieurs *much, many, a lot, plenty, several, (quite) a little, (quite) a few, very little, very few,* peuvent être utilisés seuls comme reprise.**
We asked for some more information, but they gave us very little.
Nous avons demandé davantage d'informations, mais il nous en ont donné peu.

L'EXPRESSION DU NOMBRE

Dozen, hundred, thousand, million
Ils sont invariables lorsqu'ils sont précédés d'un nombre précis.
Two hundred people. Deux cents personnes.
One thousand people. Mille personnes.
Lorsque ces mots sont précédés de ø, ils s'emploient au pluriel.
Thousands of people. Des milliers de personnes.

Les chiffres

- *2.7 per cent.* (On dit : *"Two point seven per cent"*.) 2,7 pour cent.
Le point en anglais devient virgule en français.
- *300,000 people / inhabitants.* 300 000 habitants.
La virgule précède le chiffre des mille.
- *53,467.* On dit : *"Fifty-three thousand four hundred and sixty seven."*
And* précède les dizaines (sauf en anglais américain) mais n'apparaît pas entre les milliers et les centaines : *8,400 : eight thousand four hundred.
***5 million people* peut être abrégé en : *5m people*.**
- *£20 is not a lot of money.* 20 livres, ce n'est pas beaucoup d'argent.
On parle de la somme : le verbe est au singulier.
- *The employment rate has decreased by 0.8 per cent.*
Le taux de chômage a diminué de 0,8 %.

EXERCICE

1. Traduisez.

1. Des centaines de personnes se sont assemblées sur la place dès qu'elles ont appris la nouvelle.
2. Deux cents euros, c'est beaucoup pour un pull.
3. Neuf mille cinq cent soixante treize personnes exactement ont assisté à la cérémonie.
4. Ils ont écrit au Premier Ministre par milliers pour demander que le projet soit maintenu.
5. 41 pour cent d'électeurs seulement se sont déplacés pour les Européennes.
6. Le taux de chômage atteint 11,3 pour cent.
7. Elle fait trois mètres de haut sur quatre de profondeur.
8. J'ai dit : « Deux virgule trois », pas « deux mille trois ».
9. Quelle est la profondeur de votre puits *(well)* ?
10. Nous étions treize. Elle a donc invité son voisin.
11. Combien vous dois-je ? Combien valent ces tasses ?
12. Combien de fois as-tu vu *"West Side Story"* ?
13. Combien pèse ta valise ?
14. La moitié des habitants ne sont jamais sortis de leur ville.
15. Elle lui a donné la moitié d'un camembert pour son oncle gallois.
16. Il en a pris quatre puis en a remis un sur la table.
17. Tous ces livres ! Je n'en ai pas lu la moitié.
18. Le tiers de mes petits enfants sont des filles. J'en aurais voulu davantage.

PRONOMS ET SITUATION D'ÉNONCIATION

LES PRONOMS PERSONNELS : RENVOI AUX PERSONNES OU AUX OBJETS

Pronoms sujets : *I, you, he, she, it, one* (renvoi à le généralité) *we, you, they.*
Pronoms objets : *me, you, him, her, it, one, us, you, them.*
I (sujet) *like him* (objet) *a lot.* Je l'aime beaucoup.

- ***I*** et ***You*** : les formes de 1re et 2e personne ont la particularité de désigner celui qui parle et celui auquel on s'adresse : ***I*** et ***You*** changent donc d'identité chaque fois qu'une nouvelle personne prend la parole.
- ***He, she, they*** désignent la(les) personne(s) dont on parle et qui peut (peuvent) être absente(s) de la situation de discours.
- ***It*** (pronom neutre) renvoie à la non-personne (un objet, un animal, un fait, la situation).

Les pronoms compléments

On emploie les pronoms compléments :

Pour un complément d'objet ou un complément introduit par une préposition.
He looked for her and found her. Il l'a cherchée et il l'a trouvée.

Après *as* et *than* (lorsqu'il n'y a pas d'auxiliaire)
She's older than him. Elle est plus vieille que lui.
He's got the same as me. Il a le même que moi.

Dans les réponses courtes (lorsqu'il n'y a pas d'auxiliaire)

- *I don't see them.*	- Je ne les vois pas.
- *Neither do I / Me neither.*	- Moi non plus.
- *Who wants it?*	- Qui le veut ?
- *Me.*	- Moi.

One et *you*

One **et** ***you*** **peuvent renvoyer aux « gens en général ».**
One should never say "Sorry". You should never say "Sorry".
On ne devrait jamais dire « Désolé ».

Pronoms de 3e personne : *one* ou *It* ?

- ***It*** **remplace un nom déjà cité.**
  Look at her dress! It is perfect. Regarde sa robe ! Elle est parfaite.
- **One signifie qu'on sélectionne un élément parmi d'autres.**
  You've got too many. Give me one **>** *give me one of them.*
  Tu en as trop. Donne-m'en un.

Les réfléchis

Myself, yourself, himself, herself, itself, ourselves, yourselves, themselves.

- **On emploie le pronom réfléchi lorsque le sujet et l'objet renvoient à la même personne.**

COMPAREZ
a *Clare looked at her.*
(*Her* désigne nécessairement une personne différente de *Clare*).
Clare la regarda.
b *Clare looked at herself.*
Clare se regarda.

- **On emploie aussi les pronoms réfléchis pour exprimer l'insistance.**
  I did it myself. Je l'ai fait moi-même.
- **Après *by*, le réfléchi signifie « tout(e) seul(e) ».**
  He stayed by himself. Il est resté tout seul.

Remarque
Les verbes suivants (à la différence du français) se construisent sans pronom réfléchi ou réciproque : *concentrate, dress, feel, meet, relax, shave, wash.*
They've just met. Ils viennent de se rencontrer.

Les réciproques : *each other* ou *one another* ?

Généralement lorsque l'échange concerne plus de deux personnes, on emploie ***one another***, tandis que ***each other*** est réservé à un échange entre deux personnes.

They looked at each other. Ils se regardèrent (deux personnes).

They looked at one another. Ils se regardèrent (plus de deux personnes).

Cet usage est cependant de moins en moins respecté.

EXERCICES

1. Choisissez la réponse qui convient.

1. ...... seemed to me that ...... must be an answer.
a) It ... there b) There ... it c) There ... there

2. I don't want ...... to be ...... trouble.
a) it ... any b) it ... no c) there ... any

3. They have never met ...... .They have never seen ....
a) each other ... one another b) ø ... each other c) each other ... ø

4. - How many did he give you?
- ....
a) No b) No one c)None

2. Complétez avec le pronom qui convient.

1. How long have Paul and Fiora known .... (Paul and Fiora)?
2. I can't help her. She'll have to do it ....
3. Nobody would talk to him, would .... ?
4. There isn't anyone who'd make me feel guilty about leaving ....
5. The mayor and the senator have never written to ....
6. Nothing happened, did .... ?
7. - They blame me.
- Anybody would, wouldn't .... ?

3. Traduisez.

1. Où l'as-tu acheté ? Où puis-je en trouver un de la même couleur ?
2. Tu veux un T-shirt ? Prends celui-là. Celui avec l'étiquette rouge.
3. Personne ne m'a vu, n'est-ce pas ?
4. Les gens ne se parlent pas ici.
5. Tout le monde a aimé le film, n'est-ce pas ?

PRONOMS ET SITUATION D'ÉNONCIATION

LES DÉMONSTRATIFS

On emploie *this* et *that* au singulier et *these*, *those* au pluriel.

COMPAREZ

a *It happened this summer.* C'est arrivé cet été.
b *It happened that summer when Emma disappeared.*
C'est arrivé au cours de l'été où Emma a disparu.
En **a**, *this* renvoie au temps de l'énonciateur. (« Cet été-ci. »)
En **b**, *that* désigne une période qui ne concerne pas l'énonciateur mais qui est définie par le contexte *(when Emma disappeared)*.

COMPAREZ

c *"This is my brother."* « Voici mon frère. » (On présente la personne.)
d *"Who's that?" said Peter to Clare.* « Qui est-ce ? » dit Peter à Clare.
En **c**, *this* désigne dans la situation présente une personne qui est seulement connue de celui qui parle. (*This* permet donc de présenter une personne ou un objet).
On emploie *that*, comme en **d**, lorsque celui qui parle et l'interlocuteur savent tous deux de qui / de quoi on parle.

COMPAREZ

e *"Who's that?" said John picking up the phone.*
« Qui est-ce ? » dit John en prenant le téléphone.
f *"Do you call that a car?" he said contemptuously.*
« Tu appelles ça une voiture ? » dit-il avec mépris.
En **e** et **f** *that* désigne ce qui ne concerne pas directement celui qui parle et qui peut être rejeté par celui-ci (d'où l'idée d'éloignement dans certains contextes et ici le jugement négatif en **f**).

En résumé

This s'emploie pour ce qui concerne uniquement celui qui parle.
That s'emploie pour ce qui ne concerne pas directement celui qui parle.
Employés comme déterminants (voir chapitre 7, p. 110), *this* et *that* ont les mêmes valeurs.

This, that et *it*

It permet de reprendre *this* et *that* et non pas l'inverse.
Listen to this! You'll like it. (**Look at it! You will like this* : impossible)
Écoute ça ! Ça va te plaire.

It ou *There* ?

There peut permettre de situer dans l'espace.
There you are! Vous y voilà ! (Lorsque vous arrivez quelque part.)
There permet de poser l'existence d'un élément.
There was a crowd of people. There were 200 people.
Il y avait une foule de gens. Il y avait deux cents personnes.
Is there anybody in? Y a-t-il quelqu'un ? (Sous-entendu : dans la maison.)
Lorsqu'il ne remplace pas un élément déjà cité, *It* désigne la situation.
It's cold. Il fait froid

COMPOSÉS DE *SOME, ANY, NO, EVERY*

	one	thing	body	where
some	*someone*	*something*	*somebody*	*somewhere*
any	*anyone*	*anything*	*anybody*	*anywhere*
no	*no one* (en 2 mots)	*nothing*	*nobody*	*nowhere*
every	*everyone*	*everything*	*everybody*	*everywhere*

Ils ont les mêmes règles d'emploi que *some*, *any*, *no*, *every* (voir chapitre 11).

Somebody ou *someone* ?

- **Les composés de -*body* renvoient à un élément totalement indéterminé.**
  Somebody told me about it. Quelqu'un me l'a dit.
- **Les composés de -*one* présupposent qu'il existe un groupe d'éléments déjà connus ou dont on a déjà parlé.**
  I expected my friends to come but no one turned up. Je m'attendais à ce que mes amis viennent mais personne n'est venu. (Personne du groupe de mes amis.)

None et *No one*

- ***None* est le pronom correspondant à *No*.**
  - *How many books did he give you?* Combien de livres t'a-t-il donnés ?
  - *None.* Aucun.
- ***No one* signifie « personne » (et s'écrit en deux mots).**
  There was no one there. Il n'y avait personne.

They, them et *it*

- ***They* et *them* reprennent les indéfinis *somebody, everybody, nobody, no one, nobody, anyone, anybody*.**
  Nobody phoned, did they? Personne n'a appelé, n'est-ce pas ?
  If anyone calls, tell them to wait. Si quelqu'un appelle, dites-lui d'attendre.
  Everybody gets what they deserve, don't they? Chacun a ce qu'il mérite, n'est-ce pas ?

Notez
Le verbe qui suit immédiatement le pronom *everybody* est au singulier, mais toute reprise se fait avec un pronom et un verbe (ou auxiliaire) au pluriel.

- ***It* reprend *nothing* et *everything*.**
  Nothing happened, did it? Everything's fine, isn't it?
  Il ne s'est rien passé, n'est-ce pas ? Tout va bien, n'est-ce pas ?

EXERCICES

EXERCICE

1. À quoi ou à qui font référence les éléments en gras ? Justifiez l'emploi de *this* ou *that* dans le contexte.

1. *1) It's four o'clock in the morning.*
2) Harry: Hullo!
*3) Voice: Is **that** you, Bill?*
*4) Harry: No, he's in bed. Who's **this**?*
5) Voice: In bed?
*6) Harry: Who is **this**?*
7) Voice: What's he doing in bed?
(H. Pinter)

2. *And now here he is, deliberately preparing himself to take **this** final step, and here am I standing by, watching him. I suppose it's rather like being with someone who's sentenced to death with only one week more before his execution.*
*Yes, I know **that** sounds melodramatic!*
(C. Isherwood)

THÈME

2. Traduisez en utilisant *some, any, no* ou leurs composés.

- Es-tu en train de me dire que tu as décidé de rentrer ?
- Je ne suis sûre de rien. Mais Roger n'a plus besoin de moi.
- Tu as plein d'amis.
- Aucun d'eux ne veut que je reste, n'est-ce pas ?
- Quelqu'un t'a reproché ce que tu as fait, n'est-ce pas ?
- Non, personne. Mais je sais ce qu'ils pensent.

ADJECTIFS

Les adjectifs sont invariables (on ne les trouve jamais au pluriel).

PLACE DES ADJECTIFS

Avant le nom

Les adjectifs épithètes se placent avant le nom.
A strong man. Un homme fort.

Après le nom

Un nombre réduit d'adjectifs se placent uniquement après le nom (ils sont toujours attributs) : *alive, asleep, afraid, awake, cross, drunk, ill, glad.*
He was ill. Il était malade. > *A sick person.* Un malade.
He was afraid. Il avait peur. > *A frightened boy.* Un garçon qui a peur.

ORDRE DES ADJECTIFS

- Lorsque les adjectifs sont purement descriptifs, ils se placent dans l'ordre suivant : T (taille) A (âge) X (autre) C (couleur) O (origine) M (mesure). (On peut mémoriser la formule TAXCOM.)
  A big old blue American car. Une grosse et vieille voiture américaine bleue.
- Lorsque l'adjectif exprime une appréciation *(good, nice, awful, etc.)*, l'adjectif est placé en tête.
  A nice big meal. Un bon repas copieux.

DIFFÉRENTS TYPES D'ADJECTIFS

Les participes employés comme adjectifs

Certains participes passés (terminaison - *ed* pour les verbes réguliers) sont couramment employés comme adjectifs ; ils ont un sens passif : *bored, drunk* (soûl), *interested, excited, gone* (parti), *retired* (à la retraite), *tired, surprised, worried* (inquiet).
Certains participes présents (terminaison - *ing*) sont aussi employés comme adjectifs, à sens actif. Ils ont souvent la même origine que les précédents :
interested (intéressé) > *interesting* (intéressant), *boring, exciting, surprising, tiring.*

Adjectifs substantivés

Ce sont les adjectifs qui sont employés comme noms.

Groupes au pluriel

Certains adjectifs renvoient au groupe et prennent la marque du pluriel.
The drunks (les ivrognes), *the Whites and the Blacks, the over-fifties* (les plus de cinquante ans), *the twenty-year-olds* (les jeunes de 20 ans).

Collectifs

D'autres adjectifs qui renvoient à un groupe ne prennent pas de S, mais s'accordent au pluriel. *The rich, the poor, the blind, the happy few, the many, the few, the dead and the wounded* (les morts et les blessés), *the faithful* (les fidèles), *the heathen* (les païens), *the unemployed, the jobless* (les chômeurs), *the middle-aged, the elderly* (les personnes âgées), *the homeless* (les sans-abri), *the English, the French, the Welsh, the Irish, the Scottish.*

COMPAREZ

a *There are more and more unemployed people in Europe.*
Il y a de plus en plus de chômeurs en Europe.
b *The Government are concerned about the situation of the unemployed.*
Le gouvernement s'inquiète de la situation des chômeurs.
En **a**, l'expression de la quantité s'applique non pas au collectif *(the unemployed)* mais aux personnes au chômage *(unemployed people).*
En **b**, c'est l'ensemble du groupe qui est désigné : *the unemployed.*

Noms en position d'adjectif

Certains noms sont placés devant d'autres noms et les précisent (décrivent une qualité).

Comme les adjectifs, ils ne prennent pas de *S* (pas de marque du pluriel) : *a police officer, the speed limit* (la limite de vitesse), *air transport* (le transport aérien), *the Sunday newspaper* (le journal du dimanche), *Road transport regulations* (la règlementation du transport routier), *a data base management system* (un système de gestion de base de données).

Attention : exceptions

Le premier mot prend un *S* dans *a communications network, an applications programme.*

EXERCICES

EXERCICE

1. Placez les mots entre parenthèses dans l'ordre qui convient.

1. *He stepped into the (lobby - white - big).*
2. *He was a (man - shrewd - small).*
3. *He cast a swift glance at the (horrible - sitting-room - little).*
4. *She was a (dark-haired - tall - woman).*
5. *She was a (small - pathetic - woman).*
6. *He wore very (flannel - grey - old - trousers) and a (belt - leather - black).*
7. *She reminded him of a (big - butterfly - beautiful).*
8. *It was a (film - American - old - good).*
9. *They were both in (jackets - filthy - powder - blue).*
10. *He was wearing a (shirt - yellow - linen).*

THÈME

2. Traduisez.

1. 18 millions de personnes sont au chômage.
2. Les chômeurs ont créé une association.
3. Les jeunes de vingt-cinq ans sont tout particulièrement touchés par le chômage.
4. Les plus de cinquante ans ont peu d'espoir de trouver un emploi.
5. La situation des sans-abri s'est améliorée grâce aux associations caritatives *(charities).*
6. Elle portait des chaussures de cuir vert.
7. Il a une grosse voiture allemande noire.
8. C'est le plus jeune joueur de football africain.

ADJECTIFS

PORTÉE D'UN ADJECTIF

On trouve souvent plusieurs mots placés entre le déterminant et le nom, surtout dans la presse ; ils jouent le rôle d'adjectif : *all* ***European Union*** *members, a* ***new television*** *channel, some* ***European foreign*** *ministers.* Sur quel(s) mot(s) l'adjectif porte-t-il ?

Portée de l'adjectif	Exemples	Commentaire
1er cas Le 1er adjectif porte sur l'ensemble des mots qui suivent	• *a* ***good*** *[television programme]* un bon programme télévisé • ***European*** *[foreign ministers]* les ministres des affaires étrangères européens	C'est le cas le plus fréquent. On marque une légère pause à l'oral après le 1er adjectif.
2e cas Le 1er adjectif porte seulement sur le mot qui suit.	• *an* ***[electric blue]*** *jumper* un pull bleu électrique • ***[Public service]*** *broadcasters* les diffuseurs du service public	L'adjectif forme avec le mot qui suit (nom ou adjectif) un groupe indissociable. Il crée une sous-catégorie pour le mot qui suit. L'adjectif est dit « restrictif ». À l'oral, on marquera une brève pause après les deux premiers mots.
	• *a* ***[high-speed]*** *train service* un service de trains à grande vitesse	Pour éviter toute confusion, l'adjectif et le mot sur lequel il porte sont parfois liés par un trait d'union.
3e cas L'adjectif porte seulement sur le dernier mot	• *A big plump woman* une grande femme bien en chair • *A tiresome and temperamental person* une personne ennuyeuse et capricieuse	Chaque adjectif apporte une information différente pour le nom principal. Ces adjectifs sont parfois séparés par une virgule ou par *and.*

Parfois, seul le contexte ou la compétence culturelle (connaissance de certaines institutions, de certaines catégories ou types d'objets, etc.) permet de savoir si l'adjectif est restrictif ou non (il porte alors sur le seul mot qui suit).

COMPAREZ

a ***European*** *[television channels].*
Les chaînes de télévision européennes.
b ***[European Union]*** *foreign ministers.*
Les ministres des affaires étrangères de l'Union Européenne.

Comparatifs des adjectifs : voir chapitre 14, p. 170
Adjectifs composés : voir Mots composés, chapitre 15, p. 186

EXERCICES

1. Transformez les passages entre parenthèses de façon à former un seul groupe nominal sans complément.

Ex. : *(The government - of the US) backs the plan.*
> The US government backs the plan.

1. *They faced (major problems - in health care).*
2. *They want to develop (a vaccine - against AIDS)*
3. *(Policy - in the field of technological research) should be decided jointly.*
4. *(The programme - about technological development) concerns 12 countries.*

2. Sur quel mot ou quel groupe de mots porte l'adjectif souligné ? Traduisez ensuite le passage en gras.

Ex. : *In a **<u>small</u> television region** like Flanders, the cost of producing television is the same as in big countries like Germany.*
Small porte sur *television region* : une petite région de diffusion télévisuelle.

1. *The **<u>Social</u> Democrat deputy** called for an **<u>open</u> and frank discussion**.*
2. ***<u>European</u> Union foreign ministers** said that progress had been made in bilateral talks with Switzerland.*
3. *They complained that **<u>public</u> service broadcasters** would be exempt from the proposal.*
4. *An official at one of **Spain's <u>private</u> TV channels** said that it would be stupid and unfair for **the <u>rival</u> state channel**.*
5. *Her natural distrust of foreign-looking gentlemen with black moustaches wearing **<u>large</u> fur lined coats** was not to be easily overcome. (Agatha Christie)*
6. *This means that many refugees will now be refused housing and **all other <u>social</u> welfare benefits**.*
7. *They vowed to build **a <u>powerful</u> black political force.***
8. ***<u>French</u> cigarette maker Seita** is considering taking legal action against an American firm.*
9. *A committee of inquiry on **<u>mad</u> cow disease** was formally established on 23 July.*
10. *They were **<u>good</u> quality clothes**.*
11. *She was a woman of sixty odd with **<u>iron</u> grey hair**.*

3. Traduisez.

1. Les ministres des affaires étrangères de l'Union Européenne doivent se rencontrer à Bruxelles la semaine prochaine.
2. Les chaînes de télévision françaises ont dit que la liberté d'expression était menacée.
3. Les chiffres du commerce extérieur allemand ont baissé.
4. Ils veulent des salaires plus élevés et de meilleures conditions de travail.
5. Il est opposé à la nouvelle règlementation du transport aérien.
6. Un nouveau service de trains à grande vitesse reliera Madrid à Barcelone.
7. Le taux de chômage espagnol a augmenté de 1,4 points cette année.
8. Un événement international peu habituel aura lieu en Grèce le 18 Mai.
9. Deux cents jeunes artistes pleins de talent se retrouveront à Athènes.
10. Cette organisation inclut treize états membres de l'Union Européenne.

CHAPITRE 14

EXPRESSION DE LA COMPARAISON

1. COMPARATIF ET SUPERLATIF DES ADJECTIFS

On distingue :

- **Les adjectifs courts (une syllabe ou pour certains deux)**
  Une syllabe : *short*, *slow*, etc.
  Parmi les adjectifs de deux syllabes, certains de ceux qui se terminent en -*er*, -*y*, -*ow*, -*le* : par exemple, *clever*, *easy*, *early*, *happy* (mais aussi *unhappy*), *narrow*, *gentle* et également *quiet*.
- **Les adjectifs longs (trois syllabes et plus)**
  Practical, *comfortable*, etc.

COMPARATIF

Adjectifs courts

-er … than
It is harder than I thought. C'est plus difficile que je ne le pensais.

As … as, not … so … (as)
She's not as fat as she used to be. Elle n'est pas aussi grosse qu'avant.

« De plus en plus »
It's warmer and warmer. Il fait de plus en plus chaud.

Adjectifs longs

More … than
He's more attractive than you are. Il est plus séduisant que toi.

Less … than
He is less attractive than you are. Il est moins séduisant que toi.

« De plus en plus »
She was getting more and more nervous. Elle devenait de plus en plus nerveuse.

SUPERLATIF

Adjectifs courts

The … - est
It's the coldest winter we've ever had.
C'est l'hiver le plus froid que nous ayons jamais eu.

Adjectifs longs

The most
He's the most attractive man I have ever seen.
C'est l'homme le plus séduisant que j'aie jamais vu.

The least
It's the least interesting of all. C'est le moins intéressant de tous.
On trouve aussi *the least* dans les emplois suivants : *Not in the least* (Pas le moins du monde), *This is the least I can do* (C'est le moins que je puisse faire).

EXERCICES

1. Choisissez la réponse qui convient.

1. I would rather starve to death than ...... them to lend me some money.
a) have asked b) ask c) to ask d) to have asked
2. He was so shy ...... all invitations.
a) that to refuse b) as refusing c) as to refuse d) for refusing
3. If workers worked too much, jobs would go, and perhaps the firm ....
a) too b) so c) did d) would
4. The presence of a police squad is more likely to start a riot than ....
a) one stopped b) one stops c) stop one d) stopping one
5. Let us speak the truth ...... we see it.
a) that b) as c) such d) which

2. Mettez l'adjectif entre parenthèses à la forme qui convient.

1. She looks much (well) now!
2. You'd better ask for (far) information.
3. All the dresses fitted her, so she bought (expensive) one as she had to be careful with her money.
4. She felt all (good) as she had been looking forward to it.
5. (hard) you work, (good) you feel.
6. The city is far (busy) now than it used to be.
7. In the summer, melons are not (expensive).
8. The situation has certainly become much (bad) since the beginning of the century.

EXPRESSION DE LA COMPARAISON

ADJECTIFS COURTS OU LONGS ?

- Les adjectifs en *-ful* (*careful*) et *-less* (*careless*) ou *-re* (*obscure*) sont considérés comme des adjectifs longs : *more* (*the most*) *careful / careless…*, *more* (*the most*) *obscure….*
- Les adjectifs en *-ed* (participes passés) sont considérés comme des adjectifs longs : *more tired…*, *the most surprised…*
- Certains adjectifs de deux syllabes peuvent être traités soit comme adjectifs courts, soit comme adjectifs longs : par exemple, *stupid*, *simple*.

Note : Modifications orthographiques

- Les adjectifs en *-y* donnent *-ier* au comparatif et *iest* au superlatif.
- La consonne finale d'un adjectif court est doublée au comparatif et au superlatif, lorsque l'adjectif se termine par une seule consonne précédée d'une seule voyelle accentuée : *hot* **>** *hotter, hottest ; big* **>** *bigger, biggest.*

THE + COMPARATIF, *THE* + SUPERLATIF

Comparaison de deux éléments ou plus

Lorsqu'il y a au moins trois éléments de comparaison on emploie le superlatif. Mais on emploie le comparatif lorsqu'il y a seulement deux éléments de comparaison.

COMPAREZ

a *He is the youngest of her three brothers.*
Il est le plus jeune de ses trois frères.
b *He is the younger of the two brothers.*
C'est le plus jeune des deux frères.

Older, the elder, the eldest (voir p. 174)

« Plus ... plus » ; « Moins ... moins »

On emploie *The* + comparatif (dans ce cas, *the* n'est pas un article).
The + *-er*, *the more* + adjectif, *the less* + adjectif
The older I get, the more interested I am in nature.
Plus je vieillis, plus je m'intéresse à la nature.
Le verbe *be* sera souvent effacé dans ce cas.
The sooner, the better. Le plus tôt sera le mieux.

***The more* + verbe**
The more I see her the less I can stand her.
Plus je la vois, moins je peux la supporter.

***The more* + nom**
The more money you have the more friends you are bound to have.
Plus on a de l'argent, plus on est certain d'avoir des amis.
Notez la construction : le mot sur lequel porte la comparaison (adjectif - *interested* - ou nom - *friends* -) se place directement après *more* (**the more I am interested…*ou **the more you are bound to have friends* sont incorrects).

None the…
She's none the happier for it. Elle n'en est pas plus heureuse pour autant.

Le signe * signifie « phrase agrammaticale »

Notez les expressions
To get the better of someone : triompher de quelqu'un.
To get the better of something : venir à bout de quelque chose.
A change for the better : une amélioration.
So much the better! Tant mieux !
Do the best you can! Faites de votre mieux !
To get the best out of somebody / something : Tirer le maximum de…
Make the best of it : Profites-en au maximum. Tires-en le meilleur parti.
To do something for the best : faire quelque chose pour le mieux.
To be the best of friends : être les meilleurs amis du monde.
All the very best. Avec tous mes vœux.

EXERCICES

1. Choisissez la réponse qui convient.

1. Winston Churchill could speak in plain words and no more than …… .
a) needs b) needed c) it needs d) there needed
2. Thus, …… he had obeyed in the past …… he would obey in the present.
a) so … as b) as … so c) so … so d) as … as
3. No sooner …… the house …… it started raining.
a) has he left … than b) had he left … than c) did he leave … as d) was he leaving … that
4. The president denied the charge, as …… his leading supporters.
a) do b) did c) well d) about
5. What happiness have I ever had so great as …… .
a) be with you b) if I was with you c) being with you d) that I have been with you

2. Traduisez.

1. Lorsque le réveil sonne, j'ai toujours plus envie de dormir que de me lever.
2. Leur piscine est bien plus agréable maintenant.
3. C'est l'un des arbres les plus grands de la forêt.
4. Par la taille, nous sommes la deuxième région productrice d'olives.
5. Si tes chaussures n'étaient pas aussi grandes, tu pourrais me les prêter.
6. Je crois que cet été est beaucoup plus sec que l'été dernier, tu ne trouves pas ?
7. Ses peintures sont de loin les moins intéressantes du musée.
8. Plus le jour de l'éclipse approchait, plus on se demandait si la fin du monde aurait lieu.
9. Plus je te regarde et moins je trouve que tu ressembles à ton père.

EXPRESSION DE LA COMPARAISON

COMPARATIFS ET SUPERLATIFS IRRÉGULIERS

good (well)	*better*	*the best*
bad	*worse*	*the worst*
far	*further (distance/time) farther (distance)*	*the furthest, the farthest*
old	*elder* (aîné)	*the eldest* (l'aîné)
little	*less*	*the least*
much	*more*	*the most*

Notez : *Older, the elder, the eldes*

On utilise *elder / the eldest* au lieu de *older / the oldest* lorsqu'on veut insister sur l'ordre de naissance dans une famille. *Elder* s'emploie lorsqu'il y a seulement deux éléments de comparaison et *eldest* lorsqu'il y en a plus de deux.

My elder sister. Ma sœur aînée. (> deux sœurs).

The eldest of the four brothers. Le plus âgé des quatre frères.

Elder / the eldest sont toujours suivis de noms ou de *of* + pronom : on n'emploie pas * *she's elder than me* (incorrect) ; on dit *she's older than me*.

AS, MORE

As

COMPAREZ

a *She is as silly as her brother.*

Elle est aussi bête que son frère.

b *She is so silly as to ignore him.*

Elle est assez bête pour faire comme s'il n'était pas là.

Dans les deux cas il y a présence d'un adjectif, mais alors que *as ... as* établit une comparaison, *so ... as to* exprime la conséquence.

Would you be so kind as to pass me the salt please?

Auriez-vous l'amabilité de me faire passer le sel, s'il vous plaît ?

More

COMPAREZ

a *I've got no more cards after this one.* (*more* est ici quantifieur.)

Je n'ai plus de cartes après celle-ci.

b *He's no more able to repair his computer than I am.* (*I* est accentué.)

Il n'est pas plus capable que moi de réparer son ordinateur.

All the more, all the more so

Her remarks were all the more interesting because (since) they were spontaneous.

Ses remarques étaient d'autant plus intéressantes qu'elles étaient spontanées.

La deuxième proposition est introduite par *because*, *since* et parfois (plus rarement) par *as*.

L'adjectif peut être repris par *so* :

Her remarks were very interesting, all the more so because they were spontaneous.

Ses remarques étaient très intéressantes, d'autant plus qu'elles étaient spontanées.

No / any + better / worse

I'm no better than you, aren't I?

Je ne vaux pas mieux que toi, on dirait !

Are those shoes any better?

Est-ce que ces chaussures sont mieux ?

EXERCICES

1. Choisissez la réponse qui convient.

1. *The action taken is more likely to irritate the workers than ....*
   a) calm them down b) calming them down
   c) having calmed them down d) having them calmed down
2. *Which of these two brands is ...... one?*
   a) stronger b) the strongest c) strongest d) the stronger
3. *...... electoral campaign promises are forgotten, ...*
   a) The quicker ... the better b) Quicker ... the better
   c) The quickest ... the best d) Quickest ... the best
4. *I read his letter, ... can be imagined, with some surprise.*
   a) like b) as c) how d) though

2. Traduisez.

1. Plus il y a de films américains à la télévision britannique et plus les jeunes anglais ont un accent américanisé.
2. La corruption gagne de plus en plus de terrain *(to gain ground)* en Russie.
3. Pour quelques dollars de moins, vous pouvez avoir ce modèle tout aussi efficace.
4. Ils sont restés moins longtemps que nous au Canada.
5. Je trouve les hommes politiques de moins en moins intéressants.
6. Sean Connery a dit que l'ouverture du parlement écossais était pour lui le jour le plus important de sa vie.
7. Beaucoup plus encore que le cinéma, il aimait la bonne chère *(good food)*.
8. Je ne suis pas sûr que je sois plus capable que toi de traduire cette phrase.

2. COMPARATIFS ET SUPERLATIFS DES ADVERBES

Ils se forment comme pour les adjectifs.

Adverbes courts

Pour la plupart : comparatif en *-er* et superlatif en *-est*.
Fast, soon, early, late, hard, long, near, well, far (voir comparatifs et superlatifs irréguliers p. 174), ainsi que dans un registre informel : *loud, slow* et *quick*.
You should have come earlier.
Tu aurais dû venir plus tôt.

Adverbes longs

On forme le comparatif avec *more* et le superlatif avec *most*.
You should come here more regularly.
Tu devrais venir plus régulièrement.

3. AUTRES TERMES DE COMPARAISON

Also, too, as well

Ces expressions s'emploient dans des énoncés affirmatifs.
She does the washing and also does the cooking.
She does the washing and she does the cooking too.
Elle fait la lessive et aussi la cuisine (et la cuisine aussi).
Notez la différence de position dans l'énoncé de *also* et *too*.
She does the cooking too. Elle fait aussi la cuisine.
She too, does the cooking. Elle aussi, (elle) fait la cuisine.
Too s'emploie également dans des réponses courtes.
She does the cooking, I do too / me too. Elle fait la cuisine, moi aussi.
As well s'utilise comme *too*.
I've seen that film as well équivaut à *I've seen that film too.* J'ai vu aussi ce film.

Neither … nor

He was neither handsome nor very clever. Il n'était ni beau ni très intelligent.

Not … nor

She didn't come on Thursday, nor on Friday.
Elle n'est pas venue jeudi, ni vendredi non plus.
En début de phrase, *nor* est suivi d'une inversion auxiliaire-sujet-verbe (voir chapitre 3 : Types d'énoncés, p. 46).
He did not turn up. Nor did he apologize.
Il n'est pas venu. Il ne s'est pas excusé non plus.

Not … either

He doesn't do the washing, but he doesn't do the cooking either.
Il ne fait pas la lessive mais il ne fait pas la cuisine non plus.
Either s'emploie dans une phrase négative.

So, neither, et les réponses courtes

a - *I said he was wrong.*
- *So did I.* Moi aussi.

b - *I didn't say anything.*
- *Neither did I / I didn't either / Me neither.* Moi non plus.

On emploie *So* lorsque l'énoncé précédent est positif et *neither* ou *not … either* lorsqu'il est négatif (voir aussi p. 56).

Neither, Either, Whether et l'alternative

Neither : ni l'un ni l'autre.

Neither twin managed to find a job that paid well.
Aucun des jumeaux n'a réussi à trouver un travail bien payé.

Either : l'un ou l'autre

As I am both American and Spanish, I can chose either passport when I travel.
Comme je suis américain et espagnol, je peux choisir n'importe lequel des deux passeports quand je voyage.
Neither et *either* s'emploient pour un ensemble de deux éléments et sont suivis du singulier.

Whether

Whether s'emploie dans des questions indirectes. Il n'est pas toujours suivi de *or* ... qui peut être sous-entendu. Il peut être remplacé par *if*.
I wonder whether / if she understood what I meant (or not).
Je me demande si elle a compris ce que je voulais dire.

EXERCICES

1. Choisissez la réponse qui convient.

1. He'd told him not to get married, and ....
a) so would I b) so did I c) so was I d) so had I
2. "I can't go out tonight" "...... can I".
a) So b) Either c) Neither d) Also
3. ...... people than usual attended the concert.
a) So few b) Little c) Fewer d) So many
4. He is ...... arrogant ...... everybody flatters him.
a) all the more ... since b) as much ... as c) so much ... that d) so ... as
5. ...... he goes to bed, the more tired he is.
a) As late as b) Late c) The last d) The later
6. I don't pity him! He earns ...... as I do.
a) three more times b) three as many times c) three times as much d) three times as many

2. Traduisez.

1. Moins je mange de viande, plus je mange de fruits.
2. Et moi, plus je mange de viande, moins j'aime les fruits.
3. Elle a beaucoup d'argent, mais elle n'en est pas plus heureuse pour autant.
4. C'est un grand changement certes, mais c'est pour le mieux.
5. Ne vous en faites pas ; faites du mieux que vous pourrez !
6. Après tout ce qu'ils ont traversé, ils sont devenus les meilleurs amis du monde.
7. Bon séjour et profites-en au maximum !
8. J'irai le plus loin possible et tant mieux si j'arrive à l'oublier !
9. L'autre bout *(end)* du village, c'est le plus loin où je sois jamais allée.
10. L'aîné de ses deux fils a dit qu'il ne voulait pas se marier.

EXPRESSION DE LA COMPARAISON

LIKE OU *AS* ?

***Like* et *as* indiquent tous deux la comparaison. On rapproche souvent *as* et *like*, mais ces deux mots correspondent à des opérations différentes.**

- **Avec *like*, les deux objets comparés restent différents et ont chacun leur existence propre.**

He addressed the crowd like a senator. Il s'adressa à la foule comme un sénateur.
Il parla comme un sénateur (qu'il n'était pas).

- **Avec *as*, les deux termes sont identifiés l'un à l'autre.**

He addressed the crowd as a senator. Il s'adressa à la foule en tant que sénateur.
He et *senator* sont identifiés comme étant la même personne.

Like + nom ou groupe nominal

Mary, like most students, works late at night.
Mary, comme la plupart des étudiants, travaille tard le soir.

Like + les cinq sens

Avec les verbes *sound, smell, taste, feel* et *look*, la comparaison est introduite par *like*. La traduction française est : « on dirait », « cela ressemble à ».
You sound like my grandmother. On dirait ma grand-mère (= quand tu parles).
It feels like silk. On dirait de la soie (= au toucher).

As + proposition

Mary works late at night as all her friends do.
Mary travaille tard le soir comme (le font) tous ses amis.
Dans un registre plus littéraire, *as* est suivi d'une inversion auxiliaire - sujet.
Mary works late at night, as do most students.
Mary travaille tard le soir, comme le font la plupart des étudiants.
Dans la langue parlée informelle, il est fréquent de rencontrer *like* au lieu de *as*.
Like they say, better late than never (*As they say* est plus correct).
Comme on dit, mieux vaut tard que jamais.

Attention

Ne pas confondre *as* de comparaison avec *as* causal et *as* temporel.
As she didn't speak English, she couldn't read the sign : valeur causale.
Comme elle ne parlait pas anglais, elle ne put pas lire le panneau.
As I was closing the door, I heard the telephone : valeur temporelle.
Comme je fermais la porte, j'entendis le téléphone.

As if / as though : comme si

She behaves as if she owned the place. Elle se comporte comme si elle était chez elle.
***As if* et *as though* sont du domaine de l'hypothétique et opèrent une rupture avec la réalité : ces deux expressions sont suivies du prétérit modal (voir chapitre 4 : Prétérit Modal).**
***Like*, en revanche n'a pas de valeur hypothétique : il n'est pas suivi du prétérit modal.**
It looks like it's going to rain. On dirait qu'il va pleuvoir.

As et les propositions elliptiques

Après *as*, le complément introduit par *in* ou *on* peut être elliptique du sujet et du verbe.
They don't drive here as in London (= as they do in London).
On ne conduit pas ici comme à Londres.
C'est donc *as* qu'il faut employer dans ce cas.

• *As* introduit également un complément après les verbes *consider, regard, see, describe, strike.*
I regard them as most humane people. (*Most* est ici proche de *very.*)
Je les considère comme des gens très humains.

• *Such as*
Endangered species such as bears have been reintroduced in the Pyrenees.
Des espèces en voie de disparition comme les ours ont été réintroduites dans les Pyrénées.
Such as introduit un exemple ou une énumération. *Like* est parfois employé dans ce cas.

EXERCICES

1. Choisissez la réponse qui convient.

1. *We haven't got so many cows as ....*
   a) Farmer Giles does b) Farmer Giles as well c) Farmer Giles's d) Farmer Giles has
2. *I like her as much as ....*
   a) does he b) he does c) him too d) he does so
3. *She did her job well, ... could be expected.*
   a) like b) how c) so d) as
4. *We've got enough problems ....*
   a) that there are b) as it is c) as they are d) so it is
5. *The crops were much more abundant than ....*
   a) was expected to be b) were expected c) were expected to be d) was expected

2. Traduisez.

1. Il n'est pas assez bête pour lui offrir un verre.
2. Ils ne sont pas assez forts pour battre l'équipe anglaise.
3. Je n'ai pas plus de courage que toi.
4. Contrairement à ce qu'il croyait, Christophe Colomb n'a pas découvert les Indes.
5. Ni la France ni l'Allemagne n'ont pu proposer une politique de l'emploi idéale.
6. William est plus grand que ses trois frères, il me semble.
7. La dernière fois que j'ai vu le jeune prince, j'ai trouvé qu'il ressemblait à sa mère.
8. Cela vous aiderait un peu à élargir l'éventail *(scope)* de vos capacités.
9. - Tiens, le festival d'Edimbourg a lieu un peu plus tard que d'habitude, me semble-t-il.
10. - Je ne sais pas ; en tous cas, il accueille de plus en plus de visiteurs.
11. Nous n'avons pas pu y aller l'année dernière, ni cette année non plus.
12. Moi non plus, je n'y suis pas allé, contrairement aux années précédentes.
13. Je me souviens, la première année, à peine étions-nous arrivés qu'il s'est mis à pleuvoir.

EXPRESSION DE LA COMPARAISON

UNLIKE, WHEREAS

Ils indiquent l'opposition.

Unlike, as opposed to (+ nom ou groupe nominal)

Unlike Paul, most students work late at night.

À la différence de Paul, la plupart des étudiants travaillent tard le soir.

As opposed to Philosophy, Mathematics is a science.

Contrairement à la philosophie, les mathématiques sont une science.

Whereas, while (+ proposition)

Paul doesn't work late at night, whereas / while most students do.

Paul ne travaille pas tard le soir, alors que la plupart des étudiants le font.

Notez que *while* a aussi une valeur temporelle
(voir chapitre 2 : Relations temporelles).

NO SOONER … THAN, HARDLY … WHEN

He had no sooner arrived than he decided to give up his new job.

No sooner had he arrived than he decided to give up his new job.

Hardly had he arrived when he decided to give up his new job.

Il n'était pas plus tôt arrivé qu'il décida d'abandonner son nouveau travail.

Ces trois énoncés sont équivalents ; on remarque l'inversion sujet-auxiliaire lorsque le terme restrictif ou négatif (*no sooner* ou *hardly*) est placé en tête. (Voir chapitre 3 : Types d'Énoncés - Énoncés emphatiques)

SAME, DIFFERENT

COMPAREZ

a *He is the same age as his wife.*

Il a le même âge que sa femme.

The same … as **: pour comparer deux éléments distincts qui se ressemblent.**

b *She's wearing the same hat that she had last year.*

Elle porte le même chapeau que l'an dernier.

The same … that **: il s'agit d'un seul et même élément. *That* est pronom relatif, il introduit une proposition relative.**

He is different from what he used to be. Il est différent de ce qu'il était.

Different **est parfois également suivi de *to* ou de *than*.**

OTHER, ELSE, RATHER + THAN

Ils se construisent aussi avec *than*.

I don't want any other book than this one.

Je ne veux aucun autre livre que celui-ci.

I couldn't think of anything else than that.

Ou également : *I couldn't think of anything else but that.*

Je n'ai pu penser à rien d'autre qu'à cela.

You should phone her rather than keep her waiting.

Tu devrais lui téléphoner plutôt que de la faire attendre.

EXERCICES

1. Choisissez la réponse qui convient.

1. *I did not believe her, and you wouldn't have believed her ....*
   a) too b) aso c) no more d) either
2. *As no one knows the case as fully as ...... , no one but he can explain the circumstances in detail.*
   a) he does b) he is c) he knows d) himself
3. *His complaints are the same ...... last month*
   a) that b) as c) than d) from
4. *No sooner ...... the party finished.*
   a) he had arrived when b) had he arrived than c) did he arrive after d) arrived

2. Traduisez.

Comme tous les matins, Miss Brittle ouvrit toutes les fenêtres de sa petite maison. Chaque matin, elle faisait les mêmes gestes, les mêmes pas. La veille pourtant, elle s'était couchée un peu plus tard. Ce matin-là, elle s'était levée un peu plus tôt. Ce 11 août devait être différent des autres jours : Arthur, le plus jeune de ses deux frères qu'elle n'avait pas vu depuis vingt-cinq ans, lui avait écrit quelques jours plus tôt pour lui annoncer sa visite.
Arthur ! Elle se souvint de la dernière fois qu'ils s'étaient vus, de cette rencontre qu'elle avait bien cru être la dernière. C'était bien plus tard dans l'année, au mois de novembre précisément, il faisait froid. Il lui avait annoncé sa décision d'aller vivre dans un monastère tibétain, à l'autre bout du monde : elle crut qu'elle ne le reverrait jamais plus.
Contrairement à leur autre frère Wilson, elle n'avait pas condamné cette décision. Certes, elle était l'aînée des trois enfants, et peut-être cela lui donnait-il une plus grande responsabilité vis à vis de ses deux jeunes frères (Wilson, l'aîné des deux, avait onze ans de moins que Miss Brittle). Au contraire, Miss Brittle pensait qu'elle devait être d'autant plus tolérante. Avec les années, Wilson était devenu plus intransigeant (uncompromising), alors que Miss Brittle comprenait de mieux en mieux la décision d'Arthur. Wilson avait même dit qu'il ne voulait plus entendre parler de son cadet, l'accusant de la mort de leur vieille mère, décédée à peine sept jours après le départ d'Arthur.
Comme très certainement leur défunte mère l'aurait fait, Miss Brittle essaya de convaincre Wilson que ce départ n'avait aucunement abrégé la vie de Mrs Loveheart. Un jour, Wilson avait dit à sa sœur aînée : «Arrête de parler ainsi, on dirait notre pauvre mère !» Il trouvait par ailleurs que son jeune frère n'avait pas assez profité de la vie et qu'il aurait été bien plus heureux s'il avait épousé leur cousine Emma.
Pourtant, s'il avait été un peu plus sincère avec lui-même, il aurait pu avouer qu'il avait lui même demandé la main d'Emma, ce qu'il n'avait jamais dit à personne, et qu'elle la lui avait refusée. Elle était même allée jusqu'à lui dire que c'était «son cher Arthur» qu'elle aimait le plus.
Plus l'heure de l'arrivée d'Arthur se rapprochait, plus Miss Brittle était émue et moins elle s'imaginait à quoi il devait ressembler après tant d'années : serait-il le même petit homme qu'il avait toujours été ? «Je me demande s'il va me reconnaître,» se dit-elle. Elle ne pouvait penser à rien d'autre qu'à ce jeune enfant qu'il avait été, «le plus intelligent et le plus beau de nous trois». Bientôt, elle pourrait le serrer dans ses bras comme elle le faisait autrefois, il y avait si longtemps.

EXPRESSION DE LA COMPARAISON

QUANTITÉ ET COMPARAISON

	Nom indénombrable	**Nom dénombrable pluriel**
Autant de	*He's got as much money as his brother.*	*He's got as many friends as his brother.*
Pas autant de	*He hasn't got as much money as his sister.*	*He hasn't got as many friends as his brother.*
Moins de	*He's got less money now.*	*He's got fewer friends.*
Plus de	*He's got more money.*	*He's got more friends.*
De plus en plus de	*He makes more and more money.*	*He sees more and more people.*
De moins en moins de	*There's less and less wind.*	*There are fewer and fewer people.*
Deux fois plus	*He earns twice as much as I do.*	*There were twice as many people as yesterday.*
Deux fois moins	*He earns half as much as I do.*	*There were half as many people.*
X fois plus	*He earns ten times as much as I do.*	*There were ten times as many people.*

Far / Much + comparatif

Les adverbes *far* et *much* peuvent intensifier un adjectif ou un adverbe au comparatif (voir aussi chapitre 5, p. 98-99).

This is much / far better than I expected.
C'est beaucoup mieux que je ne pensais.

> TRADUCTION : SYNTAXE ET LEXIQUE DE LA COMPARAISON

Last ou *latest* ?

COMPAREZ

a *Her last book was to be published on the very day she died.*
Son dernier livre devait être publié le jour même de sa mort.
***Last* : le dernier, celui qui met un point final à une liste ou une série, etc.**
b *She always dressed in the latest fashion.*
Elle était toujours habillée à la dernière mode.
***Latest* : le plus récent.**

Last ou *the last* ?

COMPAREZ

a *The last time I saw her, I thought she had changed a lot.*
b *When I saw her last, I thought she had changed a lot.*
La dernière fois que je l'ai vue, j'ai trouvé qu'elle avait beaucoup changé.

Superlatifs et ordinaux

Texas is the second largest state in the United States after Alaska.
Le Texas est le deuxième état des États Unis par la taille après l'Alaska.

EXERCICES

1. Reformulez les énoncés en employant des termes de comparaison.

1. *She feels very lonely because nobody ever visits her.*
   She feels ....
2. *My parents came; my sister came too.*
   My parents came and ....
3. *She liked the film; all my friends liked the film.*
   She liked the film ....
4. *I thought he was wrong but I never said he was wrong.*
   I thought he was wrong but I never ....
5. *I didn't say anything; he didn't say anything.*
   I didn't say anything and he ....
6. *My brother doesn't like swimming whereas my sister does.*
   .... *my brother, my sister* ....
7. *They were expected to win and they won.*
   They won ....
8. *We never forgave her; she never forgave us.*
   We never forgave her and she ....
9. *He speaks Dutch very well. She doesn't speak any foreign languages.*
   He speaks Dutch very well ....
10. *If you earn a lot of money, you spend a lot of money too.*
    ....

2. Traduisez.

1. Moi, je ne suis pas assez bête pour prendre le risque de me mouiller.
2. Tu as trois fois plus de chances de trouver de la pluie en Bretagne.
3. Oui, mais toi, tu comprends l'anglais, alors que moi je n'en connais pas un mot.
4. Le plus jeune de mes deux frères voudrait bien y aller.
5. Mais comme tous les étudiants, il trouve que c'est de plus en plus cher.
6. Oui, j'ai l'impression que les prix ont augmenté depuis quelque temps.
7. En même temps, il est difficile d'améliorer la qualité en gardant toujours les mêmes prix.
8. Je crois que le concert d'ouverture était le même cette année que l'année dernière.
9. Non, c'est impossible, il a dû être différent de celui de l'an dernier !
10. Quoi qu'il en soit, c'est sans aucun doute le meilleur festival de Grande Bretagne.
11. Oui, je suis d'accord, je ferai de mon mieux pour y aller plus souvent.

CHAPITRE 15

MOTS COMPOSÉS, MOTS DÉRIVÉS

1. ADJECTIFS COMPOSÉS

Dans un mot composé, c'est le 2e mot qui est le plus important.
Le 1er élément permet de préciser le sens du 2e.
Le 1er mot ne se met jamais au pluriel car il joue le rôle d'un adjectif.
Aucune marque de pluriel n'apparaît dans l'adjectif composé.
Il existe plusieurs types de formation des adjectifs composés.

ADJECTIF COMPOSÉ AVEC VERBE

Le verbe peut être en **-*ing*** : sens actif
en **-*ed*** : sens passif (**-*ed*** est ici le symbole du participe passé).

Nom	Adjectif (ou adverbe)	Verbe	-*ing*	-*ed*	
heart		*break*	*-ing*		> *a **heart-breaking** story (a story which breaks one's heart)*, une histoire qui fend le cœur
	hard	*work*	*-ing*		> *a **hard-working** student (a student who works hard)*, un étudiant qui travaille dur
home		*make*		-ed (*made*)	> *a **home-made** cake (a cake which is made at home)*, un gâteau fait maison
	wide	*spread*		-ed (*spread*)	> *a **widespread** problem (a problem which is widely spread)*, *un problème largement répandu*

Remarque
A ***well-behaved*** *child* est une exception, car **-*ed*** n'a pas ici un sens passif :
a child who behaves well. Un enfant qui se comporte bien, (un enfant bien élevé).
De même : *a **well-read** student* (un étudiant cultivé), *a **well-spoken** person* (une personne qui sait s'exprimer).

ADJECTIF COMPOSÉ SANS VERBE

Adjectif - nom **-*ed***	**Caractérisation de la personne** (ou de l'objet) *a **flat-footed** man*, un homme aux pieds plats. *a **dark-haired** girl*, une fille aux cheveux noirs.
Adjectif - nom	**Durée et distance** *a **five-year** sentence* > *a five years' sentence* (cas «possessif»), (voir p. 140) une peine de prison de cinq ans
Adjectif - nom - adjectif	**Expression de l'âge** *a twenty-year-old girl* (pas de marque de pluriel), une fille de vingt ans, > *she is twenty years old* (*years* est ici au pluriel).
Nom - adjectif	*a **world-wide** problem*, un problème mondial *a **waterproof** coat*, un manteau qui protège contre l'eau *a **sea-green** shirt (a shirt which is the same green as the sea)*, une chemise d'un vert comme la mer.

EXERCICES

1. Choisissez la réponse qui convient.

1. *He was not accepted because he ...... flat ....*
   a) had ... foot b) was ... feet d) was ... -footed
2. *He has always been self ....*
   a) employee b) employing c) -employed
3. *Texas Air Corp. was a ...... airline two years ago.*
   a) debts burden b) debt-burdened c) debts burdening
4. *He was a tall youth of 18, ...*
   a) broad-shouldered and fair-hair b) broad shoulders and fair hair
   c) broad-shouldered and fair-haired

2. Complétez avec un adjectif composé.

1. *A girl with long hair is .... girl..*
2. *Trees which grow quickly are .... trees.*
3. *A person who means well is .... person.*
4. *People who have bad tempers are .... people.*
5. *Glasses with gold rims are .... glasses.*
6. *A boy who has good looks is a .... boy.*
7. *A person who abides by the law is a .... person.*
8. *A plateau swept by the wind is a .... plateau.*
9. *People who speak English are .... people.*

3. Réécrivez les passages entre parenthèses de façon à inclure un adjectif composé en *-ing* ou en *-ed*.

Ex. : *This campaign is (for raising funds).* **>** *It's a fund-raising campaign.*

1. *They discovered (material for making bombs) in London.*
   > *They discovered ....*
2. *The organisation (does not make profits).*
   > *It's ....*
3. *This car (looks expensive).*
   > *It's ....*
4. *He's (addicted to drugs).*
   > *He's ....*
5. *This activity is (oriented towards a goal).*
   > *It's ....*
6. *The trip is (sponsored by the school).*
   > *It's ....*
7. *The government (will appoint him officer).*
   > *He will be ....*
8. *This building has air-conditioning.*
   > *It's ....*

4. Traduisez en utilisant un adjectif composé.

1. C'est une maladie liée *(to relate)* au stress.
2. C'est une école financée *(to support)* par l'état.
3. Elle portait une chemise à manches longues.
4. C'est une entreprise basée à Londres.
5. Ce sera une réunion d'une heure.
6. C'est une femme de 25 ans.
7. Il a rencontré une brune aux yeux verts.
8. C'est un voyage de 24 heures.
9. Il portait une chemise à rayures rouges.

2. NOMS COMPOSÉS

Le 1er élément permet de préciser la fonction ou certaines caractéristiques de l'objet ou de la personne placés en 2e position. Certains composés s'écrivent en deux mots, d'autres en deux mots reliés par un tiret ou bien en un seul mot (cela varie parfois d'un dictionnaire à l'autre).

Quel type de relation entre les deux termes ?
Les noms composés indiquent qu'il y a une relation permanente entre le 1er terme et le 2e.
On ne peut pas former un nom composé si la relation entre les deux termes n'est valable que dans une situation particulière.

Remarque
Le problème des composés est complexe ; nous en donnons un tableau simplifié.

1. *What does he / it do?* *What's his / her job?*	*a school-leaver (he leaves school),* un élève qui a fini ses études *a record player (it plays records),* un tourne-disques *a window cleaner (he cleans the windows),* un laveur de carreaux *a moviegoer (he goes to the movies),* un cinéphile
2. *What is it for?*	*a letterbox (a box for letters),* une boîte à lettres *a warship (a ship they use at war),* un bateau de guerre
3. *What sort of?*	*a cotton dress,* une robe en coton *the television screen,* l'écran de télévision *a manservant,* un domestique *(a servant who is a man)*
4. B = A : identité	*a girlfriend (a friend who is a girl)*
5. Activité (forme -*ing*)	*daydreaming* *(to be dreaming in the day-time),* rêvasserie

EXERCICES

1. Relevez les mots composés (noms ou adjectifs) et traduisez les énoncés.

1. They are waiting nervously for the ticket holders.
2. The schools are taxpayer-funded.
3. One of the country's largest homeless shelters will close down next week.
4. A boy of 12 was found by a helicopter rescue crew in an all-night search.
5. The country's first cardboard school classroom is to be built at Westborough Primary School next year.
6. Unskilled girls had to be employed because of wartime manpower shortages.

2. Formez des mots composés (au total 11) en associant un élément de **A** à un élément de **B**. (Certains éléments peuvent servir plusieurs fois) Utilisez ces mots pour traduire les énoncés donnés.

A: *dead, earth, horse, make , out , over, race, spoke(s), word.*
B: *come, line, man, night, racing, take, track, processor, quake, throw, up, worked.*

1. Un porte-parole a déclaré que le gouvernement était content de ce dénouement.
2. Leur discussion a porté sur les courses de chevaux.
3. On leur a donné un nouveau délai.
4. As-tu essayé d'utiliser mon traitement de texte?
5. Il est surmené.
6. Le tremblement de terre de la semaine dernière n'a pas causé beaucoup de dégâts.
7. Il préfèrerait être sur le champ de courses.
8. Il est submergé par la joie.
9. Ne double pas ce camion!
10. C'est arrivé du jour au lendemain.
11. Son gouvernement a été renversé en mai dernier.

3. MOTS DÉRIVÉS

Il existe des transformations par ajout de suffixes.
Il convient de lire le tableau par lignes, de gauche à droite.
Les mots dérivés apparaissent en gras.

Verbe	Nom concret	Nom abstrait	Adjectif	Adverbe
-en	*-er* *-or / -ess*	*-ion* *-ance* *-ness* *-ship* *-hood* *-sm* *-al*	*-ive* *-able* *-ly* *-ful* *-less* («sans») *-ic* *-ish*	*-ly*
Drive	***driver***			
Act	***actor / actress***	***action***	***active***	***actively***
attract		***attraction***	***attractive***	***attractively***
accept		***acceptance***		***acceptably***
		happiness	*happy*	***happily***
	friend	***friendship***	***friendly***	
		help	***helpful / helpless***	***helpfully***
succeed		***success***	***successful***	***successfully***
		pain	***painful***	***painfully***
	home	***homelessness***	***homeless***	
	job	***joblessness***	***jobless***	
		enthusiasm	***enthusiastic***	***enthusiastically***
	child	***childhood***	***childish***	***childishly***
brighten		***brightness***	*bright*	***brightly***
deafen		***deafness***	*deaf*	
lengthen		***length***	*long*	***lengthily***
shorten		***shortness***	*short*	***shortly***
widen		***width***	*wide*	***widely***
refuse		***refusal***		
thicken		***thickness***	*thick*	

EXERCICE

1. Complétez avec un mot de la même famille que celui donné entre parenthèses.

1. He had never seen so (picture) .... a person as Carlos Ginto.
2. She did not look very (comfort) .... She would twist her hands in a very (schoolgirl) .... way.
3. It's all (fright) .... exciting!
4. "It's annoying to be as (help) .... as I am," she complained.
5. She smiled at him with sudden (tender) ....
6. Jacky had been running. He was (breath) ....
7. Edgar is very sensitive about his (high) .... even though he is safely in the middle range. He has put on (weigh) .... in recent years.
8. He's wearing a (shape) .... suit that might belong to anybody.
9. He's (madden) .... respectable!
10. The wind is expected to (strong) .... into a (tropic) .... storm tomorrow. It may (threat) .... Western Japan as a typhoon early next week.
11. Forty-year-old train (carry) .... used on some of the country's busiest (commute) .... lines are to be phased out over the next five years.
12. Middle-class families are said to be particularly oriented towards (perform) .... , (archieve) .... and (person) .... (fulfil) ....
13. Some (science) .... revealed yesterday that (teenage) .... worked with (dead) .... substances in Britain during the Second World war because of a (short) .... of trained personnel.
14. When children arrive at (second) .... school, (night) .... homework shouldn't be a shock. Yet only (recent) .... , Durham University produced a report claiming that (day) .... homework is bad for children.
15. (Préfixe négatif Literate) .... is one of the scourges of our time.
16. A new vaccine that could avert hundreds of (die) .... from meningitis will be (avail) .... in the autumn.
17. We have no (choose) .... but to increase the price of our services to compensate for the (lose) .... of profits.
18. Your interest has (weak) .... You ought to (broad) .... your horizons.
19. He has a (deceive) .... gaze which I hate.
20. When he grew into (man) .... , he proved to be (préfixe négatif -rely) ....

CHAPITRE 16

LES PROPOSITIONS SUBORDONNÉES RELATIVES

LES PRONOMS RELATIFS

Le choix du pronom relatif dépend de :
- la fonction du pronom dans la relative
- la nature de la relative.

LES DEUX TYPES DE RELATIVES

COMPAREZ

a *The person who wrote this book is very talented.*
La personne qui a écrit ce livre a beaucoup de talent.
Il s'agit de la personne qui a écrit ce livre et pas d'une autre.
La relative détermine, (particularise) *person*.
La relative déterminative est nécessaire à la détermination de l'antécédent et donc à la bonne formation de l'énoncé.

b *That man, who is sitting next to you, is a very famous actor.*
Cet homme, qui est assis près de toi, est un acteur très célèbre.
La relative appositive ou descriptive apporte une précision «accessoire».
On pourrait la supprimer car elle n'est pas «nécessaire au sens». On pourrait dire : *That man is a very famous actor.* Ce type de relative est souvent précédé d'une virgule.

RELATIVES DÉTERMINATIVES (RESTRICTIVES)

Who / which ou *that* dans les relatives déterminatives ?

Who et which font un commentaire sur l'antécédent

The boy who arrived yesterday is my son.
Le garçon qui est arrivé hier est mon fils.
What's the title of the film which is on at the Odeon?
Quel est le titre du film qui se joue à l'Odéon ?

***That* développe l'antécédent**

He is the kind of man that will never do any housework.
C'est le genre d'homme qui ne fait jamais de travaux ménagers.
That permet d'isoler un élément ou une classe d'éléments *(a man who will never do any housework)* pris dans un ensemble *(men)*.

***The only, all, the first, the last* (et les superlatifs de façon générale)**

Ils ont le plus souvent un sens restrictif ; on les emploie avec *that* ou ø car ils sont compatibles avec le type d'opération décrite pour *that.*
This is the most intelligent person (that) I have ever met.
C'est la personne la plus intelligente que j'aie jamais rencontrée.
He gave me all (that) he had. Il m'a donné tout ce qu'il avait.

EXERCICES

1. Complétez en choisissant parmi les réponses proposées.

1. ...... I want to tell you is important.
a) Which b) What c) That d) ø
2. That pupil, ... father died last year, is very bright.
a) what b) whose c) that d) which
3. The gangsters' car is the only thing ...... I have seen.
a) who b) whom c) ø d) which
4. The Empire State Building used to be the highest building ...... stood in New York.
a) what b) ø c) that d) who
5. The pretty girl ...... works in this office is my sweetheart.
a) which b) whom c) who d) ø

2. Reliez les phrases suivantes par un relatif. Certaines modifications peuvent être nécessaires. Il peut y avoir plusieurs possibilités.

1. Lord Hiccough bought a pure bred horse from a Spanish bull fighter last month.
He now intends to buy a bull.
2. The war of attrition has now come to a close.
It lasted for over 2 years.
3. A statue has finally disclosed its 2,000-year-old message.
Its hieroglyphs had remained a mystery until recently.
4. The Nondescript have released a new album.
It sounds promising. Their first album had been a great hit.
5. A ceremony was to be held in memory of Lord Toad.
It had to be cancelled after revelations were made about his son's private life.

3. Traduisez.

1. Cette semaine, qui a vu la Bourse *(Stock Exchange)* s'effondrer, restera dans nos mémoires.
2. Je voudrais parler à tous ceux qui ont vu l'animal pour la dernière fois.
3. Certains des gens interrogés, qui n'avaient pas assisté aux événements, avaient peur de répondre.
4. Le parapluie qui a servi à la reine lors de sa visite est exposé au musée.
5. Il y a beaucoup de gens qui croient que le nouveau millénaire va être spirituel.
6. Cette lampe, que j'ai payée une fortune, ne marche pas !
7. Celui qui sait ne parle pas. Celui qui ne sait rien parle.
8. Cette photo représentait le seul moment qu'ils avaient passé ensemble et qu'ils n'oublieraient jamais.
9. C'était la dernière fois que le roi devait faire un discours.

LES PROPOSITIONS SUBORDONNÉES RELATIVES

RELATIVES APPOSITIVES (DESCRIPTIVES)

Who (humains) et *which* (autres) indiquent la reprise d'un terme dont l'existence est déjà connue et effectuent un commentaire sur ce terme.
The film, which was a very low budget one, won two Oscars.
Le film, qui a été tourné avec un petit budget, a gagné deux Oscars.
Dans ce type de relative, *that* est impossible.

LE PRONOM RELATIF EST SUJET

Dans les relatives déterminatives

On emploie *who, which* et *that* lorsque le pronom est sujet.

Dans les relatives appositives

On emploie *who* et *which* lorsque le pronom est sujet. On n'emploie pas *that.*

LE PRONOM RELATIF EST COMPLÉMENT

Dans les relatives déterminatives

On emploie *whom* (personnes), *who* (personnes), *which* (autres), *that* ou ø (*that* effacé) lorsque le pronom est complément.
Tell me the story that you heard the other day (which you heard the other day).
Raconte-moi l'histoire que tu as entendue l'autre jour.
Is that the girl you met during the holidays?
Is that the girl whom / that you met during the holidays?
Est-ce la fille que tu as rencontrée pendant les vacances ?
Show me the book you bought this morning.
Show me the book which / that you bought this morning.
Montre-moi le livre que tu as acheté ce matin.

Dans les relatives appositives

That est impossible dans les relatives appositives.
This girl, whom I met in Madrid, is called Susana.
Cette fille, que j'ai rencontrée à Madrid, s'appelle Susana.
This book, which I first read when I was sixteen, is my favourite.
Ce livre, que j'ai lu pour la première fois à seize ans, est mon préféré.

Effacement de *that*

That ne peut être effacé que lorsqu'il est complément dans les relatives restrictives.
This is the book (that) I bought in London. C'est le livre que j'ai acheté à Londres.
Le bloc alors formé par l'antécédent et la relative peut être considéré comme constituant le même groupe nominal.
Lorsque *that* est sujet, l'effacement est impossible.
This is the book that sold so well. C'est le livre qui s'est si bien vendu.

EXERCICES

1. Choisissez la réponse qui convient.

1. *She used to sing while working, ... her boss disapproved of.*
   a) what b) ø c) which d) whom
2. *It was a devastating remark ...... much might have been made.*
   a) from that b) to whose c) by what d) of which
3. *This is the man ...... name is always being made fun of.*
   a) which b) of which c) whose d) that
4. *The woman ...... you laughed at is my wife!*
   a) who b) which c) whose d) ø
5. *He once told me I was a perfect idiot, ... I never forgot.*
   a) what b) ø c) which d) of which

2. Reliez les phrases suivantes par un relatif. Certaines modifications peuvent être nécessaires. Il peut y avoir plusieurs possibilités.

1. *Mr Mouthpiece told the press that Londoners would soon have to drive on the right hand side. He was arrested by the Metropolitan police this morning.*
2. *Nostradamus' prophecies have been a source of inspiration for many people. He was born in 1503 in St Rémy de Provence.*
3. *Lady Toptobottom was made an OBE last week. Her two daughters had married two Conservative MPs.*
4. *Her swimming pool had been filled with 200 litres of a very expensive perfume. The star from the sixties drowned in it.*
5. *The old Rolls Royce belonged to Miss Fit. A tramp had been hiding in it for 28 hours.*
6. *The football team has just bought a new player for £25 million. Tim Limper used to play with that team.*
7. *Brazil's Rain Forest has been in danger for many years now. The famous singer made a concert last night to raise money for the Rain Forest Fund.*
8. *The mayor decided to ban all cars from the city center. Martha comes from that city.*
9. *Lisa Pensel is to publish a novel about London's Great Fire in 1666. Three of her former books have already been made into films.*
10. *Mr Crooks is reported to have lost millions of pounds in gambling. His three former wives had died under strange circumstances.*

3. Traduisez.

1. Sa tante, qui ne l'avait jamais aimé, était une femme riche sans héritiers *(heir)*.
2. C'est une Mini qu'ils utilisent pour se déplacer en ville.
3. C'est bien Monserrat Caballé qui a chanté avec Freddy Mercury ?
4. Tout ce que nous savons d'elle c'est qu'elle vient du Nord.
5. Ce film, qui s'adresse au moins de 16 ans, explique les dangers du tabac.
6. Les Pyrénées que je connais ne ressemblent pas à celles que tu me décris.
7. C'est au Pays Basque qu'il a connu Maritxu.
8. Les hommes qui ne participent pas aux travaux ménagers sont rares - j'espère !
9. Peux-tu me montrer la personne que tu as embauchée et qui ressemble à Jane Mansfield ?
10. Tous les légumes que j'ai plantés ont été mangés par les lapins.

LES PROPOSITIONS SUBORDONNÉES RELATIVES

THIS / THAT / THESE / THOSE ET LES RELATIVES DÉTERMINATIVES

Les déterminants *this, that, these, those* devant l'antécédent ne signifient pas obligatoirement que l'on a affaire à une relative appositive.

These shoes I bought yesterday are killing me!

Ces chaussures que j'ai achetées hier me font horriblement mal !

Tell me about that film you enjoyed. Parle-moi de ce film que tu as aimé.

Those who* : l'antécédent peut parfois se limiter à *those* ou *those of you.

Those who told you that she didn't get the job don't know what they're talking about.

Ceux qui t'ont dit qu'elle n'avait pas eu le poste ne savent pas de quoi ils parlent.

Those of you who need another explanation, please raise your hands.

Que ceux d'entre vous qui ont besoin d'une autre explication lèvent la main !

PRONOMS RELATIFS ET PRÉPOSITIONS

La plupart du temps, les prépositions qui introduisent le complément (devenu antécédent) sont maintenues à droite du verbe.

The problems they will have to deal with are extremely serious.

Les problèmes qu'ils auront à traiter sont extrêmement graves.

Whose et les prépositions

La préposition précède *whose*.

There was a statue on whose shoulders a bird had built its nest.

Il y avait une statue sur les épaules de laquelle un oiseau avait bâti son nid.

EXERCICES

1. Complétez par le relatif adéquat.

Europe, ... marginal role on the international scene could be excused by reference to the constraints of the Cold war, is now in a very different situation. It was really the German unification ...... brought about the greatest change: that was the moment ...... the EU could assert itself. It was at the end of 1991 - at Maastricht - ...... a "Common Foreign and Security Policy" was proclaimed. The scepticism ...... some felt even by this time has been growing ever since. The collective response ...... Europe made to the invasion of Kuwait had been incoherent. Perhaps it might be different with Yugoslavia, ... Europe had taken the lead in developing a response to the growing turmoil. The Americans were told that their involvement was neither necessary nor desirable, a message ...... they were happy to receive. Yet instead of demonstrating Europe's new-found capacity, Yugoslavia and in particular Bosnia provided more evidence of its limits: that was in fact the only thing ...... Europe managed to prove.

Adapted from TLS, *May 28 1999.*

2. Traduisez.

(Voir liste des verbes prépositionnels p. 268 à 272)

1. Tous ceux qui n'ont pas été félicités sont rentrés chez eux.
2. Parle-moi de ce pays qui t'a tant fasciné.
3. La situation qu'elle a dû affronter *(to cope with)* est exceptionnelle.
4. Les fautes dont ils ont été accusés sont des plus graves.
5. Les films qui nous intéressent ne passent pas dans ce cinéma.
6. Celle à qui je pense est bien trop loin de moi.
7. Tous ceux que l'on a empêchés d'entrer réclament qu'on les rembourse.
8. Il n'y a pas beaucoup de collègues avec qui elle s'entend bien.
9. Dis-moi le nom de la personne à qui je ressemble.
10. Je ne connais pas beaucoup de gens en qui je pourrais me confier.
11. C'est une chose de plus que tu devras compenser *(to make up for)*.
12. Les plaisirs auxquels ils s'adonnent *(to indulge in)* sont ceux leur âge.
13. Les activités auxquelles elle s'est consacrée toute sa vie ne cesseront pas avec sa mort.
14. Les points sur lesquels il a insisté me paraissent secondaires *(minor)*.
15. Certains des gens à qui j'ai eu affaire ne savaient même pas parler anglais.
16. Il y a beaucoup trop de qualités dont elle manque *(to be lacking in)*.
17. Il pouvait enfin se payer les vacances dont il mourait d'envie *(to long for)* depuis longtemps.
18. Les points sur lesquels nous ne sommes pas d'accord sont ceux qui concernent le cessez-le-feu *(cease fire)*.
19. Ce sont les bonbons à la menthe et au chocolat qu'il aime beaucoup *(to be fond of)*.
20. Les amis sur lesquels il comptait *(to rely on)* le plus étaient tous là.

INCISES DANS LES RELATIVES

Une proposition incise peut être introduite après le relatif.

He made a promise which I doubted he would keep whereby he would get married before he was thirty.

Il fit une promesse - dont je doutais qu'il la tiendrait - selon laquelle il se marierait avant d'avoir trente ans.

RELATIVES ET NOMS «COLLECTIFS»

Les noms représentant un groupe de personnes *(audience, family, police, crowd, public, etc.)* sont repris par *that* ou *who.*

The audience, who had been waiting for about one hour, became very impatient.

Le public, qui attendait depuis environ une heure, devint très impatient.

> PROBLÈMES DE TRADUCTION : «DONT»

- Tous les «dont» ne se traduisent pas par *whose.* On emploie le pronom *Whose* seulement dans le cas où «dont» exprime la possession.
  The boy whose father lives in Australia has been sent to his grand-parents.
  Le garçon dont le père vit en Australie a été envoyé chez ses grand-parents.
- Pour traduire les autres emplois de «dont», on pourra utiliser les relatifs vus dans ce chapitre, parfois combinés à des verbes prépositionnels.

Français		Anglais	
celui dont on se moque	**se moquer de**	***to laugh at***	*the man who is being laughed at*
celle dont tu parles	**parler de**	***to talk about***	*the girl (that) you're talking about*
les livres dont je me sers	**se servir de**	***to use***	*the books (that) I use*

EXERCICES

1. Complétez avec le relatif qui convient.

1. The University of Manchester is renowned nationally and internationally for the quality of its teaching ...... purpose is to give continued emphasis to the development of high-quality fundamental research. At the same time, it aims to strengthen the links ...... exist between the work of the University and the needs of industry, commerce and the professions.
Adapted from The Guardian Weekly, *July 8-14 1999.*

2. Save the Children Fund is a leading agency in the UK, the purpose ...... is to create a better future for children around the world. Understanding the way ...... people gain access to food is crucial in making effective interventions. Immediate disaster relief and the implementation of long-term health and nutrition schemes are the priorities ...... our agency aims to develop. SCF, ... long history in this field is a guarantee of reliability, is an organisation ...... has played a leading role in developing techniques for assessing food security at national and local level. It has now established a new unit ...... it will develop its capacity to meet the significant and growing need for food security services.
Adapted from The Guardian Weekly, *July 8-14 1999.*

2. Traduisez.

1. Ces enfants que vous voyez là, sont ceux dont le père vous a parlé tout à l'heure.
2. Ces livres que vous voyez là, sont ceux dont Mr Appleby vous a parlé tout à l'heure.
3. La commission dont je dépends doit se réunir la semaine prochaine.
4. Le journaliste dont je connais la femme est parti pour l'Afrique.
5. Il possédait dix maisons, dont la moitié a été vendue aux enchères *(to auction)*.
6. Ce dont je me souviens le plus c'est de son sourire idiot.
7. L'auteur dont il a écrit la biographie est mort en 1993.
8. Il y a plusieurs restaurants. Celui dont je suis responsable s'appelle « La Vieille Grange ».
9. Elle a six chiens, dont quatre lui ont été donnés.
10. La voiture dont le propriétaire a oublié d'éteindre les phares aura du mal à démarrer.
11. Andrew, dont on disait pourtant le plus grand bien, nous a beaucoup déçus.
12. L'Angleterre, d'où je savais qu'elle ne reviendrait pas, était pour elle son vrai pays.
13. Son premier mari, dont elle a eu trois enfants, travaille maintenant à la NASA.
14. Nous appelons maintenant les passagers porteurs d'un billet dont le numéro commence par deux.
15. Devine ce dont j'ai envie...
16. Son aîné, dont on pensait qu'il ne réussirait jamais, présente une émission de jeux à la télé.
17. C'est le travail dont je suis le plus fier !
18. La reine mère, dont la gentillesse est connue de tous, est née avec le siècle.
19. Les rues de ce quartier, dont la plupart sont vides le soir, fourmillent *(swarm)* de visiteurs pendant la journée.

> PROBLÈMES DE TRADUCTION : « DONT » (suite)

Dont « partitif »

On peut faire sur l'antécédent une « opération de prélèvement » qui consiste à prélever une partie ou le tout : « les romans dont certains... » (certains des romans) ; « les gens dont la plupart » (la plupart des gens) ; « la ville dont le tiers » (le tiers de la ville)...

Dont tous : *all of whom / which* - dont aucun : *none of whom / which*

Nous vîmes beaucoup de femmes, dont aucune n'avait entendu parler de contraception.

We saw many women, none of whom had ever heard of contraception.

Dont la plupart : *most of whom / which*

Il a écrit plusieurs histoires dont la plupart ont été égarées.

He wrote several stories, most of which were lost.

Dont certains : *some of whom / which*

J'ai rencontré des centaines de gens dont certains étaient étrangers.

I met hundreds of people, some of whom were foreigners.

Dont + fractions : *of whom / which*

La ville, dont le tiers a été détruit pendant la guerre, possède une belle église gothique.

The town, one-third of which was destroyed during the war, has got a beautiful gothic church.

Dont + chiffre : *of whom / which*

La chaise dont trois pieds sont cassés devra être remplacée.

The chair three legs of which are broken will have to be replaced.

Cet énoncé est cependant très rare et inimaginable dans la langue parlée.
Il appartient à une langue très soutenue. Dans la langue courante, on dira plutôt :
The chair with three broken legs... ou : *The chair that's got three broken legs...*
(voir « Relatifs et registres de langue » p. 200).

Mais lorsque le complément du nom est considéré dans sa totalité et non pas comme partie d'un tout, on utilise *whose*

COMPAREZ

a La femme dont les trois enfants sont passés à la télé connaît bien ma sœur.
The woman whose three children were on TV knows my sister quite well.
La femme n'a que trois enfants.

b La femme dont trois enfants sont passés à la télé connaît bien ma sœur.
The woman three children of whom were on TV knows my sister quite well.
La femme a plus de trois enfants. Il s'agit ici d'un style soutenu.

EXERCICES

1. Choisissez la réponse qui convient.

1. *This is the house ...... I sold last year.*
   a) which b) ø c) what d) whom
2. *That was the moment ...... I first saw her.*
   a) when b) on which c) in which d) whom
3. *The police arrested Mr Smith, ... they charged with murder.*
   a) who b) which c) that d) whom
4. *Twenty young people are involved, ... are under 15.*
   a) of which most b) most of which c) whose most d) most of whom
5. *It has not stopped outbursts, of ...... his performance at Antwerp is another example.*
   a) which b) whose c) what d) that

2. Traduisez.

1. Ce qui compte le plus pour moi maintenant, c'est que la paix revienne vite dans mon pays.
2. Je me demande ce que tu fais avec ce document depuis une heure !
3. Avez-vous vu ce qu'ils ont fait de notre belle mairie ?
4. Certains disent qu'il ne viendra pas au festival, ce que je crois.
5. Un coucher de soleil, c'est ce qui m'émeut *(to move)* le plus.
6. L'incendie serait d'origine criminelle *(arson)*, ce dont je doute.
7. Ce dont ils ne se rendent pas compte, c'est qu'ils gâtent *(spoil)* trop leurs enfants.
8. Je me souviens ! C'est cela dont ta mère nous a parlé l'autre jour.
9. Ils doivent commencer les travaux de réparation la semaine prochaine, ce qui m'étonnerait fort.
10. Il se pourrait qu'il neige, auquel cas nous prendrons le train.

LES PROPOSITIONS SUBORDONNÉES RELATIVES

> PROBLÈMES DE TRADUCTIONS : « OÙ »

Lieu : *Where*
This is the town where I used to live. C'est la ville où j'habitais.

Temps : *When*
Do you remember the day when we first met?
Te souviens-tu du jour où nous nous sommes rencontrés ?

> PROBLÈMES DE TRADUCTIONS : « CE QUE / CE QUI »

Bien que *what* et *which* se traduisent tous deux par « ce que » ou « ce qui » dans les énoncés ci-dessous, les propositions qu'ils introduisent ne sont pas sur le même plan.

a *What happened was (that) the plane crashed.* Ce qui s'est passé, c'est que l'avion s'est écrasé.

b *I don't like what you've done.* Je n'apprécie pas ce que tu as fait.

c *He insisted on joining us, which wasn't a very good idea.* Il a tenu à nous accompagner, ce qui n'était pas une bonne idée.

d *He let her in, which he regretted later.* Il la fit entrer, ce qu'il regretta par la suite.

- La proposition en *what* est sujet (en **a**) ou complément (en **b**) de l'énoncé dans son entier (voir aussi p. 230).
  A l'intérieur de cette proposition, le relatif *what*, peut occuper la place du sujet comme en (**a**) ou la place du complément comme en (**b**) ; c'est un relatif qui « contient son antécédent » et qui signifie à peu près *"the thing that"*.
  Attention
  En français, dans l'énoncé (**a**), le pronom « ce/c' » (« c'est que… »), reprend la proposition précédente, ce qui explique la présence de la virgule. Notez qu'il n'y a pas de pronom de reprise dans l'énoncé anglais correspondant, ni de virgule.
- *Which*, à lui seul, en **c** et **d**, reprend une proposition entière. On peut dire que la proposition en *which* (toujours placée après la proposition principale et séparée d'elle par une virgule), donne une précision « accessoire ».

« Tout ce que »
Se traduit par *all that* et non * *all what* (incorrect).
Tout ce qui est arrivé était de ma faute. *All that happened was my fault.*

> PROBLÈMES DE TRADUCTION : RELATIVES ET REGISTRES DE LANGUE

Certaines relatives appartiennent à un registre de langue soutenu.
Dans une langue informelle, on préfèrera d'autres structures.

C'est moi qui...
C'est moi qui suis arrivé le premier !
Langue formelle : *It is I who came first!*
Langue informelle : *It's me that came first!*
Variante : *I am the one who came first!*

Attributs vestimentaires ou physiques
On utilise la préposition *with*.
Une femme qui portait un chapeau jaune s'avança.
A woman who was wearing a yellow hat stepped forward.
Variante : *A woman with a yellow hat on stepped forward.*

Compléments introduits par une préposition
The girl who came from Chelsea was rather nice.
La fille qui venait de Chelsea était plutôt agréable.
Variante : *The girl from Chelsea was rather nice.*
Le complément suit directement l'antécédent.
La préposition n'apparaît pas nécessairement dans la relative :
The strange man who attended the meeting last night happens to be a friend of John's.
Il se trouve que l'homme bizarre qui a assisté à la réunion hier soir est un ami de John.
Variante : *The strange man at the meeting last night happens to be a friend of John's.*

EXERCICES

EXERCICE

1. Choisissez la réponse qui convient.

1. *André Brink's books, many of ...... used to be banned in South Africa, give a poignant image of apartheid.*
   a) which b) whom c) whose d) that
2. *Mrs Jones, ... I met yesterday, is missing today.*
   a) who b) that c) whom d) ø
3. *This funny film, ... I saw last year, has been a great success.*
   a) which b) ø c) that d) whom
4. *This is ...... I remember best.*
   a) which b) that c) what d) ø
5. *The strange person ...... you met in London is my teacher.*
   a) who b) what c) ø d) which

THÈME

2. Traduisez.

1. Il y avait un joli petit chemin, le long duquel on avait planté des roses jaunes.
2. L'île sur laquelle ils ont passé leur lune de miel se situe au large *(off)* de la Bretagne.
3. Ils avaient acheté une petite maison auprès de laquelle se trouvait une rivière.
4. La vieille dame, sur les genoux *(lap)* de laquelle l'enfant dormait, s'était endormie elle aussi.
5. Les victimes du froid, pour lesquelles on a préparé des repas chauds, sont maintenant logées dans l'école.
6. La ville vers laquelle ils se dirigeaient n'était plus qu'à cinq ou six kilomètres.
7. Je vous présente Jane, sans laquelle tout ceci n'aurait pas pu avoir lieu.
8. Cette personne à laquelle tu parlais hier a téléphoné ce matin.
9. La montagne au pied de laquelle nous nous trouvons est la plus haute de la région.
10. Là, c'est Teresa, la femme aux côtés de laquelle il a passé sa vie.
11. C'est le bateau avec lequel elle a traversé l'Atlantique.
12. Les questions au sujet desquelles ils se sont disputés sont sans importance.
13. La boutique en face de laquelle elle s'est installée vend des produits espagnols.
14. La région dans laquelle ils passent leurs vacances est encore inconnue.
15. Sa nièce préférée, en faveur de laquelle il a rédigé son testament, vient de mourir.

CHAPITRE 17

INFINITIF, GÉRONDIF, BASE VERBALE

COMPAREZ

a *I'd like to stay with you.* (infinitif[1] avec *To*)
b *I like staying with you.* (gérondif, forme - *ing*)
c *What do you expect me to do? Go or stay?* (base verbale ou « infinitif sans *to* » pour *go* et *stay*)

- **L'infinitif** (avec *"To"*) renvoie à un acte particulier, qui est souvent projeté dans l'avenir et donc qui n'est pas encore réalisé.
- **Le gérondif** renvoie non pas à une action particulière - à la différence de l'infinitif - mais à une activité vue dans son déroulement.
  Cette activité est souvent présentée comme déjà connue, donnée avant qu'on en parle.
  Le gérondif transforme le verbe en une forme proche du nom.
- **La base verbale** ne désigne ni une action particulière, ni une activité.
  L'emploi de la base verbale signifie que l'on s'intéresse au sens du verbe, c'est-à-dire à la notion véhiculée par le verbe (par opposition à tout autre verbe possible) et non pas à la réalisation future ou passée d'une action.

1. LA BASE VERBALE

On emploie la base verbale (infinitif sans *"To"*)

Lorsqu'on oppose un verbe à un autre verbe.

He preferred to go rather than stay with them.
Il a préféré s'en aller plutôt que de rester avec eux.
They did nothing but (except) laugh. Ils n'ont rien fait d'autre que rire.
(*Laugh* est opposable à, par exemple, *listen, write,* etc.)

Après *make* et *let* dans les constructions où ils jouent le rôle d'auxiliaire (voir « les structures causatives », chapitre p. 218).

She made him cry. Elle l'a fait pleurer.
She has let him go. Elle l'a laissé partir.

Après les auxiliaires modaux et les expressions modales

You must go. You'd better go. I'd rather go.
Tu dois partir. Tu ferais mieux de partir. Je préfèrerais partir.

Après *why* et *why not*

Why go? Why not stay?
Pourquoi partir ? Pourquoi ne pas rester ?

Remarque
L'impératif (constitué d'une base verbale) renvoie lui aussi à la notion véhiculée par le verbe.
Shut the door. Ferme la porte.

[1] L'infinitif : il est précédé de *To* et souvent appelé « infinitif complet » par opposition à « l'infinitif incomplet » (sans *To*), ici désigné par ø V (base verbale).

EXERCICE

1. Choisissez la réponse qui convient.

1. *I was asked ...... her secretary.*
   a) call b) calling c) to call d) of calling
2. *Do you expect me ...... all thoses stories?*
   a) to believe b) believe c) believing d) that I believe
3. *Why not ...... another brand?*
   a) try b) to try c) trying d) tried
4. *We couldn't make them ...... what we were aiming at.*
   a) to understand b) understand c) understanding d) understood
5. *If I were you, I wouldn't let him ...... it again.*
   a) to touch b) touch c) touching d) touched
6. *The bad weather caused the plane ...... its route.*
   a) to change b) change c) changing d) changed
7. *There's no need ...... now; it's too late anyway.*
   a) to hurry b) hurrying c) hurry d) hurried
8. *She can't certainly force him ...... her!*
   a) marry b) marrying c) to marry d) for marrying
9. *She was at pains to have the deputy chancellor ...... how complicated the situation was.*
   a) realize b) to realize c) realizing d) realized
10. *I am sure he would lie rather than ...... they spent the evening together.*
    a) admitting b) admit c) to admit d) he would admit
11. *We saw them ...... into the bus.*
    a) get b) to get c) had got d) got
12. *When they ...... the new central heating installed, they found that they had no more hot water.*
    a) did b) had c) made d) asked
13. *He agreed ...... another look at the flat before making a decision.*
    a) having b) to have c) have d) and have
14. *She might threaten not ...... the contract if you insist.*
    a) signing b) to sign c) sign d) having signed
15. *He was the last one ...... the room.*
    a) leave b) leaving c) has left d) to leave
16. *She was made ...... that she was not welcome there.*
    a) understanding b) understand c) and understood d) to understand
17. *You'd better not ...... it until it has been repaired.*
    a) to use b) used c) using d) use
18. *I'm afraid he did nothing but ...... all day long.*
    a) to sleep b) sleep c) slept d) sleeping
19. *I don't think I'd like ...... another bullfight.*
    a) seeing b) see c) to see d) not seeing
20. *Apparently, they failed ...... him the rudiments of respect.*
    a) and taught b) teaching c) teach d) to teach

2. L'INFINITIF

On trouve l'infinitif (avec *"To"*) après les verbes projetant l'action dans l'avenir, parmi lesquels les verbes exprimant l'ordre, la requête, le souhait, l'intention (*ask, want, order* etc.)

He wants to go. Il veut s'en aller.

L'emploi de *"To"* indique bien que l'action est envisagée dans l'avenir. Dans *"To be or not to be"*, Hamlet pose la question de son devenir.

Liste de quelques verbes suivis de l'infinitif

I can't afford (je ne peux pas me permettre de), *agree* (consentir à), *arrange, ask, attempt* (tenter de), *claim* (prétendre), *decide, deserve* (mériter), *be determined, expect* (s'attendre à), *fail* (ne pas arriver à), *hesitate, intend, manage, need, neglect, offer, plan, prefer, promise, refuse, threaten* (menacer de), *try, want.*

He has agreed to come. Il a accepté de venir.

(Au moment où le sujet a accepté de venir, l'action n'était pas encore réalisée).

On trouve aussi l'infinitif (avec *"To"*) après certains adjectifs.

Par exemple : *It is difficult to do.* C'est difficile à faire.

Aussi après certains indéfinis.

Par exemple : *There's nothing to do.* Il n'y a rien à faire.

She is the only one / the first one to go. Elle est la seule / la première à y aller.

La négation se place devant l'infinitif

We were asked not to say anything. On nous a demandé de ne rien dire.

L'infinitif peut exprimer le but, puisque *"To"* renvoie à une action future.

He did it to help you (in order to help you).

Il l'a fait pour t'aider (avec pour but de t'aider).

EXERCICES

1. Complétez avec la (ou les) forme(s) qui convient (conviennent) : infinitif, base verbale ou gérondif.

1. *Would you mind ...... me the telephone directory, please? (give)*
2. *She keeps ...... me ...... her ...... with me on by business trips to Malaga. (beg - let - come)*
3. *...... is definitely my favourite pastime. (rest)*
4. *He claims ...... the grand-son of the Duke of Kent. (be)*
5. *I don't quite fancy ...... my mother-in-law after what she's heard about me! (meet)*
6. *I hate ...... you, but it's been going on for too long now! (tell)*
7. *She was away for two weeks and returned home ...... her house had been broken into. (find)*
8. *Anna? She's busy ...... her favourite series. (watch)*
9. *I'd love ...... but I'm afraid my children are waiting for me. (stay)*
10. *They suggested ...... to the restaurant and ...... the car here. (walk - leave)*
11. *How could I afford ...... so much time with him when I have so much work ...... ? (spend - do)*
12. *I was told they spent all their holidays ...... off the Isle of Man. (sail)*
13. *Poor thing, she didn't deserve ...... treated that way! (be)*
14. *She planned .... for another ten years before retiring. (go on - work)*
15. *They made her ...... the letter again. (write)*
16. *Remember ...... your father when you arrive or else he will be mad. (phone)*
17. *They stopped ...... to the birds: how beautifully they sang! (listen)*
18. *...... requires good physical condition. (dive)*
19. *...... her ...... her own flat amounts to ...... her £400 a month! (allow - have - give)*

10. He needs ...... his English before he can claim ...... for the job. (brush up - apply)

2. Traduisez.

1. Ils nous ont remerciés d'avoir pris soin de leur chien pendant les vacances.
2. Je n'ai pas acheté cette maison pour que tu invites tous tes amis quand je ne suis pas là.
3. Elle s'est mise à lire, alors qu'elle n'aimait pas cela auparavant.
4. Ne trouves-tu pas qu'ils consacrent trop de temps à la musique ?
5. Elle n'a pas pu résister à lui dire ce qu'elle pensait de sa nouvelle amie.
6. Nous n'avons pas l'habitude de rencontrer des gens aussi impolis.
7. Quand on loue un appartement, on n'a pas besoin d'emprunter de l'argent à la banque.
8. Commençons à manger, il finira bien par arriver !
9. Ils attendent qu'elle leur donne des nouvelles du petit chat.
10. Il s'est habitué à ne manger que des légumes.

3. LE GÉRONDIF

Le gérondif renvoie à une activité déjà en cours, déjà réalisée ou considérée comme déjà existante et non à un événement futur, à la différence de l'infinitif (voir p. 204).

COMPAREZ

a *I love swimming.* J'adore nager.
Celui qui parle a déjà pratiqué la natation, « il sait ce dont il parle ».
b *I'd love to swim.* J'aimerais nager.
L'action n'est pas encore réalisée.
c *I don't mind staying.* Ça ne me gêne pas de rester.
L'emploi du gérondif signifie que l'action est déjà en cours ou envisagée comme déjà existante.

Attention
Do you mind if I stay? Ça te gêne(rait) que je reste ?
Celui qui parle ne sait pas si l'action va ou non se produire.
On n'emploie pas ici le gérondif après *mind.*

FONCTIONS DU GÉRONDIF

Le gérondif peut remplir toutes les fonctions occupées par un nom (sujet, complément).
Dancing is my favourite hobby. La danse, c'est mon activité préférée. (sujet)

VERBES SUIVIS DU GÉRONDIF

Tous servent à commenter, décrire, rapporter l'activité mentionnée par le verbe au gérondif.

Verbes décrivant l'activité du sujet
He keeps phoning me. Il n'arrête pas de me téléphoner.
She spends most of her time reading. Elle passe le plus clair de son temps à lire.
She was busy watering the plants. Elle était occupée à arroser les plantes.

Verbes décrivant le goût (ou dégoût) permanent pour une activité déjà connue ou déjà pratiquée
He loves reading. Il adore lire.

Attention
À l'inverse, le fait d'apprécier ou de ne pas apprécier une action non encore réalisée ou ponctuelle s'exprimera à l'aide de l'infinitif (avec *"To"*).
Keep away. I don't like to be disturbed.
Ne t'approche pas. Je n'aime pas qu'on me dérange.
(Voir aussi p. 202)

Les verbes impliquant que l'action a déjà été réalisée.
I regret spending so much time with her.
Je regrette d'avoir passé tant de temps avec elle.
(*Regret* suppose que l'action a déjà eu lieu).

Verbes servant à rapporter des paroles qui commentent une activité
Suggest, deny (nier), *admit.*
She suggested going with them. Elle a suggéré d'y aller avec eux.

Autres verbes suivis du gérondif (parce qu'ils renvoient à l'activité)
Acknowledge (reconnaître), *avoid* (éviter), *be busy* (être occupé à), *I don't mind, consider* (envisager de), *contemplate* (envisager de), *delay* (retarder), *enjoy* (apprécier), *fancy* (avoir envie de), *feel like* (avoir envie de), *give up* (cesser de, abandonner), *go on* (continuer), *I can't help* (je ne peux m'empêcher de), *keep* (ne pas arrêter de), *postpone* (remettre à plus tard), *regret, resent* (ne pas apprécier), *resist, risk, spend time* (passer du temps à), *I can't stand* (je ne supporte pas de).

Expressions aussi suivies du gérondif
There's no knowing how he did it. Il est impossible de savoir comment il l'a fait.
It's no use trying. Cela ne vaut pas la peine d'essayer.
It's worth trying. Cela vaut la peine d'essayer.

EXERCICES

EXERCICE

1. Complétez avec la forme qui convient : infinitif, base verbale, gérondif.

1. *She gave up ...... Sandra, because she said she was getting on her nerves. (see)*
2. *They acknowledged ...... their parents' cheque book without their consent. (borrow)*
3. *There were signs saying that we were requested ...... the pigeons. (not - feed)*
4. *I don't know how I could avoid ...... into them. (run)*
5. *Have you ever considered ...... a child? (adopt)*
6. *She resents ...... him ...... everybody about their divorce. (have - tell)*
7. *When I eventually saw the painting, it happened ...... the replica of the one I'd bought. (be)*
8. *I don't quite feel like ...... just now! (get up)*
9. *She can't stand ...... the phone when she is alone at home. (answer)*
10. *Try ...... what she expects from you. (understand)*
11. *It is a place worth .... (discover)*
12. *We intend ...... back here at least twice a year. (come)*
13. *It's no use ...... to her; she's Hungarian. (talk)*
14. *There's no ...... how they managed ...... the issue. (know - face)*
15. *I wanted him .... a souvenir for my aunt, but he wouldn't. (stop - buy)*
16. *She very kindly offered ...... us a hand if we needed help. (lend)*
17. *Since that very first time, I've always liked ...... with him. (dance)*
18. *I sincerely regret ...... to you as I did. (talk)*
19. *...... jobs also means ...... one's life altogether. (change - change)*

THÈME

2. Traduisez.

1. On s'attend à ce que les négociations soit repoussées à la fin du mois.
2. N'hésite pas à demander des conseils si tu en as besoin.
3. Le journaliste a accepté de ne poser aucune question sur les circonstances du meurtre.
4. Elle a bien l'intention *(to be determined)* de ne pas retourner dans son pays avant le changement de gouvernement.
5. Vous feriez mieux de l'aider à enlever ses grosses chaussures.

4. PRÉPOSITIONS ET GÉRONDIF

Les prépositions introduisent généralement des noms.
Le gérondif est une forme proche du nom.
Donc, les prépositions sont aussi suivies du gérondif.
She was blamed for everything, for coming in, for going out, for not playing bridge.
On la blâmait de tout, d'entrer et sortir, de ne pas jouer au bridge. (A. Brookner).
La négation se place avant le gérondif : *for not playing bridge*. (Voir Liste des prépositions dans les formes verbales, adjectivales, nominales, p. 266 à 278)

LE CAS DE *FOR*

COMPAREZ

a *I thanked him for being so generous.*
Je l'ai remercié d'être si généreux (parce qu'il était si généreux).
b *I did it for you to admire me.*
Je l'ai fait pour que tu m'admires.
a *For* suivi du gérondif exprime la cause (la forme - *ing* signifie qu'il y a retour sur une action déjà accomplie).
b *For* suivi de *to* (précédé d'un sujet) indique le but (l'infinitif projette l'action dans l'avenir).
***To wait for, to arrange for* sont également suivis de *to* (l'action n'est pas encore accomplie).**
He's waiting for them to come. Il attend qu'ils arrivent.

LE CAS DE *"TO"*

COMPAREZ

a *I don't want to do it.*
***To* est devant l'infinitif.**
b *I'm not used to doing it.*
***To* est une préposition suivie du gérondif (*used* est ici un adjectif).**

Comment savoir si *To* est préposition ?

Test : chaque fois que l'élément qui suit *To* est remplaçable par un nom ou un pronom, *To* est préposition ; le verbe se met donc au gérondif.
I'm not used to doing it. **>** *I'm not used to it.*
Je ne suis pas habitué à le faire. **>** Je ne suis pas habitué à cela.

Ne pas confondre

He is used to doing it, (Il est habitué à le faire)
ou *He was used to doing it,* (Il était habitué à le faire)
et *He used to drink.* Avant, il buvait.

VERBES OU EXPRESSIONS SUIVIS DE *TO* + GÉRONDIF

He devotes too much time to studying. Il consacre trop de temps à ses études.
I object to your smoking. Je ne suis pas d'accord avec le fait que tu fumes.
I look forward to meeting you. J'attends avec impatience de te voir.
He has taken to drinking. Il s'est mis à boire.
He preferred her being single to her being married to Paul.
Il préférait qu'elle soit seule plutôt qu'elle soit mariée à Paul.
She was reduced to marrying him. Elle en fut réduite à l'épouser.
He limits himself to going there once a week. Il se contente d'y aller une fois par semaine.
This led her to giving up smoking. Cela l'a amenée à cesser de fumer.
He did it with a view to winning the case. Il l'a fait pour gagner le procès.
It is the only thing that's worth fighting for. C'est la seule chose qui vaille la peine d'être défendue.

EXERCICES

1. Complétez.

1. *We are arranging for her ...... a few days with our friends in Norway. (spend)*
2. *She did not reproach him for ...... the trayful of glasses. (break)*
3. *Mr Richards is standing down as leader of the Conservatives in the Welsh assembly after ...... charged with ...... a woman and ...... grievous bodily harm. (be - assault - cause)*
4. *They all prayed for there ...... a quick solution to all their problems. (be)*
5. *I'm sorry for ...... able to attend your conference. (not - be)*
6. *The Government has set up a review aimed at ...... ill health retirement in the public sector. (curb)*
7. *Canadian law bans its citizens from ...... titles from foreign governments. (receive).*
8. *The old woman lagged behind for the young couple ...... this beautiful walk alone. (enjoy)*
9. *The Post Office exercised its new-found commercial freedom by ...... national lottery operator Camelot in the company's bid ...... its licence ...... the lottery from 2001. (back - renew - run)*
10. *I blame her for willingly ...... it difficult for me ...... compensation for the severe damage I sustained. (make - claim)*
11. *Nicola Horlick, the high flyer who has been described as "superwoman" for ...... a large family and a lucrative financial career, has emerged as the most successful investment manager in the City. (juggle)*
12. *As a prison officer, it was very hard for him ...... to corruption. (yield)*
13. *As a European at heart, I feel committed to ...... by the EU rules. (abide)*
14. *We all agreed on ...... the council's project at our next meeting. (review)*
15. *He is a staunch believer in tough measures and as such, he is determined ...... for the embargo. (vote)*
16. *They will never admit to ...... the chairman of the committee. (bribe)*
17. *They all agreed to ...... the firm after ...... that they had been deceived. (sue - realize)*
18. *The food company has been criticised by the Advertising Standards Authority for ...... the public about its genetically modified food and crops. (mislead)*

2. Choisissez la bonne réponse.

1. *I haven't been used ...... dealt with so efficiently in the past.*
   a) to be   b) to being   c) being
2. *I am looking forward ...... the next performance.*
   a) to attend   b) to attending   c) ø
3. *I look forward ...... my new boss.*
   a) to meet   b) to meeting   c) ø
4. *I don't object to your ...... in bed.*
   a) read   b) reading   c) to read
5. *I don't know what came about her! She's taken ...... after dinner.*
   a) to knit   b) to knitting   c) knitting
6. *You will get used ...... on the left after a while.*
   a) to drive   b) to driving   c) driving
7. *I prefer washing the dishes ...... them.*
   a) to dry   b) to drying   c) drying

5. INFINITIF OU GÉRONDIF ?

Certains verbes acceptent les deux constructions, qui ne sont pas équivalentes.

	Gérondif (*-ing*)	Infinitif (*to*)
Remember, regret	**L'action a déjà été réalisée** *I remember posting the letter at four o'clock.* Je me rappelle avoir posté la lettre à quatre heures. *I regret leaving them so early.* Je regrette de les avoir quittés si tôt.	**L'action est à venir** *Remember to post the letter!* N'oublie pas de poster la lettre ! (La lettre n'a pas encore été postée.) *Don't forget to call me.* N'oublie pas de m'appeler. **L'action est annoncée par le verbe introducteur (*regret*) et se produit au moment où on l'énonce** *We regret to inform you that it is too late to cancel your reservation.* Nous regrettons de vous informer qu'il est trop tard pour annuler votre réservation.
Stop	**L'action est déjà en cours** *Stop talking!* Arrête de parler ! (La personne est déjà en train de parler.)	***To* exprime le but à atteindre** *He stopped to talk to me.* Il s'est arrêté dans le but de (pour) me parler.
Like, love, hate	**L'activité est déjà connue** *I like dancing. J'aime danser.* (> « J'ai déjà pratiqué cette activité. »)	**L'action est envisagée** *I'd like to dance with you.* J'aimerais danser avec toi. (L'action n'est pas encore réalisée.)
Begin, start	**On se place « pendant » l'activité** *When did he start talking?* Quand a-t-il commencé son discours ? (Celui qui parle arrive en plein milieu du discours.)	**On se place « avant » l'action** *Let's begin to play.* Commençons à jouer. (L'action n'a pas encore débuté.)

Liste de verbes admettant les deux constructions
Begin, I can't bear, dread **(redouter de),** ***forget, hate, like, love, regret, remember, start, stop, mean*** **(avoir l'intention de),** ***try.***

LIKE, LOVE, HATE, I CAN'T BEAR

Lorsqu'on trouve *To* après ces verbes, l'infinitif renvoie à un acte spécifique ou à une situation spécifique et non pas à une activité connue ou en cours.

COMPAREZ

a *Oh, yes, let's go and have a swim. I like to have a swim in the morning.*
Oh, oui. Allons nous baigner. J'aime bien me baigner le matin.
Chaque matin est vu comme un moment particulier où l'acte de se baigner est à chaque fois répété (on répète chaque jour cette situation particulière).
b *I like swimming.* J'aime la natation.
C'est un commentaire sur le sujet qui parle de ses goûts en général.

COMPAREZ

c *I can't bear to see you like that!* Je ne supporte pas de te voir dans cet état ! (Cela m'est intolérable.) Celui qui parle trouve intolérable ce qu'il voit dans cette situation particulière.
d *I don't like to interrupt you, (I hate to interrupt you) but I can't let you say this.*
I don't like = I don't want to. **Je n'ai pas tellement envie de vous interrompre, / Cela m'embête de vous interrompre > mais je vais le faire. L'infinitif renvoie à l'acte qui va se faire dans cette situation particulière. Le verbe change de sens = «(ne pas) avoir envie de».**
e *You know, I like to think that you still love me.*
Tu sais, (en ce moment) je me plais à penser
(= je choisis de penser) que tu m'aimes encore.

EXERCICES

EXERCICE

1. Gérondif ou infinitif ? Complétez avec la forme qui convient puis traduisez en français.

1. *I can't remember ...... through that part of the city. (drive)*
2. *I hope you will remember ...... me a postcard from Dublin. (send)*
3. *She regretted ...... them for the weekend. (invite)*
4. *I regret ...... that she was a real nuisance when she stayed with us in Durham. (say)*
5. *Apparently, you don't need ...... any more driving lessons. (take)*
6. *Those shoes of yours need .... (clean)*
7. *I'm sure things will get much better when you try ...... more understanding. (be)*
8. *What do you mean it won't start? Try ...... the key anti-clockwise. (turn)*
9. *I'll answer your questions when you stop ...... my leg. (pull)*
10. *He'd been talking to the audience for over forty minutes. He felt so tired that he had to stop ...... a little. (relax)*
11. *I've always liked ...... back to bed after breakfast. (go)*
12. *Don't let's start ...... ! (worry)*
13. *I don't remember when she started ...... her thesis, but I'm sure it's quite a while now. (write)*
14. *He couldn't bear ...... any longer. He left without a word. (wait)*

THÈME

2. Traduisez.

1. Nous avons oublié de les remercier de s'être occupés de nos réservations.
2. Je redoute d'entendre le son de sa voix.
3. Je me plais à penser qu'elle est encore amoureuse de moi.
4. Elle aime bien se recoucher lorsque les enfants sont partis pour l'école.
5. Je regrette de devoir vous annoncer que Ben Jackson a décidé d'annuler sa tournée européenne.
6. On dirait que tes cheveux ont besoin d'un coup de brosse, non ?
7. C'est insupportable ! Elle ne peut pas s'empêcher de critiquer ses amis dès qu'ils ont le dos tourné.
8. Éteins cette radio ! Je ne pourrais pas supporter d'écouter cinq minutes de plus de musique techno.

INFINITIF, GÉRONDIF, BASE VERBALE

WANT, NEED

Lorsqu'il est employé avec le gérondif, le verbe *Want* a le même sens que *Need.*

COMPAREZ

a *You don't need to wash this shirt now.*
Tu n'as pas besoin de laver cette chemise maintenant.
b *This shirt needs washing / This shirt wants washing.*
Cette chemise a besoin d'être lavée.
"Washing" a ici un sens passif.

TRY

Lorsque *Try* signifie « faire un effort pour », « tenter de », il est suivi de l'infinitif (avec *"To"*).

He tried to talk to her but it was impossible. There were too many people.
Il a essayé de lui parler. Mais c'était impossible. Il y avait trop de monde.
Pourquoi l'infinitif ? Il s'agit bien ici d'une action ponctuelle, envisagée dans l'avenir.

Lorsque *Try* signifie « faire le test de », « faire l'expérience de », il est suivi du gérondif.

Ex. : La machine à laver ne marche pas.
On dit : *"Try pressing that button"*. Essaie (pour voir) d'appuyer sur ce bouton.
Ex. : Vous avez déjà fait l'expérience du jogging et on vous conseille d'essayer le vélo.
On dit : *"Try cycling!"* Essaie donc le vélo ! (Fais-en l'expérience.)
He tried talking to her, writing to her, but she refused to listen to him.
Il a essayé de lui parler, de lui écrire mais elle a refusé de l'écouter.
Pourquoi le gérondif ? Il y a renvoi à une activité connue de celui qui parle.

HELP, I CAN'T HELP

***Help* (« aider ») est suivi de l'infinitif ou de la base verbale.**

Help me do this! Aide-moi à faire ça ! *He helped her to do it.* Il l'a aidée à le faire.

***I can't help* n'a pas le même sens : cela signifie « je ne peux m'empêcher de » ; l'expression est suivie du gérondif.**

He can't help talking. Il ne peut s'empêcher de parler.
Pourquoi le gérondif ? Il y a retour sur une activité déjà pratiquée.

EXERCICE

1. Choisissez la forme qui convient : gérondif, infinitif ou base verbale.

1. *They keep ...... me that I ought to buy a flat, but I haven't got the money! (tell)*
2. *We are considering ...... our children to an American University next summer. (send)*
3. *She is planning ...... for a job abroad when everything is finally sorted out. (apply)*
4. *I admit to ...... to him once or twice, but that's all! (talk)*
5. *Did you actually mention ...... with a Russian firm in your résumé? (work)*
6. *As well as ...... conversations all the time, he's got that stupid habit of ...... like a young prat. (interrupt - show off)*
7. *How long will you go on ...... that you are the happiest person on earth? (pretend)*
8. *When do you intend ...... rid of those bad manners of yours? (get)*
9. *It was rather interesting ...... how they soon got on with each other. (see)*
10. *He first welcomed everybody, as usual, then he went on ...... why he had decided to resign. (explain)*
11. *Sorry, we can't allow ...... in the shop, sir. (eat)*
12. *I was upset when she said I wasn't allowed ...... my little dog into the shop. (take)*
13. *They suggested ...... there and ...... a car rather than ...... all the way. (fly - rent - drive)*
14. *I decided not ...... anything for lunch rather than ...... beef. (have - eat)*
15. *I wouldn't advise ...... bare-footed in this area. You might get hurt. (walk)*
16. *I wouldn't advise you ...... that wine: it's just terrible! (taste)*
17. *I can never resist ...... a good Hitchcock film when there's one on TV. (watch)*
18. *We certainly appreciate ...... time for a shower at the end of the day. (have)*
19. *The job involves ...... to Athens at least twice a month. (fly)*
20. *They would certainly prefer ...... the bedroom with another couple. (not - share)*
21. *He failed ...... his guests the warm welcome he had said he would give. (give)*
22. *She denied ...... our conversation even though we were sure she had. (overhear)*
23. *Are you sure you want ...... the socks or is it the socks that want ...... ? (wash - wash)*
24. *We are sorry that we had to postpone ...... our new product. (launch)*
25. *Try as he might, he could not help her ...... out of her girdle. (get)*

6. INFINITIF ET GÉRONDIF + *HAVE -EN*

INFINITIF ET *HAVE - EN*

He is said to…

COMPAREZ

Présent + présent

a *They say he is rich.* > *He is said to be rich.*
Ils disent qu'il est riche. > On dit de lui qu'il est riche.

Passé + passé

b *They said he was rich.* > *He was said to be rich.*
Ils disaient qu'il était riche. > On disait de lui qu'il était riche.
Dans les énoncés **a** et **b** le verbe de la principale et celui de la subordonnée renvoient à la même période temporelle («présent + présent» ou «passé + passé»). Si l'on transforme au passif *("He is said / he was said")* on emploie l'infinitif *(to be rich)*.

Présent + passé

c *They say he was rich.* > *He is said to have been rich.*
On dit qu'il était riche. > On dit de lui qu'il a été riche.

Remarque

Pour les formes *he was to do it* et *he was to have done it*, voir p. 108.

GÉRONDIF ET *HAVE - EN*

Le gérondif peut se combiner avec *Have - en* lorsque l'on veut insister sur l'idée d'accompli.
Fibich felt guilty about having made so much money so easily. (A. Brookner)
Fibich se sentait coupable d'avoir gagné tant d'argent si rapidement.
Cependant, l'anglais n'emploie pas nécessairement *Have - en* avec le gérondif là où le français utilise l'auxiliaire «avoir» ou «être» pour indiquer l'antériorité. Certains éléments (le sens des verbes, le mot *"after"*) peuvent indiquer de façon suffisante une relation d'antériorité entre les deux actions.
Ainsi on emploie le gérondif sans *Have - en* dans :
I remember coming here before. Je me rappelle être déjà venu ici.
After leaving her he realized that he had forgotten to give her his new address.
Après l'avoir quittée, il se rendit compte qu'il avait oublié de lui donner sa nouvelle adresse.
He was blamed for stealing the money. On lui a reproché d'avoir volé l'argent.
(Relation logique d'antériorité entre *stealing* et *was blamed*.)

EXERCICE

1. Traduisez.

1. Il se sentait coupable d'avoir refusé d'aider le vieillard à mourir paisiblement.

2. On dit que les fumeurs passifs peuvent avoir des maladies cardiaques à cause du tabac.

3. Un citoyen britannique a passé un an en prison pour avoir refusé d'éteindre son téléphone portable dans un avion.

4. Après avoir félicité les villageois d'avoir répondu à l'appel, il entama un long discours ennuyeux.

5. Je me rappelle avoir déjà entendu ce type d'argument.

6. On disait que dans sa jeunesse elle avait participé à plusieurs manifestations.

7. On dit que le vaccin a été inventé par deux médecins suisses.

8. Après s'être disputés pendant des heures, ils décidèrent de ne plus s'adresser la parole.

9. Ils m'ont souvent reproché d'avoir voulu tout faire moi-même.

10. On lui a décerné le premier prix pour avoir passé trois semaines sans dire un gros mot.

11. Je ne peux pas vous remercier d'avoir beaucoup cherché à me comprendre.

12. Je ne souviens pas d'avoir jamais payé si cher pour une chambre d'hôtel !

13. On l'a souvent cité en exemple pour avoir maintes fois fait preuve de courage.

14. Il me le paiera ! Une fois cela dit, il sortit en claquant la porte.

15. François-Victor Hugo est surtout connu pour avoir traduit Shakespeare.

7. LES NOMINALISATIONS EN - *ING*

On appelle ainsi les transformations des verbes par ajout du suffixe - *ing* : *driving, swimming,* etc.
La forme - *ing* peut servir à former un certain nombre de structures dans lesquelles peuvent éventuellement apparaître sujets et compléments. Ces structures ont un statut plus ou moins nominal ou verbal. Une division nette ne peut être établie, mais certains éléments peuvent permettre une classification.
Une importante différence de sens existe entre les deux types de construction.

STATUT VERBAL
Sens : « le fait de / le fait que »

I don't like him driving your car so recklessly.
Je n'apprécie pas le fait qu'il conduise ta voiture de façon si imprudente.
La proposition en - *ing* peut comprendre comme c'est le cas ci-dessus :
- un sujet à la forme complément *(him)*
- un complément d'objet direct *(your car)*
- un adverbe *(so recklessly).*

On peut également trouver une négation devant la forme - *ing* :
I'm worried about you not sleeping.
Je m'inquiète du fait que tu ne dormes pas.

STATUT NOMINAL
Sens : « la façon de / la façon dont »

I don't like his reckless driving of your car.
Je n'aime pas cette façon imprudente qu'il a de conduire ta voiture.
La proposition en - *ing* peut comprendre comme ci-dessus :
- un sujet à la forme du génitif : possessif *(his)* ou pour un nom **'s** *(Paul's)*
- un adjectif devant la forme *-ing (reckless)*
- un complément du nom *(of your car).*

Remarque
On trouve parfois un mélange des deux constructions.

8. VERBES DE PERCEPTION

I saw him come / I saw him coming along.
Ces verbes peuvent se construire avec la base verbale ou la forme - *ing.*
Les constructions ne sont pas équivalentes.

COMPAREZ
a *I saw him come.* Je l'ai vu arriver.
> « Je sais qu'il est venu ».
b *I saw him coming along.*
> « J'ai assisté à son arrivée ».
La forme a une valeur beaucoup plus descriptive et renvoie à l'activité du sujet.

Passivation

COMPAREZ
a *I heard him say it was stupid.* Je l'ai entendu dire que c'était idiot.
b *He was heard to say it was stupid.* On l'a entendu dire que c'était idiot.
a *I saw him drink.* Je l'ai vu boire.
b *He was seen to drink.* On l'a vu boire.
L'infinitif avec *to* apparaît à la voix passive.

EXERCICE

1. Traduisez.

1. Je n'aime pas qu'il te nargue toute la journée. *(to nag)*
2. Bien sûr, j'apprécie le fait qu'elle n'ait pas insisté pour que nous buvions un autre verre.
3. Comment pourrais-je approuver le fait qu'elle m'a empêché d'atteindre mon but ?
4. Je m'inquiète un peu du fait que Sarah ne soit pas encore rentrée.
5. Le fait que Cecilia joue le Concerto n° 1 de Chopin m'a beaucoup plu.
6. Le fait que Paul refuse de donner le bras à Beryl est plutôt étrange, tu ne trouves pas ?
7. Je l'ai entendu dire qu'il prêterait plus particulièrement attention au cas des personnes du troisième âge.
8. On l'a vu parler à la fleuriste, et pourtant je ne l'ai pas vu sortir de chez lui.
9. Cela m'est égal qu'elle se plaigne *(to moan)* tout le temps, mais je ne peux pas m'habituer au fait qu'elle ne me parle plus.
10. Vous êtes au courant du fait que Chris veut abandonner ses études pour travailler dans une ferme ?
11. Que penses-tu du fait qu'elle soit ré-élue pour la troisième fois ?
12. Vivre à l'étranger implique que l'on laisse beaucoup d'amis derrière soi.
13. Elle dit qu'elle n'est pas d'accord sur le fait que je garde les enfants une semaine sur deux.
14. Tu es au courant du fait que Jeremy a emménagé avec Nicolas ?
15. Je n'aime pas du tout cette façon qu'elle a de toujours frapper à notre porte quand nous allons nous mettre à table !
16. Ce n'est pas de travailler sans manger qui me fait peur, c'est seulement de travailler !
17. Marcher pendant des heures sans voir une âme me rendrait très anxieux.
18. La natation et la course à pied sont les sports préférés de Monsieur tout le monde.
19. Vivre dans une grande ville exige que l'on possède beaucoup d'argent.
20. Je ne pense pas que le fait qu'il la taquine sans cesse la fasse changer d'avis.

STRUCTURES CAUSATIVES, THÉMATISATION ET STRUCTURES RÉSULTATIVES

I. STRUCTURES CAUSATIVES

On appelle « structure causative » une construction de ce type :
John made his wife laugh. John a fait rire sa femme.
Cette construction fait apparaître :
- un sujet provoquant une action : *John*,
- un sujet exécutant l'action : *his wife*.

Remarque
Lorsque le deuxième groupe nominal est un pronom, il se met à la forme complément (*me, him, her*, etc.), car la 2e proposition (ici, *her laugh*) occupe la place de complément de la 1re (*John made*).

Mais il existe d'autres structures « causatives » (en *have* et *get* par exemple). Pour les comprendre et les construire correctement, deux paramètres sont à prendre en compte : la forme du 2e verbe et la différence entre structure causative et « thématisation » (voir p. 222).

La forme du deuxième verbe

Il peut s'agir d'une base verbale, d'un participe passé, d'un participe présent ou d'un infinitif avec *"to"* ; le rôle joué par le groupe nominal dans la deuxième proposition est lié à la forme du 2e verbe.
a Base verbale : *She had him* ***sign*** *a second cheque.*
Elle lui fit signer un deuxième chèque.
Le sujet 2 (*him*) est celui qui exécute l'action désignée par la base verbale (*sign*).
b Participe passé : *We ought to have the car* ***repaired****. / We ought to get the car* ***repaired****.* Il nous faudrait faire réparer la voiture.
Le deuxième groupe nominal (*the car*) est en fait l'objet sur lequel porte l'action. Le participe passé a une valeur passive, l'action est (sera) exécutée, mais on ne nous dit pas par qui.
c Participe présent : *He is such a good comedian that he had us* ***laughing*** *all through his show.* C'est un comédien si brillant qu'il nous a fait rire pendant tout son spectacle.
Le groupe nominal (*us*) est sujet de *laughing* ; l'action est mise en situation (voir valeurs de *-ing,* et notamment, activité déjà réalisée, p. 206).
d Infinitif avec "to" : *Get Ronald* ***to help us****. He will know how to do it.*
Demande à Ronald de nous aider. Il saura comment faire.
L'infinitif (en *"to"*), projette l'action dans l'avenir (voir valeur de visée de l'infinitif p. 204). Le deuxième groupe nominal (*Ronald*) est bien sujet de *to help us.*

La différence entre structure thématisante et structure causative

Certaines constructions en *have* et *get* ressemblent à des structures causatives mais elles ne le sont pas.
We had / we got our roof blown off in the storm. Nous avons eu le toit arraché par l'orage.
Le premier sujet (*we*) ne provoque pas l'action, il en subit les effets. On parle de « thématisation » (voir p. 222).

MAKE + COMPLÉMENT + BASE VERBALE

Make indique une forte relation de cause à effet. Il y a quelqu'un ou quelque chose qui « déclenche » l'action et quelqu'un d'autre qui « l'exécute ».
a *I made him work hard.* Je l'ai fait travailler dur.
I est le déclencheur et *him* est le sujet qui exécute l'action (le déclencheur et l'exécutant sont deux personnes différentes). Le déclencheur peut être un sujet non-animé.
b *Onions make your eyes water.* Les oignons font pleurer.
c *Nothing will make me change my mind.* Rien ne me fera changer d'avis.

Passivation des structures en *make*

La transformation à la voix passive fait apparaître l'infinitif avec "*To*" là où à la voix active, on trouvait la base verbale.

COMPAREZ

a *John made her go.*
John l'a fait partir.
b *She was made to go.*
On l'a fait partir. (Elle a été forcée de partir.)

HAVE + COMPLÉMENT + BASE VERBALE

a *I had him repair my car.* Je lui ai fait réparer ma voiture.
b *I had Paul do the work for me.* J'ai demandé à Paul de me faire ce travail.

Dans cette structure comme dans la structure en *make*, il y a un déclencheur et un sujet qui exécute. Mais à la différence de *make, have* n'exprime pas une forte pression (voir « *Have* : Thématisation », p. 222).

HAVE + COMPLÉMENT + PARTICIPE PASSÉ

Quelqu'un fait exécuter un acte

Le participe passé a un sens passif.
John had his car repaired. John a fait réparer sa voiture.
> La voiture a été réparée et c'est John qui l'a fait faire.
(On ne nous dit pas qui a réparé la voiture.)
The government had the document signed. Le gouvernement a fait signer le document.
> Le document a été signé à la demande du gouvernement.
(On ne nous dit pas qui l'a signé.)

Avec cette structure, on sait :
- qui est le déclencheur (celui qui fait faire l'action),
- que l'action a été (ou sera) réalisée, d'où l'emploi du participe passé.
- que le groupe nominal placé devant le participe passé est un sujet passif, qui subit les effets de l'action. On ne sait pas qui a exécuté l'action.

Remarques
- Si on désire indiquer qui est l'agent, on le fait en se servant de la préposition *by*.
I had my car repaired by a man I know well at my father's garage. J'ai fait réparer ma voiture par un homme que je connais bien, dans le garage de mon père.
- ***Want :*** *I want it done immediately.* Je veux que cela soit fait tout de suite.
(Est proche d'une structure causative, voir p. 224)

EXERCICE

THÈME

1. Traduisez en utilisant *make* ou *have* + participe passé.

1. Il nous a fait courir pendant deux heures ! Je n'arrive pas à le croire !
2. Un automobiliste s'est fait frapper *(punch)* par un laveur de pare-brise après avoir refusé de se faire nettoyer le pare-brise.
3. Les autorités ont fait condamner le commerçant à une lourde amende (verbe *fine*).
4. On leur a fait signer la lettre. Ensuite les terroristes les ont fait exécuter.
5. Un automobiliste a été agressé *(mug)* tandis qu'il faisait réparer sa voiture sur l'autoroute.

STRUCTURES CAUSATIVES, THÉMATISATION ET STRUCTURES RÉSULTATIVES

GET

Get + complément + participe passé

Get + participe passé est proche de *have* + participe passé mais du fait du sens du verbe (« obtenir »), cette structure peut indiquer une agentivité plus forte.

Sens 1 causatif : *I must get my hair cut.* Il faut que je me fasse couper les cheveux.

Sens 2 « thématisation » (voir ci-dessous, 2)

Get + complément + infinitif

I eventually got them to talk the matter out. J'ai fini par leur faire dire ce qu'ils savaient. (sens causatif)

Get + complément + participe présent

We'll soon get the car going. Nous allons bientôt arriver à faire démarrer la voiture. (sens causatif)

Get est proche de *start.*

What he said started me thinking. Ce qu'il m'a dit m'a fait réfléchir.

LET + COMPLÉMENT + BASE VERBALE

Let exprime l'autorisation donnée à autrui de faire quelque chose.

I let him go. Je l'ai laissé partir.

FORCE, CAUSE + COMPLÉMENT + *TO* + INFINITIF

I forced him to do it. Je l'ai forcé à le faire.

The war caused him to go. La guerre a provoqué son départ.

Ce sont des verbes qui par leur sens même, établissent une relation causative.

2. THÉMATISATION

Si le sujet n'est pas le déclencheur de l'action mais qu'il est celui autour duquel est centré l'énoncé, on dit qu'on a affaire à une thématisation.

En français, les deux énoncés suivants sont construits de cette manière (centrés, thématisés sur le sujet « Je »).

J'ai mes enfants qui viennent dîner. J'ai ma voiture qui est en panne.

En anglais, on trouve ce type de fonctionnement avec les structures suivantes :

***Have* + complément + base verbale**

We've had as many as one hundred people land here in one day.

(Énoncé entendu à la BBC 1, à propos des Haïtiens.)

On a eu jusqu'à une centaine de gens qui ont débarqué en une journée.

I had a very strange thing happen to me. Il m'est arrivé quelque chose de très étrange.

Avec les modaux *Won't* et *Can't*, la structure est proche par le sens de *let.*

I won't / I can't have you say that! Je ne te laisserai pas / Je ne peux te laisser dire ça !

***Have* + complément + participe passé**

Paul had his bag stolen. Paul s'est fait voler son sac.

Ici encore l'action n'a pas été déclenchée par le sujet.

(Paul n'est pas le déclencheur, mais la victime.)

Get peut occuper la même place que *have.*

I got my house broken into twice last year. Je me suis fait cambrioler deux fois l'an dernier.

Ceci est un usage américain.

Have* + complément + forme *-ing

We had the baby crying all night. On a eu le bébé qui a pleuré toute la nuit.

Ici également, le sujet n'est pas le déclencheur.

COMPAREZ

Différence entre *have*… base verbale et *have*… participe présent

a *I can't have you say that!*

Je ne peux te laisser dire ça !

b *I can't have you telling such lies!*

Je ne peux te laisser (continuer à) dire de tels mensonges.

Avec la base verbale (*say*), rien ne nous dit si l'action a déjà été réalisée ou non ; avec la forme en *-ing* (*telling*), il y a mise en situation d'une activité déjà en cours ou déjà réalisée (voir *-ing*, p. 206).

EXERCICES

VERSION

1. Traduisez.

1. *The white kitten had been having its face licked by a friendly dog for the last quarter of an hour.*
2. *I won't have you call me a coward.*
3. *At one time or another everyone has had it happen: poking a stranger in the eye while giving directions.*

THÈME

2. Traduisez avec *have* ou *get*, suivis, selon le cas, de la base verbale, du participe passé, du participe présent ou de l'infinitif lorsque c'est possible.

1. Je ne peux supporter que tu persistes à perdre ton temps de la sorte !
2. Je ne laisserai personne lui faire du mal.
3. Je ne tolèrerai pas que tu continues à te moquer de moi de la sorte !
4. Il nous est arrivé quelque chose de très amusant.
5. Il a fini par les amener à parler de leurs problèmes.
6. Tu voudrais que je croie à cette histoire ?

3. Traduisez.

1. Il a fait élire, comme maire, un membre de son parti.
2. La mort soudaine du Ministre de l'Éducation a fait changer d'avis bon nombre d'électeurs.
3. Sa femme lui a fait modifier son vote juste avant qu'il entre dans l'isoloir *(the booth)*.
4. Les responsables syndicaux ont eu sur les bras des manifestants qui hurlaient des slogans hostiles devant la résidence du Premier Ministre *(10 Downing Street)*.
5. La vieille dame d'honneur fit faire la révérence aux petites filles devant la Reine *(Lady-in-waiting / to curtsey)*.
6. Le candidat sortant fit installer, par des militants dévoués, des micros dans le bureau du candidat de l'opposition *(to bug)*.
7. Le gouvernement va faire adopter le projet de loi d'ici peu *(to pass the bill)*.
8. On fit prêter aux soldats présents serment d'allégeance à la Couronne *(to swear allegiance)*.
9. Je n'arrive pas à faire marcher mon ordinateur.
10. La police va lui faire avouer le meurtre.

STRUCTURES CAUSATIVES, THÉMATISATION ET STRUCTURES RÉSULTATIVES

> PROBLÈMES DE TRADUCTION : « FAIRE FAIRE »

« Faire faire » quelque chose à quelqu'un

On emploie *make* + complément + base verbale pour indiquer qu'un sujet contraint un autre sujet à agir.

Je lui ai fait réparer la voiture. *I made him repair the car.*

« Faire faire » sans mention de l'exécutant

On emploie *Have* + complément + participe passé pour signifier qu'un sujet obtient qu'une action soit réalisée. On ne mentionne pas qui exécute l'action.

J'ai fait réparer ma voiture. *I had my car repaired.*

Le participe passé *(repaired)* a un sens passif ; le complément d'agent n'est pas mentionné. « La voiture est réparée. »

Remarque

On peut employer *Get* + complément + participe passé ; dans ce cas, la valeur causative peut être pratiquement absente.

I must get this radio mended. Cela peut signifier « Je vais m'occuper de la réparer » ou « Je vais la faire réparer », selon le contexte.

Go and get your hands washed. Va te laver les mains. (Sauf contexte particulier, pas de valeur causative.)

« Se faire + verbe »

Have : Valeur causative

I had a tooth pulled out yesterday. Je me suis fait arracher une dent hier.

Have : Thématisation (sans valeur causative)

I had my bag stolen in the street this morning.

Je me suis fait voler mon sac dans la rue, ce matin.

Make + participe passé : « Se faire entendre / comprendre / etc. »

He couldn't make himself heard. Il n'arrivait pas à se faire entendre.

Attention

En français on emploie un infinitif (entendre) et en anglais un participe passé (*heard*) à valeur passive ; ce type de structure dans laquelle *make* est suivi d'un verbe au participe passé, ne s'emploie que lorsque le 2e sujet , (ici *himself*, pronom réfléchi), renvoie à la même personne que le sujet de *make* (ici *he*) : ce sujet est à la fois déclencheur de l'action et celui sur lequel porte le résultat. Il s'agit d'une causative-résultative (voir ci-contre « Structures résultatives »). On trouve fréquemment cette structure avec les participes passés suivants : *hated, heard, liked / disliked, obeyed, respected, understood.*

Remarque

On trouve aussi cette structure avec *get*.

He was trying to get himself invited. Il essayait de se faire inviter.

Autres traductions

Certaines expressions françaises qui incluent le verbe « faire » se traduisent par un verbe + complément.

Faire bouillir de l'eau : *to boil water*, faire entrer quelqu'un : *to show somebody in*, faire pousser des fleurs : *to grow flowers*, faire faire ses devoirs à un enfant : *to help a child with his homework*, faire venir le docteur : *to send for the doctor.*

3. STRUCTURES RÉSULTATIVES

I wrote myself back to sanity. L'écriture m'a permis de retrouver la raison (C'est en écrivant que j'ai retrouvé la raison.)

Les structures résultatives sont composées des éléments suivants : Sujet-agent + verbe + Groupe nominal ou pronom + adjectif ou participe passé ou groupe prépositionnel. Ce qui est à droite du verbe n'est jamais le complément d'objet : *myself* n'est pas le COD de *wrote*. *Back to sanity* indique le résultat sur *myself*.
Le verbe *wrote* indique la façon dont on arrive au résultat.

Autres exemples

Poor Mavis worried herself ill. (J. Briggs)
La pauvre Mavis s'est rendue malade à force de se faire du souci.
She snapped the book shut. (Mc Ewan) Elle ferma le livre d'un coup sec.
I nearly talked him into reading the Bible.
Je l'ai presque persuadé, à force d'arguments/de lui parler, de lire la Bible.

Attention

They burnt her alive. Ils l'ont brûlée vive.
Ce n'est pas un schéma résultatif. *Her* est le COD du verbe, *alive* n'est pas le résultat.

EXERCICES

VERSION

1. Traduisez.
1. *She struggled out of her coat.*
2. *They shot him dead.*
3. *The suggestion was ridiculed out of existence.*
4. *He went into the sitting room with the satisfaction of having sweated his boredom out of his body. (Ian Fleming).*
5. *Just in time, we talked mother out of selling the house.*
6. *My father used to sing me to sleep when I was troubled as a child.*
7. *The girls had smashed their beds out of recognition.*
8. *The girls had smashed their beds out of frustration.*

THÈME

2. Traduisez.
1. Elle n'arrivait pas à se faire comprendre.
2. Elle n'arrivait pas à leur faire comprendre qu'ils avaient tort.
3. Il s'est fait voler son ordinateur portable.
4. Il a été si pénible (*nuisance*) qu'il s'est fait profondément (*thoroughly*) détester.
5. Un commerçant qui s'était fait cambrioler (*break into the shop*) deux fois auparavant a fait équiper sa boutique d'un système de protection meurtrier.

LA PROPOSITION INFINITIVE

Lorsque l'infinitif est précédé d'un sujet, on parle de « proposition infinitive » : l'infinitif signifie ici base verbale précédée de *To*.
L'infinitif renvoie à une notion de visée, ce qui dans de nombreux contextes signifie « renvoi à l'avenir ». (voir chapitre 17, p. 204).
I don't want you to go. Je ne veux pas que tu t'en ailles.

Si le sujet est un pronom, celui-ci sera au cas complément car la proposition infinitive est complément d'objet direct du verbe principal.
I don't want him to go. Je ne veux pas qu'il s'en aille.
Pronoms au cas complément : *me, you, him / her / it, you, us, them.*

LA PROPOSITION INFINITIVE COMPLÉMENT D'OBJET

Parmi les verbes qui sont suivis de l'infinitif, un certain nombre seulement admettent la proposition infinitive : *ask, advise, expect, need, order, tell, prefer, want*. Ce sont des verbes qui établissent une relation forte entre les deux sujets (pression, demande, offre).
I ordered him to answer. Je lui ai ordonné de répondre.
La négation se place devant l'infinitif.
He expects you not to say anything. Il s'attend à ce que tu ne dises rien.

Le verbe *tell*

- Lorsque *tell* signifie « ordonner », il est suivi d'une proposition infinitive (car un ordre situe l'action dans l'avenir).
  They've told me to go. Ils m'ont dit de partir.
- Lorsque *tell* signifie « informer » ou « raconter », il est suivi d'une subordonnée en *that*. (*That* permet de reprendre ce qui a été dit).
  They told me that you would go. Ils m'ont dit que tu partirais.

Forme passive de l'infinitif

- La proposition infinitive peut inclure une forme passive.
  I want it to be done immediately. Je veux que cela soit fait immédiatement.
- Avec *want, prefer* (verbes de volonté et de souhait), on peut effacer l'infinitif : seul le participe passé apparaît.
  I want it done immediately.

COMPAREZ

a *"No one would hide the money in a place like that unless he wanted it to be found."*
Personne ne cacherait l'argent dans un endroit pareil à moins qu'il ne veuille qu'on le trouve. (Agatha Christie)
b *"Unless he wanted it found," murmured Poirot.*
À moins qu'il ne veuille qu'on le trouve. (Agatha Christie)

LA PROPOSITION INFINITIVE INTRODUITE PAR *FOR*

Lorsque la proposition infinitive n'est pas complément d'objet direct du verbe, on utilise *for* pour introduire le sujet de l'infinitif.

Proposition complément de but

I did it for you to win. Je l'ai fait pour que tu gagnes.

Autres compléments

Complément d'un nom

There is nothing for you to do. Il n'y a rien à faire / Il n'y a rien que tu puisses faire (*for* indique la destination).

Complément d'un adjectif (ou d'un adverbe).

It was too late for him to go. Il était trop tard pour qu'il s'en aille.

Complément de verbes prépositionnels en *for (ask for, wait for, arrange for)*
You'll have to wait for them to go. Il faudra que tu attendes qu'ils partent.

Proposition sujet
a *It would be stupid for them to go now.* Ce serait idiot qu'ils s'en aillent maintenant.
signifie b *[For them to go now] would be stupid.*

***It* et la proposition infinitive**
It permet d'annoncer la proposition qui suit. C'est pour cette raison qu'on emploie *it* après *find* et *make* devant un infinitif.
It would be hard for her to stop. Il lui serait difficile de s'arrêter.
*I find **it** difficult to believe that he is a liar.* Il m'est difficile de croire que c'est un menteur.
*They made **it** difficult for me to go.* Ils n'ont pas facilité mon départ.

EXERCICES

1. Écrivez des énoncés corrects à partir des éléments donnés entre parenthèses.

1. "I do hope that (you - not - be) too uncomfortable. If there's anything you want (alter), do say so."
2. They told (she - not - wait for - they - make a decision).
3. "It seems to me (a curious thing - have happened): the murderer wanted the body (find)."
4. She told him (it - be too late - cancel the ceremony).
5. The Queen ordered (flags - be flown) half mast.
6. She suggested that (I - ask for it myself).
7. She was so voluble that there was (nothing - I - do) but (listen) patiently.
8. They recommended that (a new measure - be taken).
9. "Well," he said, " there's nothing (you - see) here."
10. "It's (you - say) what is (do).
11. He was anxious (not - come to a decision) too rapidly.
12. His denial bore the mark of truth too plainly (she - be deceived).

2. Traduisez.

1. Peux-tu attendre qu'ils aient fini ?
2. J'ai besoin que tu m'aides.
3. Il a demandé que la facture *(bill)* soit prête samedi.
4. Peux-tu faire en sorte *(arrange)* que la voiture soit réparée lundi ?
5. Je n'ai jamais trouvé cela impossible à faire.
6. Je veux que ce soit nettoyé immédiatement.
7. Je suggère que vous les écoutiez.
8. Je n'ai pas fait cela pour que tout le monde le sache.
9. C'est à lui de voir ce qu'il faut faire.
10. Ils m'ont dit de ne pas essayer de la revoir.
11. Fait-il assez doux pour que la neige fonde ?
12. Je tiens vraiment *(be anxious)* à ce qu'il y ait beaucoup de visiteurs.

LA PROPOSITION INFINITIVE

***To V* ou *To V-ing* ?**

To n'est pas toujours la marque de l'infinitif. *To* peut être une préposition suivie de *-ing* (voir chapitre 17, p. 208).

I object to his (him) working with us.

Je ne suis pas d'accord avec le fait qu'il travaille avec nous.

PROPOSITION INFINITIVE ET PARAPHRASES

On se souviendra qu'à la différence de la proposition infinitive, les subordonnées incluant un modal expriment un point de vue subjectif sur l'action (jugement personnel, pression sur autrui).

Expression du jugement appréciatif

Après un adjectif exprimant une appréciation *(good, stupid, fair, unfair)*, on peut trouver une proposition infinitive ou une subordonnée en *that*.

On introduira *should* dans la subordonnée en *that*.

a *It is unfair for him to be punished.* Il est injuste qu'il soit puni.

> b *It is unfair that he should be punished* (voir p. 86).

Expression du jugement de probabilité

a *She is unlikely to win.* Il est improbable qu'elle gagne.

> b *It is unlikely that she should win.*

a *She is sure to win.* Il est certain qu'elle va gagner.

> b *It is sure that she will win.*

Expression de l'irréel

a *It's high time for him to go.* Il est grand temps qu'il s'en aille.

> b *It's high time he went.* (prétérit « modal »)

a *I'd prefer her to go now.* Je préfèrerais qu'elle s'en aille maintenant.

> b *I'd rather she went now.* (prétérit « modal »)

Verbes d'opinion : *to know, to consider, to feel*

a *We know it to be a mistake.* Nous savons que c'est une erreur.

> b *We know that it is a mistake.*

Verbes servant à rapporter des paroles

To say, to report, to believe, to know, to think, to suppose.

a *They say that he is rich.*

> b *He is said to be rich.* On dit qu'il est riche.

a *Everybody knew that he was fond of dancing.*

> b *He was known to be fond of dancing.* On savait qu'il adorait la danse.

(Voir Voix passive, p. 256, voir Infinitif p. 204)

Expression du but

a *He did it for everyone to admire him.* Il l'a fait pour que tout le monde l'admire.

> b *He did it so that everyone could admire him.*

EXERCICES

1. Mettez les éléments entre parenthèses à la forme qui convient.

1. *Major airlines are recommending that (fliers - check in earlier) because of increased security at US airports. President Bush wants (new security measures - take) for all domestic and international flights. The measures require more (question) of passengers in check-in lines. The Federal aviation suggests that (travelers - label their baggage - and arrive early) with photo identification.*
2. *The Ministry said it was hard (outsiders - comment on an employer's decision). It is traditional (the participants - join in).*
3. *It is required that (shotgun owners - have a licence).*
4. *It's time (we - wake up to the threat).*

2. Transformez les énoncés en utilisant l'amorce proposée.

1. *Everybody knows that the Minister has met all his targets.*
   > *The Minister* ....
2. *We understand that the amount is worth almost half the annual salary of a teacher.*
   > *The amount* ....
3. *We consider that they are good enough for the job.*
   > *They* ....
4. *We know that the scheme is unrealistic.*
   > *The scheme* ....
5. *I'd rather they did not tell me what to do.*
   > *I'd prefer* ....

3. Traduisez.

1. C'est pour que tu t'habitues à nos nouvelles coutumes.
2. On s'attend à ce que 15 millions d'enfants soient vaccinés.
3. Je ne veux pas que cela soit rendu public.
4. On s'attend à ce que la catastrophe ait pour conséquence des milliers de morts.
5. Il faut que les malades attendent que les symptomes disparaissent.
6. Il est tout à fait probable que Barry Sanders quitte les *Detroit Lions*.
7. Le ministre recommande que les enfants fassent au moins une demi-heure de travail à la maison tous les soirs.
8. Ils prétendent que s'attendre à ce que les enfants de cinq ans soient capables d'écrire leur nom, c'est totalement irréaliste.
9. Je trouve remarquable qu'ils aient décidé de rester après tout ce qui s'est passé.
10. Je préfèrerais qu'ils le fassent eux-mêmes.
11. Il a insisté pour que je leur parle.
12. Je ne suis pas habitué à ce qu'elle me donne des ordres.
13. Je ne veux pas que cela soit modifié.

CHAPITRE 20

SUBORDONNÉES COMPLÉTIVES ET CIRCONSTANCIELLES

I. LES SUBORDONNÉES EN *THAT*

I THINK THAT..., IT'S FUNNY THAT...

That est une conjonction qui introduit une subordonnée. La subordonnée en *that* peut être complément de la proposition principale *(I know that...)* ou d'un adjectif *(It's funny that...)*. *That* joue le rôle d'un relateur (proche de celui qu'il joue dans les relatives) entre les deux propositions.

Verbes directement suivis de *that*

Ce sont en général les verbes d'opinion tels que *say, believe, hear, know, think, claim, guess, suggest, agree, understand, gather, argue, remember...*

He knew quite well that it was all wrong. Il savait très bien que tout était faux.

Dans la langue parlée et les dialogues, les deux propositions sont souvent juxtaposées. L'énonciateur n'intervient pas : *that* est effacé.

I think you're right. Je crois que tu as raison.

Verbes + complément suivis de *that*

Ce sont des verbes comme *tell, inform, convince*.

He told us that he would be late. Il nous a dit qu'il serait en retard.

Certains de ces verbes peuvent se construire avec ou sans complément

Answer, show, explain, confirm, offer, etc.

He explained (to us) that he'd lost his car. Il (nous) expliqua qu'il avait perdu sa voiture.

She answered (us) that the machine still worked.

Elle (nous) répondit que la machine fonctionnait encore.

Adjectifs suivis de *that*

Certains adjectifs, qui expriment en général les sentiments, comme *anxious* (très désireux de), *glad, surprised, amazed, happy*, peuvent être complétés par une subordonnée en *that*.

He's glad that nothing happened. Il est content que rien ne se soit passé.

***That* + *should* dans la subordonnée**

L'adjectif ou le verbe placés devant *that* expriment une nécessité ou une contrainte

It is necessary, important, essential, I'm anxious, I suggest, I demand, I order, I insist, I command, I request, I recommend.

I'm anxious that he should do it. Je tiens beaucoup à ce qu'il le fasse.

I suggest that he should go. Je suggère qu'il s'en aille.

Should exprime une contrainte atténuée. Le contenu de la principale redouble celui de la subordonnée. La principale pourrait d'ailleurs être supprimée sans changement.

I suggest that he should go **>** *He should go.*

Les deux propositions peuvent aussi être juxtaposées dans ce cas.

- À la place de *should* + verbe, on peut trouver la base verbale seule (qui est une forme de subjonctif très utilisée en anglais américain).

She demanded that he come early. Elle exigea qu'il vienne tôt.

EXERCICES

1. Choisissez la réponse qui convient.

1. ...... *I hated most was the music.*
   a) How b) However c) What d) Whatever
2. *It was not clear ...... we were to leave on Tuesday or Friday.*
   a) what b) whatever c) that d) whether
3. ...... *finds the hidden message wins the first prize.*
   a) Whoever b) Whatever c) Wherever d) Whenever
4. ...... *he phones to apologize, I refuse to talk to him again.*
   a) In spite b) Unless c) Whatever d) Whether
5. *Really, I'm sure that ...... scared him was the length of the journey.*
   a) what b) which c) that d) whatever

2. Traduisez.

1. Je suis surpris qu'elle ne t'ait pas dit qu'elle devait partir pour Southampton.
2. Il est essentiel que la jeune génération se rende compte de la gravité de la situation.
3. Ça ne lui ressemble pas. Il est impossible qu'il ait réagi de la sorte.
4. Il est intéressant de souligner que la majeure partie du quartier est construite sur un volcan.
5. Il n'est pas nécessaire que nous te rappelions tes devoirs de mère, je suppose ?
6. Elle suggéra que tout le monde s'habille en rose pour la St Valentin.
7. Ils nous ont recommandé de bien faire attention à la circulation de fin de semaine.
8. Crois-tu qu'ils peuvent exiger que nous ne fumions pas dans nos chambres ?
9. Je te suggère de ne pas écouter cette émission ce soir.
10. Ils insistèrent pour que nous acceptions leur offre.
11. Ils s'attendaient à ce que leur parti fasse un meilleur score.
12. Pourquoi as-tu suggéré qu'elle avait peut-être un amant ?

L'adjectif placé devant *that* exprime un jugement (modalité appréciative)
It is funny, unfair, impossible, etc.
It's funny that he should want to be with her. C'est drôle qu'il veuille être avec elle.
It is impossible that he should have forgotten. Il est impossible qu'il ait oublié.
La proposition subordonnée exprime un fait sur lequel le jugement s'exerce *a posteriori.*

Certains verbes se construisent avec une proposition infinitive
Ce sont des verbes comme *want, advise, ask, expect, I'd like*, qui permettent à un sujet 1 d'agir sur un sujet 2 pour que celui-ci fasse quelque chose.
I want you to tell me the truth. Je veux que tu me dises la vérité.
(voir chapitre 19 : Proposition infinitive).

Beaucoup de verbes ont des constructions multiples

Expect

COMPAREZ

a *I expect her to come back soon.*
Je m'attends à ce qu'elle revienne bientôt.
Il existe aussi :
b *I expect that (= I suppose that) she'll come back soon.*
Je suppose qu'elle reviendra bientôt.

Suggest
a *He suggested that (= said that) she may have gone back home.*
Il suggéra (= fit la suggestion) qu'elle était peut-être rentrée à la maison.
b *He suggested that she should go back home.*
Il lui suggéra de rentrer à la maison.
c *He suggested going home.* (Ici, *he* fait aussi l'objet de la suggestion.)
Il suggéra de rentrer à la maison.
Les dictionnaires unilingues proposent un tableau de fonctionnement des verbes qu'il faut consulter pour connaître toutes les constructions possibles.

2. LES SUBORDONNÉES EN *WH* *WHAT, WHEN, WHERE, HOW, WHETHER*

Les subordonnées en *WH* explicitent (ou déterminent) la principale, comme en atteste la présence de « ce » dans la traduction. (On peut ici aussi faire un rapprochement avec les relatives.)
I know what you've been doing. Je sais ce que tu as fait.
What explicite le contenu de *know.*

WHAT

La proposition en *what* peut être sujet ou complément
What I like best is her voice. Ce que je préfère, c'est sa voix.
I'll tell you what I've found. Je te dirai ce que j'aurai trouvé.
(On n'emploie pas *Will* dans la subordonnée pour exprimer l'avenir.)
(Voir « Ce que / Ce qui » (*What* et *Which*) p. 200).

EXERCICES

1. Choisissez la réponse qui convient.

1. There was no clear indication ...... the fire broke out.
a) for which b) as to how c) how about d) by what
2. She is a supporter of ...... might be called nuclear conservation.
a) such as b) that c) which d) what
3. He realized it was ...... she had been trying to convey.
a) what b) that c) which d) why
4. He says he comes from Gosforth, ... that is.
a) whatever b) wherever c) whether d) what on earth
5. I doubt ...... you will find her in the telephone directory.
a) wherever b) whether c) what d) whatever

2. Traduisez.

1. Nous ne savons toujours pas comment nous allons appeler notre fils.
2. La question est de savoir si nous allons choisir un prénom anglais ou français.
3. Je me demande où sont passées toutes les photos de nos vacances.
4. Dis-moi quand tu voudras que je t'aide à couper tes arbres.
5. Je ne comprends pas pourquoi elle veut tant que nous passions par Bristol.
6. Ne vous attendez pas à ce que le personnel approuve cette mesure.
7. Ce que je ne comprends pas c'est qu'il n'y a pas eu encore de compression *(reduction)* du personnel.
8. Je suppose *(expect)* que vous voulez voir ce qu'elle a fait.
9. Je te dirai ce que j'aurai vu pendant mon voyage.
10. Il suggéra qu'il y ait des réductions budgétaires.

WHEN

Rappel

- Lorsqu'il y a renvoi à l'avenir, la subordonnée de temps introduite par *when* sert de repère (comme le ferait *tomorrow*) et ne comporte donc pas le modal *will* (voir p. 38).
  I'll tell you when you come. Je te le dirai quand tu viendras.
- En revanche dans les questions indirectes introduites par *I wonder, I don't know, I asked, I wanted to know, I'm not sure,* la subordonnée en *when, where, how, whether* exprime la visée : *will* apparaît pour exprimer le futur.
  I wonder when she will come.
  Je me demande quand elle viendra. >*When will she come? I wonder.* (voir p. 38)

WHERE

I'm going where no one will find me. Je m'en vais là où personne ne me trouvera.

Remarque
« Là » ne se traduit pas dans ce cas.
I wonder where she went (to). Je me demande où elle est allée.
La préposition *to* n'apparaît pas nécessairement avec *where*.

IT ET LES SUBORDONNÉES EN *WH*

It peut occuper la première place (la place du sujet) dans l'énoncé et annoncer une subordonnée en *that* ou *when.*
It is obvious that he's lying. Il est évident qu'il ment.
I like it when you sing. J'aime bien quand tu chantes.

HOW

« La façon de », « la manière de »
Suivi d'un verbe à l'infinitif ou d'une proposition, *how* renvoie à « la façon de faire » et se traduit souvent par « comment ».
I don't know how he managed to do it. Je ne sais pas comment il a réussi à le faire.
I don't know how you could swim in such cold water.
Je ne sais pas comment tu pourrais (faire pour) nager dans une eau si froide.
I don't know how to do it. Je ne sais pas comment le faire.

Évaluation du degré
Suivi d'un adjectif ou d'un adverbe, *how* renvoie à « un certain degré ».
I don't know how old he is. Je ne sais pas quel âge il a.
I wonder how big it is. Je me demande quelle est sa taille.
I can't tell you how deep it is. Je ne peux pas te dire quelle est sa profondeur.
You don't know how much she loves you. Tu ne sais pas à quel point elle t'aime.
It's strange how fascinated she is by television.
C'est étrange de voir à quel point elle est fascinée par la télévision.

Remarque
La traduction française exigera parfois que l'on explicite l'idée de degré (« à quel point... »).

WHETHER

Whether indique une tension entre un énoncé positif et un énoncé négatif. Il met en balance l'un ou l'autre des termes de l'alternative.

a *Was it or wasn't it true? It wasn't clear.*

b *It was not clear whether it was true or not.*

On ne savait pas très bien si c'était vrai (ou non).

EXERCICES

1. Choisissez la réponse qui convient.

1. She is a staunch believer in ...... she calls "the teachings of New Age".
a) what b) that c) which d) about what
2. He failed and that's that. There's no point in explaining the reason ...... it.
a) about b) of c) why d) for
3. ...... told you that Scotland was to become totally independent is a fool.
a) Whoever b) Who c) What d) Whether he
4. I'll never know ...... to find it.
a) where b) if c) what d) whether
5. ...... the governement may decide to boycott the embargo is indeed quite likely.
a) What b) When c) That d) Although

2. Complétez les énoncés en utilisant un des mots ou expressions donnés.

Although, however, whether, since, as, so, whereas, provided, so long as, unless, for all, though.

1. ...... she was a bit feverish, she thought it best to cancel the show.
2. They can't use the room ...... they pay for it beforehand.
3. You know that she has to leave, ... much she may love you.
4. They will probably arrive after midnight; you never know, ...
5. The northern part is industrial and rich ...... the south is rural and rather poor.
6. ...... his luck, he didn't do very well in yesterday's competition, did he?
7. You may borrow my binoculars, ... you bring them back by the end of the week.
8. ...... you've learned how to cook, why don't you prepare the dinner this evening?
9. ...... soft drugs should be made legal or not is out of the question for now.
10. They said we could stay for another couple of days, ... we let them know.
11. ...... none of us had any idea of how to help, we all told her that there was nothing to worry about at all.
12. She was there from the start, ... she can tell us all about the invasion of the bats.

3. Traduisez.

1. C'est étrange de voir à quel point les animaux sentent venir l'orage.
2. J'aimais bien quand mon grand-père me tenait sur ses genoux *(lap)*.
3. Il était impossible de savoir s'il disait la vérité.
4. Je ne sais pas quoi faire quand tu n'es pas là.
5. Ils nous ont expliqué comment nous débarrasser de toutes ces fourmis.

PRÉPOSITIONS ET MOTS EN *WH*

La préposition introduit le complément représenté par la subordonnée en *Wh*.
He looks for what he can't get. Il cherche ce qu'il ne peut obtenir.
He was not interested in what I was saying. Il n'était pas intéressé par ce que je disais.
The question is about how he will succeed.
La question est de savoir comment il va réussir.

SUBORDONNÉES EN *WH* ET *INFINITIF*

Les subordonnées en *WH* peuvent être à l'infinitif.
On peut toujours leur substituer une subordonnée avec *can, could,* ou *should* (modalité radicale, sens 1 du modal).
I'll tell you what to do **>** *I'll tell you what you can do.*
Je vais te dire ce que tu peux faire.
I don't know where to go **>** *I don't know where I can go.*
Je ne sais pas où aller.
She doesn't know when to start **>** *She doesn't know when she can start.*
Elle ne sait pas quand elle pourra commencer.
They explained how to clean the engine **>** *They explained how we could clean the engine.*
Ils nous ont expliqué comment nettoyer le moteur.
They wondered whether to stay or (to) leave **>** *They wondered whether they should stay or leave.*
Ils se demandaient s'ils devaient rester ou partir.

Remarque
Lorsque le sujet de la principale et de la subordonnée est le même, les pronoms en *WH* sont plutôt suivis d'une proposition infinitive. Comme on le voit, la traduction exige parfois que l'on ait conscience des deux formes.

3. BUT, CAUSE, MOYEN, CONSÉQUENCE

BUT

Question : *What ... for* ?
What did he do it for? Dans quel but a-t-il fait cela ?

Réponses
He did it (Il l'a fait)...
- *to / in order to / so as to win* (pour gagner).
- *for everyone to see him* (pour que tout le monde le voie).
- *with a view to winning* (dans le but de gagner).
- *so that he will / would / may / might* (afin de gagner).
- *in order that he would / might / win* : registre plus littéraire.

Remarque
Avec *so that* et *in order that*, les modaux gardent leur valeur (*will / would* : visée ; *may / might* : probabilité - voir chapitre 4 : La Modalité) et s'accordent en temps avec le verbe de la principale.

COMPAREZ

a *They've bought a bigger house so that all their children may come and stay at the same time.*
Ils ont acheté une plus grande maison afin que tous leurs enfants puissent y venir en même temps.
(Le temps de l'énoncé est présent : *present perfect* et présent du modal *may*.)

b *They bought a bigger house so that all their children might come and stay at the same time.*
Ils achetèrent une plus grande maison afin que leurs enfants puissent y venir tous en même temps.

À cette structure, on préfère souvent la proposition infinitive en *for*, qui exprime le but.
They have bought / bought a bigger house for all their children to come and stay at the same time.

EXERCICE

THÈME

1. Traduisez.

1. Je crois qu'elle n'est tout simplement pas intéressée par la question de savoir s'il faut réduire ou supprimer la consommation de tabac maintenant.
2. Le seul problème, c'est de se demander comment on va payer nos impôts.
3. Il a le droit de traiter avec qui bon lui semble.
4. Pouvez-vous nous expliquer la façon dont vos produits sont fabriqués, pourquoi ils ne sont pas vendus en grande surface, et comment vous réalisez un tel profit ?
5. Tu sais que je n'aime pas quand tu boudes *(sulk)*.
6. Il est allé à Winchester pour voir la Table Ronde du Roi Arthur.
7. Le pays des droits de l'homme a été accusé de violence par Amnesty International.
8. Puisqu'il m'est impossible de te joindre, je te laisse ce mot que tu trouveras à ton retour.
9. Comme il était déjà tard, nous avons préféré repousser *(postpone)* notre visite.
10. Dans le but d'accélérer les négociations, les émissaires *(emissary)* des deux pays ont accepté de se rendre à Washington.

CAUSE

Questions

Why did he do it? Pourquoi l'a-t-il fait ?
Why was he awarded the prize? Pourquoi a-t-il reçu le prix ?
What is the reason why he did it? Quelle est la raison pour laquelle il l'a fait ?

Réponses

He did it because he wanted to win the prize. Il l'a fait parce qu'il voulait gagner le prix.
He was awarded the prize because he had discovered a new treatment.
Il a reçu le prix parce qu'il avait découvert un nouveau traitement.
He was awarded the prize for discovering a new treatment… pour avoir découvert…
For est suivi du gérondif (V -ing) pour exprimer la cause (Voir chapitre 17, p. 208).

Autres expressions de cause

- *Owing to the strike, there will be no flights to London today.*
  En raison de la grève, il n'y aura pas de vol pour Londres aujourd'hui.
- *They were given a medal because of their action during the war.*
  On leur a décerné une médaille à cause de leur action pendant la guerre.
- *He was sent out of the school on account of his behaviour.*
  Il a été exclu de l'école en raison de son attitude.
- *In view of past events, I'm not very optimistic about her chances of success.*
  Étant donné les événements passés, je ne suis pas très optimiste quant à ses chances de réussir.
- *Given the present state of the house, I'm afraid it can't be sold just now.*
  Étant donné l'état actuel de la maison, j'ai bien peur qu'elle ne puisse être vendue tout de suite.
- *The crisis was due to an increase in the price of oil.*
  La crise a été provoquée par une augmentation du prix du pétrole.
- *I can't see for the smoke.*
  Je n'y vois rien à cause de la fumée.
- *She became red with anger.*
  Elle est devenue rouge de colère. (*with* + sentiments)
- *Othello killed Desdemona out of jealousy.* (*out of* + sentiments, explicite la cause)
  Othello a tué Desdémone par jalousie.

As et *since* : valeur causale

As it was too late to go we decided to stay.
Comme il était trop tard pour partir, nous avons décidé de rester.
Avec *as*, l'accent est mis sur la conséquence : *we decided to stay.*
Since you don't want to go, you'll have to stay with them.
Puisque vous ne voulez pas partir, il vous faudra rester avec eux.
Avec *since*, l'accent est mis sur la cause, donnée comme point de départ : « étant donné que ».

EXERCICES

1. Reliez les deux énoncés en opérant certaines modifications le cas échéant. Utilisez des mots pris dans la liste donnée.

Although, while, since, on condition that, contrary to, owing to, so as to, however + much, no matter what, in spite of.

1. *They apparently spoke the same language.*
   They didn't understand each other.
2. *Some people claim that the consumer race is harmful to our societies.*
   Industrialists urge us to consume more and more.
3. *You may enter the frontier zone.*
   You must report to the local authorities first.
4. *She did all she could to make herself understood.*
   Nobody got the message.
5. *They didn't have enough hotels for the tourists.*
   They had to build a few more.
6. *We are all together today at last.*
   We might as well take advantage of it to talk about the future of our firm.
7. *We expected an exceptional performance.*
   In fact, it was quite ordinary.
8. *The weather was very hot.*
   Thousands of holiday-makers took to the roads.
9. *You may care a lot for her.*
   She won't even bother to acknowledge you.

2. Traduisez.

1. En raison des élections, le programme de ce soir sera modifié.
2. On n'entend rien ici à cause de la musique.
3. On lui a décerné une médaille pour son courage et son action pendant la guerre.
4. Il était fou de colère, mais je ne sais pas pourquoi.
5. Étant donné ce qu'ils payent comme impôts, ils doivent avoir un salaire très confortable.
6. Pourquoi est-ce que j'ai décidé de vivre dans la montagne ? Parce que j'ai besoin de solitude.
7. C'est par dépit qu'il a renoncé à son ambition de devenir journaliste.
8. Nous avons nettoyé la cave pour y construire une chambre.
9. Quelles sont les raisons de changement ? Pour quelle raison vouloir tout changer ?
10. Gandhi s'est sacrifié pour que son peuple puisse vivre libre.
11. J'espère qu'elle ne sera pas assez stupide pour lui prêter de l'argent.
12. Afin de financer la production d'armes chimiques, certains pays du Tiers Monde ont des comptes dans des banques étrangères.

MOYEN

She earned a living by giving piano lessons.
Elle gagnait sa vie en donnant des leçons de piano.
Perfection can only be attained through self-effacement.
On ne peut atteindre la perfection que par l'oubli de soi-même.
He cut his way through the forest by means of a hatchet.
Il se fraya un chemin dans la forêt au moyen d'une hachette.
She stirred her coffee with a tooth-pick.
Elle remuait son café avec un cure-dent.

CONSÉQUENCE, CRAINTE

Conséquence

So (that) peut exprimer la conséquence.
They made a lot of noise, so (that) all the neighbours complained.
Ils firent beaucoup de bruit, si bien que tous les voisins se plaignirent.
Contrairement à l'expression du but en *so that* (voir p. 234), *that* peut être effacé lorsque *so that* exprime la conséquence puisque la subordonnée ne développe pas la principale. Les deux propositions pourraient être juxtaposées ou reliées par *and*. (voir aussi chapitre 16 : Les Relatives).
>*They made a lot of noise; all the neighbours complained.*
They made a lot of noise and all the neighbours complained.

_So_ + adjectif ... _that_
They were so tired that they went straight to bed.
Ils étaient si fatigués qu'ils allèrent immédiatement se coucher.

Such + nom ... _that_
They made such noise / The noise was such that everybody complained.
Ils firent un tel bruit / Le bruit était tel que tout le monde s'est plaint.

_So_ + adjectif + _as to_ ...
Don't be so silly as to refuse his help.
Ne sois pas assez bête pour refuser son aide.

Crainte

They did not move | *for fear he might see them* (de peur qu'il ne puisse les voir).
| *for fear he should see them.*
| *lest he should see them.* (littéraire)

Ils ne bougeaient pas, de peur qu'il ne les voie.

EXERCICES

1. Choisissez la réponse qui convient.

1. *The question ...... the Shadow Cabinet will tackle the matter remains unclear.*
   a) that b) how c) of how d) about what
2. *The regulations made it clear that ...... non-alcoholic beverages could be consumed on the premises, any kind of alcohol and food was unauthorized.*
   a) however b) where c) while d) when
3. *...... what the community did for him, he remains quite ungrateful.*
   a) Beside b) While c) Though d) In spite of
4. *All ...... I want is a room with a view.*
   a) that b) what c) which d) as
5. *I very much doubt ...... she will succeed this time.*
   a) when b) what c) that d) as

2. Traduisez.

1. Pour qui as-tu fait cela ? Pour ta mère ou pour Clare ? Dans quel but as-tu menti ?
2. Pourquoi n'as-tu pas triché comme tous les autres ?
3. Pour ne pas les vexer *(upset)*, il a accepté de manger de la viande comme les autres.
4. Prends le joli pull bleu que je t'ai offert pour ne pas avoir froid.
5. Ce n'est pas de douleur que je tremble, c'est de froid.
6. Ils n'avaient pas suffisamment répété *(rehearse)* si bien que leur spectacle n'a pas été très réussi.
7. Nous avons tellement ri que nous ne pouvions plus parler.
8. Ils n'ont rien dit, de peur que je ne comprenne à quel point ils avaient été mesquins.
9. « Ils m'ont tellement embêté que je suis parti sans un mot, » dit le petit garçon.
10. Ils ont crié pour que tout le monde les entende.
11. Grâce à lui, la police a pu trouver un indice précieux.
12. Le pilote a refusé de décoller, de peur de se trouver dans la tornade.
13. Ils ont été si odieux qu'elle n'a plus jamais voulu les revoir par la suite.
14. Ils ont acheté une Jaguar pour que tout le monde sache combien ils étaient riches.

4. HYPOTHÈSE ET CONDITION

HYPOTHÈSE

Degré 1 : présent simple dans la subordonnée

If it rains, perhaps I'll stay and watch TV.
S'il pleut, je resterai peut-être pour regarder la télé.
Le présent simple signifie : « si nous nous trouvons dans ce cas ».
***Should* peut-être présent dans la subordonnée. Il opère un décrochage hypothétique et signifie : « au cas où le sujet serait amené à… ». *If* disparaît alors.**
If you happen to meet him, please let me know.
Should you meet him, please let me know.
Si tu le rencontres, fais-le moi savoir.

Degré 2 : le prétérit modal dans la subordonnée

Le prétérit modal opère un décrochage par rapport au réel *(= "actual")*. Nous sommes dans la modalité de l'incertain.
If you asked him, he would do it. Si tu le lui demandais, il le ferait.

Degré 3 : irréel du passé

Le *pluperfect* modal se trouve dans la subordonnée et opère un double décrochage :
a par rapport au présent (= l'actuel) ; b par rapport au réel *(= "actual")*.
If you had asked him, he would have done it.
Si tu le lui avais demandé, il l'aurait fait.
On peut placer l'auxiliaire en tête d'énoncé. *If* est alors effacé.

COMPAREZ

a *If you had worked harder, you would have found the answer.*
b *Had you worked harder, you would have found the answer.*
Si tu avais travaillé plus, tu aurais trouvé la réponse.

Whether

***Whether* permet le jeu sur les hypothèses (oui / non).**
I'll do it whether you like it or not. Je le ferai que cela te plaise ou non.

CONDITION

He will stay … Il ne restera …
- *only if you give him his money back* … que si tu lui rends son argent. (seulement si …)
- *on condition that you give him his money back.* (à condition que …)
- *provided (that) / providing you give him his money back.* (pourvu que …)
- *He will listen so long as you remain calm.* Il écoutera tant que tu resteras calme.

If* et *unless

He will stay only if you give him his money back.
Il ne restera que si tu lui rends son argent.
He won't stay unless you give him his money back.
Il ne restera pas à moins que tu ne lui rendes son argent.
***Unless* a un sens négatif : le verbe qui suit *unless*, lui, est à la forme affirmative.**

Rappel

***If* et *whether* ne sont pas interchangeables. *Whether* (comme sa terminaison de comparatif l'indique) est de l'ordre de la dualité.**

EXERCICES

1. Traduisez.

1. Elle est toujours heureuse, pourvu qu'elle ait quelqu'un auprès d'elle.
2. S'il n'avait pas écrit ce livre, j'aurais aimé l'écrire, moi.
3. Je veux bien te raccompagner en voiture, mais à condition que tu me payes l'essence.
4. Si le temps s'améliore, nous pourrons nous installer dans le jardin.
5. Ne crains rien. Il ne te mordra pas tant que tu ne bougeras pas.
6. Que cela te plaise ou non, je n'irai pas voir cette exposition avec toi.
7. Tu pourras la voir si et seulement si tu promets de ne plus revenir.
8. La situation ne s'améliorera pas, à moins d'une intervention extérieure.
9. Si au moins nous savions parler japonais, nous pourrions comprendre cette notice.
10. Le syndicat n'acceptera les négociations que si le gouvernement promet une hausse des salaires.

2. Traduisez.

Bien qu'elle n'eût que six ans, Barby était déjà très riche. Alors que ses camarades d'école menaient une existence tout à fait ordinaire, Barby, elle, menait une véritable vie de star.
En effet, dès l'âge de deux ans, ses parents, en dépit de l'avis de leurs proches, l'avaient inscrite à un concours de beauté. « Qu'importe ce qu'en disent les jaloux ! Même si nous échouons, nous ferons tout pour que notre fille soit heureuse, » disaient-ils. Et c'est ce qu'ils firent. Peu importaient les critiques, la famille eut beau essayer de les dissuader, ils se sacrifièrent pour que leur fille soit la plus belle, la plus admirée. Cependant, rien ne fut facile. Où qu'ils aillent, quoi qu'ils fassent, quelle que fût la saison, la compétition était féroce. Et Barby, bien qu'elle fût toujours plus jolie et qu'elle obtînt de bons résultats, semblait devenir de plus en plus difficile. Et pourtant, elle avait tout pour elle : la beauté, le succès, la gloire. Ah ! Ce que le bonheur était donc difficile à atteindre !
Qu'importe, ses parents étaient prêts à tout pour que leur fille soit toujours plus heureuse.
Malgré les difficultés, pensaient-ils, rien ne pourrait s'opposer à l'ambition de leur enfant.
À six ans, Barby était une petite peste riche et heureuse, si heureuse...

5. OPPOSITION ET CONCESSION

(AL)THOUGH OU *WHEREAS* ?

COMPAREZ

a *(Al)though it was raining, he went out without an umbrella.*
Bien qu'il pleuve, il est sorti sans parapluie.
b *It rained in Paris yesterday, whereas we had beautiful weather here in London.*
Il a plu à Paris hier, alors que nous avons eu très beau temps ici à Londres.
L'énoncé **a** présuppose que l'inverse était attendu (rupture de logique) : « puisqu'il pleuvait, je m'attendais à ce qu'il prenne un parapluie ».
Even though peut aussi être utilisé dans ce cas.
Even though it was raining, he went out without an umbrella.
L'énoncé **b** marque une simple opposition : *It rained in Paris / It didn't rain in London.*
While (qui a par ailleurs également une valeur temporelle) peut-être utilisé dans ce cas.
It rained in Paris yesterday, while we had beautiful weather here in London.

Remarques
- *(Al)though* et *Even though* sont suivis d'une proposition.
- On peut aussi utiliser une nominalisation pour exprimer la concession.
  In spite of all his efforts, he may never convince her.
  Despite all his efforts, he may never convince her.
  For all his efforts, he may never convince her.
  Malgré / En dépit de tous ses efforts, il se peut qu'il ne la convainque pas.
- *In spite of / Despite* et *For all* sont suivis d'un nom ou d'un groupe nominal.

AS / THOUGH + ADJECTIF

Dans un style soutenu, *as* et *though* (littéraire) s'utilisent à la suite d'un adjectif
Patient as / though he may be, he can't put up with her.
Il a beau être patient, il ne la supporte pas.

WH + *EVER* ET L'EXPRESSION DE LA CONCESSION

Les pronoms interrogatifs combinés avec *ever* expriment la concession, c'est à dire qu'ils effectuent un parcours sur un ensemble de possibles exprimés par la principale, comme en attestent les diverses traductions en français (« quoi que… », « où que… »). À chacune de ces expressions correspond une expression en *No matter* + *WH*.

La concession porte sur un adjectif ou un adverbe

However / No matter how...
However hard she may try, she'll never make it.
No matter how hard she tries, she'll never make it.
Elle a beau faire beaucoup d'efforts, elle n'y arrivera pas.

La concession porte sur un nom

Whatever / Whichever / No matter what / which...
Whatever / Whichever cause you may fight for, it is worth doing.
> *No matter what / which cause you may fight for, it is worth doing.*
Quelle que soit la cause pour laquelle tu te bats, cela en vaut la peine.

La concession porte sur une proposition

Who / What / Where / When + ever / No matter what / where / when...

Whatever you may do, he'll ignore you.

> *No matter what you may do, he'll ignore you.*

Quoi que tu fasses, il fera semblant de ne pas te voir.

Wherever you may go, he'll find you.

Où que tu ailles, il te trouvera.

Whenever you see him, remind him that he owes me some money.

Lorsque tu le verras, rappelle-lui qu'il me doit de l'argent.

Ever **indique qu'il y a parcours d'une série de possibilités sans que soit opéré le choix d'un cas précis.** ***Whoever,*** **« qui » indéterminé, tous les « qui » possibles ;** ***whenever,*** **« lorsque », moment indéterminé (tous les instants possibles...). La modalité de la probabilité est donc compatible avec** ***ever.***

Adverbes exprimant la concession

They've been sharing a house for two years and yet, they don't get on well together.

Cela fait deux ans qu'ils partagent une maison et pourtant, ils ne s'entendent pas bien.

I agree that she's a bit weird. Still, you can trust her.

Je suis d'accord pour dire qu'elle est un peu bizarre. Cependant, vous pouvez lui faire confiance.

They don't earn that much money, however, they buy a new car every other year.

Ils ne gagnent pas tant d'argent que cela et pourtant ils se débrouillent pour acheter une nouvelle voiture tous les deux ans.

Indeed they are late. Nevertheless, we have to start the ceremony immediately.

Évidemment, ils sont en retard. Néanmoins, nous devons commencer la cérémonie immédiatement.

She sounded happy on the phone; she must have been a bit angry, though.

Elle avait l'air heureuse au téléphone et pourtant elle devait être un peu en colère.

EXERCICES

1. Reformulez les énoncés suivants en utilisant *in spite of* ou *despite*.

1. Although more and more people are interested in a spiritual life, money remains the first consolation.
2. She went to Africa to work as a nurse though her parents disagreed with the idea.
3. Although we came back rather late, there was still a lot of traffic.
4. I'm sure she was offended, although she pretended not to be.
5. Though I believe corruption is inevitable in some circles, it is worth trying to control it.

2. *(Al)though, in spite of* ou *whereas* ?

1. Most guests had received the invitation ...... the post office was on strike.
2. ...... he is a football addict, she's fond of bullfights.
3. The fair went on until the early hours of the night ...... the rain.
4. ...... there are five cinemas in the neighbourhood, I've never been tempted to go.
5. ...... she is pro-European, she didn't vote for the European Parliament.

LE STYLE INDIRECT

On utilise le style indirect pour rapporter un contenu de paroles. Pour passer du style direct au style indirect, on doit interpréter nécessairement la valeur des énoncés. Il ne suffit donc pas de « transférer » les formes verbales dans le passé, transformation du type :
"John is coming" **>** *He said that John was coming.*
Il est également nécessaire parfois d'établir des liens logiques entre les énoncés, liens qui sont restés dans l'implicite au style direct.

VALEUR DES ÉNONCÉS

Il convient de distinguer entre la forme de l'énoncé et sa valeur en contexte.
Il faut ainsi souvent prendre en compte la relation entre celui qui parle et celui auquel il s'adresse.

COMPAREZ

a *You look tired. Why don't you go to bed?*
Tu as l'air fatigué. Pourquoi ne vas-tu pas te coucher ?
La forme interro-négative « … ne vas-tu pas … » exprime un conseil.
On pourra donc employer *advise* (conseiller) au style indirect.
b *She advised him to go to bed.* Elle lui a conseillé d'aller au lit.

COMPAREZ

a *You've already told me, but I can't remember. Why didn't you go with them?*
Il s'agit là d'une véritable question (demande d'information).
On pourra employer *ask* au style indirect.
b *She asked him why he hadn't gone with them.*
Elle lui a demandé pourquoi il n'était pas parti avec eux.

LIENS LOGIQUES

Il peut être nécessaire d'exprimer clairement au style indirect le lien logique entre deux énoncés au style direct.

Style direct
I didn't do it. I wasn't feeling well. Je ne l'ai pas fait. Je ne me sentais pas bien.

Style indirect
He said that he hadn't done it because he was not feeling well.
Il a dit qu'il ne l'avait pas fait parce qu'il ne se sentait pas bien.

PHRASES INTERROGATIVES

Questions ouvertes

Style direct
Where's your son? Où est votre fils ?

Style indirect
Tell me where your son is. Dites-moi où est votre fils.
À la différence du français, on n'opère pas d'inversion sujet / verbe en anglais (le verbe, ici *is*, est placé en fin d'énoncé).

- Au présent, on peut introduire une question au style indirect par : *I want to know…, Can you tell me…, Tell me…, I have no idea…, Do you know…, I don't know….*
- Au passé, on peut introduire la question par le verbe *ask* au passé. Il faut alors faire un ajustement des temps.
He asked me where my son was. Il m'a demandé où était mon fils.
(Le verbe, ici *was*, reste placé en fin d'énoncé).

Questions en *Yes / No*
b *"Are you coming?"* **> b** *He asked me whether (= if) I was coming (or not).*
Il m'a demandé si je venais ou pas.

EXERCICES

1. Valeur des énoncés. Remplacez le verbe *said* par celui des verbes proposés qui vous paraîtra le plus approprié.

Ex. : *"Let's go," he said.* On remplace *he said* par *he suggested.*
Admitted, agreed, boasted, claimed, complained, exclaimed, promised, shouted, snapped, sneered, stammered, whispered.

1. *"I can do sums quicker than an electronic pocket calculator," he said.*
2. *"Don't throw chalk about, you hooligans! Heard what I said?" the teacher said.*
3. *"You're using my telephone; it's going to cost me thousands," he said.*
4. *"Yes, I stole the money from Mummy's purse to buy my girlfriend some sweets," the little boy said.*
5. *"The money you're spending on cigarettes is money I've earned by hard work," his father said.*
6. *"I shall always love you," said the girl.*
7. *"Well, it sure is a surprise to hear you on the phone," her mother said.*
8. *"You're quite right, if we don't have enough money for the tickets, we can't go," he said.*
9. *"You don't mean to say that we're going to travel in that car," she said.*
10. *" Well, if you don't like the idea, don't come!" he said.*
11. *"I will pay you back next week," he said.*
12. *"Is that all the evidence you have to produce?" the Counsel for the Prosecution said.*

2. Écrivez les phrases ci-contre au style indirect

1. *She said: "Let's go to the cinema this evening."*
2. *She asked: "Will the new Labour Secretary for the environment take necessary but unpopular steps towards reducing pollution?"*
3. *"The car you're driving belongs to me; it's mine," the man said to the woman at the wheel.*
4. *"Well, it's a surprise to see you reading the Financial Times," she said.*
5. *"Do as you wish, but don't complain afterwards that I didn't warn you," she said to him.*
6. *"I shall always love you and do everything I can to please you," she said to her future husband.*
7. *"Get lost! Can't you see I'm busy faxing a message to my office in Chicago?" he shouted angrily at me.*
8. *"If I were free, I'd be glad to take you to the motor show, darling," he said.*
9. *"Shall I phone the travel agency for you?" he asked her sweetly.*
10. *"This new answering machine is supposed to be the most reliable on the market at the moment," the salesman said confidently to the lady in the shop.*

LE STYLE INDIRECT

PHRASES EXCLAMATIVES ET PHRASES À L'IMPÉRATIF

Il convient d'interpréter correctement le sens de l'énoncé au style direct. S'agit-il d'une exclamation d'admiration, d'une injure, d'un ordre (pour les énoncés à l'impératif) ?
Le verbe introducteur au style indirect permet de souligner le sens de l'énoncé rapporté.

Style direct
Hello! Do come in! (impératif) *What a beautiful suit!* (exclamation)
Bonjour ! Entrez ! Quel beau costume !

Style indirect
He greeted me, urged me to come in and remarked that I had a lovely suit / what a lovely suit I had.
Il m'accueillit, me pressa d'entrer et me fit remarquer que je portais un beau costume/combien le costume que je portais était beau.

Autre exemple
Style direct : *"You liar!"* « Menteur ! »
Style indirect : *He called me a liar.* Il me traita de menteur.

FORMES VERBALES INTRODUCTRICES DU DISCOURS INDIRECT

Say
Say est suivi d'une proposition en *that* qui rapporte des paroles. (*That* est souvent effacé).
"You're an idiot" **>** *He said (that) I was an idiot.* Il m'a dit que j'étais idiot.

Tell
Tell a deux sens et deux contructions correspondantes.
- Lorsque *tell* signifie « dire que » il se construit avec une proposition en *that* (*that* peut être effacé).
He told me (that) I was an idiot. Il m'a dit que j'étais un idiot.
Tell est toujours suivi d'un complément (*me, him,* etc.).
- Lorsque *tell* signifie « dire de faire quelque chose » (ordonner) il se construit avec une proposition infinitive : le sujet est au cas complément lorsqu'il s'agit d'un pronom : *me, you, him, her, it, us, you, them*.
Stand up! **>** *He told me to stand up.* Lève-toi ! **>** Il m'a dit de me lever.

Conseil, pression : *advise, suggest, had better, should, insist, urge*
"What about going with them?" **>** *He suggested going with them.*
Pourquoi ne pas y aller avec eux ? **>** Il suggéra que nous y allions avec eux.

Confirmation et contradiction : *admit (to) + ing, deny + ing*
"You took the money." "I didn't." **>** *He denied taking the money.*
« Vous avez pris l'argent. » « Non, ce n'est pas vrai ! » **>** Il nia avoir pris l'argent.

Ordre : *tell, order*
"Go away!" **>** *He ordered me to go away.* « Va-t'en ! » **>** Il m'ordonna de partir.

Injure : *call*
"You're an idiot!" **>** *He called me an idiot.* « Imbécile ! » **>** Il me traita d'imbécile.

Excuses : *apologise for + ing*
"I'm sorry I'm late." **>** *He apologised for being late.*
« Je suis désolé d'être en retard. » **>** Il s'excusa d'être en retard.

1. Écrivez le dialogue donné au style indirect passé.

(Paul has been punched in the face). Jimmy who has been watching Paul intently since his arrival raises his hand and touches Paul's bruised face. Paul winces slightly.

Jimmy: Does it hurt?
Paul: Of course it hurts.
Paul (to Auggie): You haven't heard from Rashid, have you?
Auggie: No, I haven't.
Paul: I spoke to his aunt a couple of days ago, but she hasn't heard from him either. It's beginning to get a little scary.
Auggie: That could be a good sign, though. It could mean that he managed to get away.
Paul: Or didn't.

Adapted from Smoke *by Paul Auster.*

2. Reconstituez un dialogue à partir des énoncés donnés, que vous adapterez au style oral.

1. *She asked us whether we would like to attend a lecture she would be giving on Canada a few days after we came back from our holiday there.*
2. *Jeremy's request to his employer to have the next day off to go to his sister's wedding was turned down by the boss who complained that he hadn't been given sufficient notice.*
3. *He apologised profusely for not looking right and left and running over the farmer's favourite lamb as the sweet little thing was ambling across the country lane at a leisurely pace.*
4. *He readily admitted that he was very late for the appointment and tried to find an excuse by saying he'd been held up by someone who'd called him at the office just as he was walking out.*

LE STYLE INDIRECT

TRANSFORMATION DU PRÉSENT AU STYLE DIRECT EN PASSÉ AU STYLE INDIRECT

Style direct	Style indirect
"I'm still working," said Paul.	*He said that he was still working.*
"I never work on Mondays."	*He said that he never worked on Mondays.*

Attention

Si ce qui est dit dans la subordonnée est toujours valable dans le présent de l'énonciateur, on garde le présent au style indirect.

Lech Walesa, the former Polish president, said he intends to go back to work as an electrician in the Gdansk shipyards (Guardian Weekly).
Lech Walesa a dit qu'il a l'intention / avait l'intention de…)
"Men are more selfish than women."
She said that men were more selfish than women.
She said that men are more selfish than women. (présent dans la subordonnée : vérité générale)

PRÉTÉRIT

Transformation du prétérit en *pluperfect*

- **Le prétérit devient *pluperfect* au style indirect passé lorsque le verbe renvoie à un événement spécifique, ponctuel et décalé par rapport au prétérit.**
  "I saw Helen yesterday." **>** *He said that he had seen Helen the day before.*
  Il a dit qu'il avait vu Helen la veille.
- **Contrairement au français qui est très rigoureux sur la concordance des temps, en anglais, pour utiliser le *pluperfect*, il faut qu'il y ait une bonne raison : décalage temporel marqué, explication, cause, etc.**

Maintien du prétérit au style indirect

Le prétérit demeure inchangé au style indirect :

lorsque le contexte indique la fréquence
"I often saw her in those days." **>** *He said that he often saw her in those days.*
Il dit qu'il la voyait fréquemment à cette époque-là.

lorsque le verbe décrit un état
"I didn't phone because the phone was out of order." **>** *He said that he had not phoned because the phone was out of order.*
Il a dit qu'il n'avait pas téléphoné parce que le téléphone ne marchait pas.

dans une subordonnées de temps
"I met her once when I was in Liverpool." **>** *He said that he had met her once when he was in Liverpool. Il dit qu'il l'avait rencontrée une fois lorsqu'il était à Liverpool.*

lorsque le prétérit a valeur modale (expression de l'irréel)
"I wish he were back." **>** *She said she wished he were back.*
Elle a dit qu'elle aimerait qu'il soit de retour.

AUTRES FORMES VERBALES

Style direct	Style indirect
"I've found a flat!"	*He said that he had found a flat.*
"I've been waiting for you."	*He said he had been waiting for me.*
"I'll do it."	*He said that he would do it.*
"He may arrive any minute."	*She said that he might arrive any minute.*
"She must try." (obligation)	*He said that she must try.*
"I must go now." (nécessité)	*He said that he must go/had to go.*

Remarque

***Must* est le seul modal qui peut rester inchangé au style indirect.**

EXERCICES

1. Réécrivez les passages de dialogue au style indirect passé en utilisant les verbes introducteurs suivants : *asked, told, said, agreed.*

Widget, a pedigree cat, was rushed to the vet yesterday after being bitten by a mouse. The cat was playing with a mouse when suddenly she ran in from the garden. Marion Robinson, owner of 15-month-old Widget, immediately telephoned the vet and told her the story. When in the end, she said: "The mouse has given her a nasty bite!" Christine Shield, the vet, burst out laughing: "I have never heard anything like that before."
"What shall I do?" asked Marion Robinson.
"Bring her to the surgery. I'll give her an injection. But I find it hard to believe that the mouse has bitten the cat!"
Later on, the vet also said: "The cat's pride is probably more hurt than anything else."
"Probably so," said Marion. "I'm sure Widget will be a bit quicker the next time."

2. Reconstituez un dialogue à partir des énoncés donnés que vous adapterez au style oral.

1. *The angry customer called the waiter and complained that the chicken he had been served was dry and said he thought it'd been kept in the oven all afternoon. The waiter tried to blame the bad cooking on the chef, assuring the customer that he was in no way responsible for it.*
2. *The customer got more and more angry and shouted that the internal organisation of the restaurant was no concern of his; adding that he would appreciate being served, with no further delay, another helping, this time not dry.*
3. *He had often wished he was a rich man, as he had always dreamed of having sufficient money to give his friends as much as they asked for and really needed.*
4. *The advertising manager might accept the suggestion I made last Monday that we should try advertising our perfume for women in men's magazines for a change.*

LE STYLE INDIRECT

RÉCIT ET / OU STYLE INDIRECT LIBRE

Le récit

Le récit de type classique est au prétérit. Il y a coupure par rapport à la situation du narrateur. Les personnages sont désignés par des noms propres ou des pronoms de 3e personne. Les prétérits qui se succèdent donnent la chronologie des évènements.

Le style indirect libre

- Le style indirect libre permet de maintenir à l'intérieur du récit des formes au style direct : formes modales, formes d'appréciation, interjections.
  C'est une manière d'insérer le discours du personnage dans le récit sans qu'il y ait de véritable rupture.
- Comme au style indirect, les guillemets n'apparaissent pas et le temps est celui du récit (passé). Le verbe introducteur est généralement absent ou parfois mentionné en fin d'énoncé.
  Exemple de passage au style indirect libre :
  This was quite a worry of quite a different order, said Mrs Duncan. Mrs Marsh would understand what she meant. "Quite," said Mrs Marsh. (A. Brookner).
  On pourrait réécrire le passage au style direct :
  "This is quite a worry of quite a different order," said Mrs Duncan. "You will understand what I mean." "Quite," said Mrs Marsh.
  « C'est un ennui d'une nature tout à fait différente, » dit Mrs Duncan. « Vous comprendrez aisément ce que je veux dire. » « Tout à fait, » dit Mrs Marsh.
- Il n'est pas toujours facile de distinguer entre récit et style indirect libre, c'est généralement un adverbe appréciatif, un modal, une interjection, etc. donnant le point de vue du personnage qui marque la différence.

EXERCICES

1. Relevez le(s) énoncé(s) au style indirect (avec verbe introducteur) et ceux au style indirect libre. Dans le deuxième cas, soulignez les éléments qui marquent qu'il s'agit des paroles ou pensées du personnage.

1. *The four of them were seated on chairs pulled round the Hartmann's television. Fibich and Christine, alternately blushing and paling, sought each other's hands. They examined their son's image with something like curiosity: did he still belong to them? Or was he already on his way to a thousand hearts? They could not judge.*
   (Latecomers *by Anita Brookner.)*
2. *Mrs Dalloway said she would buy the flowers herself.*
   For Lucy had her work cut out for her. The doors would be taken off their hinges; Rumpelmayer's men were coming. And then, thought Clarissa Dalloway, what a morning - fresh as if issued to children on the beach.
   (Mrs Dalloway *by Virginia Woolf.)*

2. Écrivez le dialogue suivant au style indirect passé.

Aunt EM: I'm looking for my nephew, Thomas.
Paul: Who's Thomas?
Aunt EM: I know he's been here.
Paul: I don't know anyone named Thomas.
Aunt EM: Thomas Cole. My nephew.
Paul: Well; whatever his name is, he's not here anymore. He left two days ago and I haven't heard from him since.
Aunt EM (Defeated): Do you mind if I sit down? He's been living with me and his uncle since he was a baby. And we don't live in Manhattan.
(Adapted from Smoke *by Paul Auster.)*

LA VOIX PASSIVE

FORME ET VALEUR DES ÉNONCÉS PASSIFS

Soit l'énoncé à la voix active

Michael has bitten Mary. Michael a mordu Mary.

Michael est l'auteur de l'action (l'agent) : il est le point de départ de la relation sujet-verbe-complément. L'agent est à l'origine du processus (= de l'action qui vise un but). *Mary* est l'objet de l'action, placé en position de complément (la « victime »). La voix active met l'accent sur l'événement.

Soit l'énoncé à la voix passive

Mary has been bitten by Michael. Mary a été mordue par Michael.

La voix passive place l'objet (la « victime ») d'une action en position de sujet grammatical (en tête de phrase). Il devient le point de départ de la relation sujet-verbe-complément. La voix passive met l'accent sur la « victime » ou l'objet de l'action, dont il est dit quelque chose dans l'énoncé.

C'est l'énonciateur qui fait le choix du point de départ de la relation sujet-verbe-complément, pour centrer son propos sur ce terme de départ. Un énoncé passif n'est donc pas le résultat d'une simple manipulation syntaxique.

Dire que l'anglais a plus souvent recours à la voix passive que le français signifie que l'anglais adopte parfois un point de vue différent. Lorsqu'on place une « victime » humaine dans la position du sujet, cela veut dire que le centre du propos, c'est la « victime » humaine, déterminée, connue.

- ***Be*** est l'auxiliaire de la voix passive. Le verbe est au participe passé.
- ***Le complément d'agent*** (celui qui « fait l'action »), introduit par ***by,*** n'est pas nécessaire à l'énoncé passif. On ne le mentionne que s'il a une importance particulière et que s'il est indispensable au sens.

COMPAREZ

a *A new bridge is being built to replace the old one which was destroyed a long time ago.*
On construit (est en train de construire) un nouveau pont pour remplacer l'ancien qui a été détruit il y a longtemps.
Le sujet grammatical (ici : *a new bridge et which*) est le sujet du propos.
Les compléments d'agents (qui pourraient être : *by building contractors / by the ennemy / by the bombs / by an earthquake*) ne sont pas jugés pertinents.

b *A new bridge is being built to replace the old one which was destroyed by the allies during the war in a raid against the enemy.*
On est en train de construire un nouveau pont pour remplacer l'ancien qui a été détruit par les alliés pendant la guerre au cours d'un raid contre l'ennemi.
Le complément introduit par *by* donne une information nécessaire.

- Certains énoncés ne peuvent se concevoir qu'à la voix passive et sans complément d'agent.

For 15 long seconds the ground shook. Buildings crumbled, cars were damaged, at least 10 people were killed, and some 120 were injured.
Pendant 15 longues secondes, le sol a tremblé. Des immeubles se sont effondrés, des voitures ont été endommagées, au moins dix personnes ont été tuées et quelque 120 autres ont été blessées.
En effet, on s'intéresse ici à ce qui est arrivé aux voitures et aux gens : c'est le propos sur lequel est centré l'énoncé.

EXERCICES

1. Traduisez.

1. *16 people were injured when a bomb went off opposite a café-bar in Merseburg.*
2. *The guitar that Eric Clapton used more than 25 years ago on his album Layla was sold to an anonymous bidder for $497,500.*
3. *A train driver was hailed as a hero after he averted a rail disaster by applying the brakes seconds before his Glasgow-bound express rammed into the back of an empty commuter train in Cheshire. Roy Eciles, 56, was praised for saving the lives of his passengers. Thirty-one people were injured in the collision.*
4. *The years 1945-47 saw on a grand scale what we have seen in Kosovo - though the term ethnic cleansing had not been invented.*
5. *It is true that food shortages in the poorer countries could be solved, albeit temporarily, by a more equitable distribution of farm produce.*
6. *In the past, temporary limits have been placed on population growth by plagues, famines, and occasionally by wars.*
7. *All the books reviewed in* The Guardian Weekly *can be ordered at the discount price shown in italics.*

The Guardian Weekly, *July 1 1999.*

2. Traduisez.

1. Je ne comprends pas, Monsieur l'Inspecteur, cette porte est ouverte tous les jours par Mr Locksmith.
2. Le coffre fort a été fracturé plusieurs fois.
3. Toute la région a été détruite par un très violent ouragan.
4. L'enfant est en ce moment-même examiné par le spécialiste.
5. Le courrier devrait normalement être envoyé *(to forward)* à mon adresse de vacances.
6. Beaucoup de soldats ont été sacrifiés jusqu'à aujourd'hui.
7. Il faudra que ces recommendations soient prises au sérieux.
8. Ce stade a été construit pour les prochains jeux olympiques.
9. Ce sujet n'a pas encore beaucoup été traité.
10. Il m'a parlé d'un coin reculé au cœur des Andes dont on n'a jamais entendu parler jusqu'à très récemment.
11. On n'exige pas que vous soyez bilingue pour être hôtesse de l'air.
12. Les victimes ont dû être évacuées par hélicoptère.
13. Il faut que ce papier soit signé d'ici vendredi.
14. La dernière fois que j'ai vu ta maison, on était en train de la repeindre.
15. Quand le film est passé à la télévision, je n'ai pas pu le regarder.
16. Tout le quartier doit être transformé en centre commercial.
17. Il paraît que son roman va être adapté au cinéma.
18. Les vêtements de la Princesse pourront être vus par le public lors d'une prochaine exposition.
19. On ne peut pas lui reprocher de manquer d'intérêt pour le cinéma français.
20. La cabane a été incendiée par un vagabond, apparemment.
21. Le document n'a pas encore été traduit, il vient d'être envoyé au traducteur.
22. Ces verres ont été mal lavés! Il y a des traces de rouge à lèvres !
23. Il faut l'envelopper soigneusement pour qu'il puisse être transporté sans danger.

- **Le complément inanimé peut aussi être introduit par *with, through, thanks to*.**
  She was transfixed with fear. Elle était pétrifiée de peur.
  ***With* a une valeur « instrumentale » par rapport à *by*.**

COMPAREZ

a *The cat was killed with poisoned milk.* On a tué le chat avec du lait empoisonné.
Le lait est « l'instrument » dont on s'est servi pour tuer le chat.
b *The poor man was killed by a car.* Le pauvre homme a été tué par une voiture.
***With* est impossible ici.**
c *Such purpose could only be achieved through / thanks to hard work.*
Un tel objectif n'a pu être atteint que par un énorme travail.

- **Certains participes passés employés comme adjectifs se construisent avec d'autres prépositions.**
  He was disappointed in his children. Il fut déçu par ses enfants.
  She was excited at the idea of seeing him. Elle était surexcitée à l'idée de le voir.
  He was not scared of us at all. Il n'avait pas du tout peur de nous.
- **Après le verbe *to know*, le complément d'agent animé peut être introduit par *to*.**
  He was known to all of us as "Jeff". Il était connu de nous tous sous le nom de « Jeff ».
- **Transformations opérées sur le verbe**

Voix active	Voix passive
They do it	*It is done*
They did it	*It was done*
They are doing it	*It's being done*
They were doing it	*It was being done*
They have done it	*It has been done*
They had done it	*It had been done*
They will do it	*It will be done*
They should do it	*It should be done*
They may have done it	*It may have been done*

TRANSFORMATION DES COMPLÉMENTS EN SUJETS DE LA VOIX PASSIVE

Les verbes à deux compléments

Il s'agit de : *allow, ask, award (a prize was awarded to him / he was awarded a prize), deny (he was denied the right to do it), grant, guarantee, lend, offer, promise, refuse, sell, send, pay, show, teach, tell.*
His parents gave him (complément d'attribution) *a house* (complément d'objet).
> *He was given a house.* On lui a donné une maison.
***A house was given to him* est difficilement acceptable car *a house* n'est pas déterminé. On ne peut pas centrer son propos sur quelque chose dont on ne connaît pas l'existence.**
Mais le complément d'objet direct peut devenir sujet si celui-ci est suffisamment déterminé :
The house was given to John. La maison a été donnée à John.
Cet énoncé peut se concevoir dans le cas d'un héritage ou d'un partage par exemple, où l'on demanderait : *"What about the house?"* Le point de départ *(the house)* est connu : il peut devenir centre du propos.

EXERCICES

1. Complétez les énoncés par *by, with, through, in, on, to*.

1. The police said the victim had been killed ...... a kitchen knife.
2. Such good results can only be attained ...... intensive work.
3. She was known ...... her friends as "The Beauty without a Beast".
4. The jewel had been given to her ...... an old friend of her mother's.
5. The packet can only be sent ...... the post.
6. He said the information had been given to him ...... the telephone.
7. She was literally green ...... envy whereas he was wild ...... joy.
8. The invitations will have to be delivered ...... hand.
9. The message was sent to her ...... mistake.
10. A raincoat must be worn ...... bad weather.

2. Mettez les énoncés suivants au passif chaque fois que possible.

1. All the questions they dealt with first concerned the subsidies from the government.
2. Nobody is to sit on that chair.
3. I'm afraid you can't rely on that kind of man.
4. They eventually caught sight of the wild bear.
5. I don't think anybody can account for all the mistakes he made.
6. They are repairing our car at last!
7. We will have to send for a specialist to check the engine.
8. Now I understand why they are all making fun of her.
9. It was the first time they had congratulated him on his behaviour.
10. They will certainly have to pull down the council flats one by one.
11. People say she used to be a temperamental person.
12. His neighbours gave him plenty of blankets and food.
13. They put on steel bars at all the windows in case robbers might break into the building.
14. John said he would give us a lift.
15. They say that Monica won herself a good reputation through the case.
16. Nobody has ever heard of such a story.
17. He didn't bother to touch the meal.
18. They were about to arrange for the ceremony when she decided to cancel the wedding.
19. In this hotel, they take good care of all the customers.
20. They advised us to stay there and wait until the rain had stopped.

3. Traduisez en utilisant la voix passive.

THÈME

1. Il y a longtemps, on m'a offert un voyage en Asie, mais j'ai refusé.
2. C'est à Ian qu'ils ont donné les indices (*clue*), pas à Debbie.
3. On lui a enfin accordé quelques jours de repos.
4. Un jour, on m'a dit que je deviendrais riche et célèbre.
5. Quand on lui a posé la question de savoir s'il se représenterait aux élections, il a changé de sujet.
6. Pourquoi crois-tu qu'ils lui ont refusé le droit de voir ses enfants ?
7. Ils ne l'ont pas autorisée à entrer en Irlande parce qu'elle n'avait pas de papiers d'identité.
8. La maison lui a été vendue pour la moitié de son prix.
9. Heureusement, le garage nous a prêté une autre voiture.
10. C'est le maître lui-même qui nous a fait entrer dans la maison.

Le complément prépositionnel

On maintient la préposition à droite du verbe à la voix passive.

They were laughing at her. > *She was being laughed at.*

Ils se moquaient d'elle > on traduit par : On se moquait d'elle.

On peut ainsi passiver les verbes prépositionnels suivants : ***account for (this cannot be accounted for), arrange for, ask for, call for (the goods have been called for), catch sight of (the plane was caught sight of as it landed), deal with (the problem will have to be dealt with), listen to, look after / at, lose sight of, make fun of (she was made fun of), make use of, pay attention to, rely on, send for, speak about / of, take care of, think of, wish for.***

Le complément de lieu

Il peut devenir sujet.

Nobody has slept in that bed. > *That bed has not been slept in.*

PASSIVATION DES STRUCTURES COMPLEXES

Les trois types de subordonnées suivantes se passivent de la même façon.
On fait apparaître ***to*** **à la voix passive.**

Rapport de paroles et d'opinion

Il s'agit des verbes ***say, believe, declare, know, think, rumour.***
On dit quelque chose à propos du sujet qui devient centre du propos.

They report that ten people were killed. > *Ten people are reported to have been killed.*

On rapporte que dix personnes ont été tuées. > Dix personnes auraient été tuées.

COMPAREZ

a *They say that she is extremely rich.* > *She is said to be extremely rich.*
On dit qu'elle est excessivement riche.
b *They say that she was extremely rich.* > *She is said to have been extremely rich.*
On dit qu'elle était excessivement riche.
c *They said that she was extremely rich.* > *She was said to be extremely rich.*
On disait qu'elle était excessivement riche.
d *They said that she had been extremely rich.* > *She was said to have been extremely rich.*
On disait qu'elle avait été excessivement riche.

Le point de départ de ces énoncés peut être aussi ***it.***

People generally believe that walking under a ladder is bad luck.
> *It is generally believed that walking under a ladder is bad luck.*

On pense généralement que marcher sous une échelle porte malheur.
ou Selon la croyance générale, marcher sous une échelle porte malheur.

Dans ce cas, on s'intéresse davantage à l'opinion générale ; c'est pourquoi le point de départ de la proposition passive est le pronom neutre ***"it"*****, suivi d'une subordonnée en** ***wh*** **ou d'une complétive en** ***that.***

Nobody knew whether the President would make a speech or not.
> *It was not known whether the President would make a speech or not.*

On ne savait pas si le Président allait faire un discours.

EXERCICES

1. Traduisez. *About the events in Tiananmen Square in 1989.*

1 Their gesture of defiance was judged to be an act of "counter-revolutionary sabotage".

2. The egg-throwers are on Amnesty International's recently published list of more than 240 people jailed in 1989 who are still in prison or on medical parole. It is said to be a "mere fraction" of the real number. Others have been jailed since then for staging protests or trying to gather news about the "disappeared".

3. Chinese officials argue that "most people in China have never heard of the dissidents". How could it be otherwise, when their cases go unreported and even relatives often cannot find out where they are held?

4. Her son, she said, was suffering abuse in prison and had been denied family visits and medical treatment.

5. They were not allowed to see Ngawang and the governor refused to answer questions about her or any other case.

6. The only reason I have been jailed for 18 years is that I was frank and outspoken about the June 4 massacre in Tiananmen Square.

The Guardian Weekly, *June 13, 1999.*

2. Traduisez.

1. Selon la rumeur, elle aurait eu une liaison *(an affair)* avec son psychanalyste.

2. On dit qu'elle a connu le frère du Tsar avant la révolution.

3. Ils auraient marché pendant des heures dans la neige avant de trouver la mort.

4. On pense que sa fille s'est enfuie de peur d'être confrontée à la police.

5. On croyait qu'elle avait été enlevée par un couple qui ne pouvait pas avoir d'enfant.

6. Le tremblement de terre aurait fait des milliers de victimes.

7. On doit quand même dire qu'ils n'ont pas fait tout ce qu'ils auraient dû.

8. On dit de lui qu'il sera le futur premier ministre.

9. Selon ce que l'on dit, elle aurait eu un enfant du frère de l'évêque.

10. Pendant longtemps, on crut qu'il épouserait la reine Élisabeth.

11. On a souvent avancé l'idée selon laquelle elle aurait été tuée par la mafia.

12. Autrefois, on disait qu'il se levait la nuit pour regarder la lune et les étoiles.

13. Les avions auraient été achetés il y a quinze ans alors qu'ils étaient déjà endommagés.

14. On n'a jamais prétendu que ce quartier était très sûr, si je ne me trompe pas.

15. Le film aurait été subventionné par la mafia pour faire de la propagande.

16. On dit de Mrs Higgins qu'elle doit prendre la succession de Mr Blurps. Est-ce vrai ?

17. Selon ce que l'on dit, les radiations des ordinateurs seraient nocives pour la santé.

18. D'après ce que l'on croit, ils auraient quitté l'hôtel sans payer la note.

19. On les juge bien trop jeunes pour pouvoir accepter le défi.

20. Je ne suis pas certain que l'on ait jamais dit de lui qu'il était avare.

LA VOIX PASSIVE

Proposition infinitive

Le passif est suivi d'une forme infinitive après les verbes *tell, ask, expect, order, advise, let*. Ces verbes induisent une visée, quelque chose qui est à faire.
Somebody told him to do it. **>** *He was told to do it.* On lui a dit de le faire.
(*To tell* a ici le sens « d'ordonner » et non pas de « dire » au sens de « rapporter des paroles »).

COMPAREZ

a *He was told to do the dishes.*
On lui a demandé / ordonné de faire la vaisselle.
b *He was said to be a good actor.*
On disait (de lui) que c'était un bon acteur.
(*to tell* : dire quelque chose à quelqu'un ; *to say* : dire quelque chose.)

Structure causative en *make* et verbes de perception *(hear, see)*

They made us understand that we'd better leave.
> *We were made to understand that we'd better leave.*
On nous a fait comprendre qu'il valait mieux partir.
Tout se passe comme si le sujet de la forme passive était lié au complément à l'infinitif par la visée, c'est-à-dire l'action à accomplir. Le sens est donc assez fort et on pourrait aller jusqu'à traduire : « on nous a bien fait comprendre... »
She was made to sing before the assembly.
On l'a fait chanter devant l'assemblée. (On l'a obligée...)
They heard him say that their policy had been a failure.
> *He was heard to say that their policy had been a failure.*
On l'a entendu dire que leur politique avait été un échec.
They saw him snatch the bag from the lady and run.
> *He was seen to snatch the bag from the lady and run.*
On l'a vu arracher le sac à main de la dame et s'enfuir.

Notez

I saw him decorated. Je l'ai vu se faire décorer.
I heard it said that... J'ai entendu dire que...

PASSIF NOTIONNEL

Certains verbes peuvent avoir, selon le contexte, un sens actif ou un sens passif.
This book reads well. Ce livre se lit facilement.
This book usually sells well. Ce livre se vend bien d'habitude.
This fish cooks easily. Ce poisson se cuisine facilement.
That shirt washes well. Cette chemise se lave facilement.
Her happiness shows on her face. Son bonheur se lit sur son visage.

VALEUR PASSIVE DU GÉRONDIF

C'est une valeur que l'on trouve après *want* et *need*.
This shirt needs washing. Cette chemise a besoin d'être lavée.
This skirt wants ironing. Cette jupe a besoin d'être repassée.
On trouvera cependant :
There's a lot to be said about that. Il y a fort à dire à ce sujet.
More needs to be done. Il reste encore à faire.

GET + PASSIF

On trouve souvent *get* au lieu de *be* dans une structure passive quand on veut insister sur le processus de changement d'état.

He failed to get reelected. Il n'a pas réussi à se faire réélire / à être réélu.

He got run over by a car. Il s'est fait renverser par une voiture.

EXERCICES

VERSION

1. Traduisez.

1. *Beethoven and Schubert are heard just as often from period bands as from symphony orchestras; Mendelssohn, Schumann and Chopin are increasingly explored in the same way.*
2. *So much has yet to be discovered about Shakespeare's plays at the Globe.*
3. *Leading figures from the film industry gathered in Santa Monica last weekend to be told that if they failed to heed Mr Clinton's message, censorship and government legal action could follow.*
4. *Let's face it, we know that 14-year-old boys are being marketed to because they are the biggest consumers of films.*
5. *Meanwhile violence on television was under scrutiny in Chicago, where the controversial talk-show host Jerry Springer was questioned by the city's police and fire committee about the fights that regularly take place on his programme. (*The Guardian Weekly, *June 13 1999.)*
6. *The area of harvested cropland reached its peak in 1981, and has been falling ever since partly because farmland is being destroyed by being overworked.*
7. *The Green Revolution was achieved by new rice, wheat and maize hybrids, watered by newly engineered irrigation systems, fed by artificial fertilisers, protected by pesticides and tilled by oil-burning machines. (*The Guardian Weekly, *June 13 1999)*
8. *A once prosperous nation (Iraq) is being driven into the pre-industial Dark Ages. It will take years to fathom the harm being done to the lives of 21.7 million people here by a policy intended to bring Iraq back into the international community of nations by toppling Saddam Hussein.*
9. *As long as the oil flowed, the excesses of President Saddam's regime could be managed with little discomfort. (*The Guardian Weekly, *May 2 1999)*

THÈME

2. Traduisez.

1. On nous a fait croire que les prix n'augmenteraient pas pendant l'été.
2. Ils se font couper les cheveux tous les mois.
3. On a entendu la vieille dame dire que personne n'hériterait de sa fortune.
4. Dans ce texte, on est amené à comprendre que le héros n'est autre que le lecteur lui-même.

LA VOIX PASSIVE

> PROBLÈMES DE TRADUCTION

- **Certains énoncés ne sont pas de « vrais » passifs. Ils ne peuvent pas avoir de complément d'agent et ne se traduisent pas par un passif en français.**
  You are wanted on the phone. On te demande au téléphone.
  ***You are wanted on the phone by Martha* serait un énoncé incorrect. Il faudrait dire :**
  Martha wants to speak to you on the phone. Martha te demande au téléphone.
  You would be well-advised to watch your language.
  Je te conseille de faire attention à ce que tu dis.
  David is supposed to meet Jonathan at 12.
  David est censé rencontrer Jonathan à midi.
  I couldn't make myself understood. Je ne pouvais pas me faire comprendre.
  Mr Clark was taken ill this morning. Mr Clark est tombé malade ce matin.
- ***To have something done* peut avoir un complément d'agent mais ne se traduit pas par un passif. (Voir chapitre 18 : Stuctures causatives, p. 220 et 222)**
  They had their house redecorated last spring.
  Ils ont fait repeindre leur maison au printemps dernier.
  They had their wedding cake made by a French "pâtissier".
  Ils ont fait faire leur gâteau de mariage par un pâtissier français.

COMPAREZ

***Open* ou *opened* ?**

***Open* : adjectif ; *opened* : participe passé dans une structure passive.**

a *Every morning, when I walk past the church, the doors are open.*
Tous les matins, quand je passe près de l'église, les portes sont ouvertes.
b *Every morning, the church doors are opened by the beadle.*
Tous les matins, les portes de l'église sont ouvertes par le bedeau.

> PROBLÈMES DE TRADUCTION : « ON » ET LE PASSIF

Les énoncés français en « On » ne correspondent pas systématiquement au passif en anglais.

- **On = *one* : énoncés à valeur généralisante de type proverbial.**
  On n'est jamais trop prudent. *One is never too careful.*
- **On = *we* : l'énonciateur est inclus dans le sujet « on ».**
  On a tous besoin d'amour. *We all need love.*
  Il faut distinguer le « on » familier français qui remplace en réalité « nous ».
  On est partis de bonne heure pour éviter les embouteillages.
  We left early to avoid the traffic jams.
- **On = *you* : l'énonciateur implique le co-énonciateur et se met en situation.**
  On croit parfois que personne ne nous comprend.
  Sometimes you think that nobody understands you.
- **On = passif sans complément d'agent, équivalent à :**
  On = *they* : indéfini *(people, someone)* dans une langue informelle.
  On dit que tout ce qui est petit est mignon.
  It is said that small is beautiful. **>** *They say that small is beautiful.*
  Tiens ! On a coupé tous les arbres de l'avenue.
  All the trees in the avenue have been cut down.
  > *They've cut down all the trees in the avenue.*
  On construit de plus en plus d'immeubles de verre dans les villes.
  More and more glass buildings are built in the cities.

Le signe * signifie « phrase agrammaticale »

EXERCICES

1. Traduisez.

1. *Mohamed Al Fayed, whose application for a British passport was refused last month, was granted permission to seek a judicial review.*
2. *More needs to be done, especially in deprived areas, to enable vulnerable young people to take part in "positive, risk-taking behaviour".*
3. *Michael Faraday, the great physicist, has had his face dropped from the new £20 note in favour of Edward Elgar.*
4. *Today, homosexuals are still refused partnership rights, banned from the armed forces, denied redress against discrimination in housing and employment, and criminalised by age of consent and gross indecency laws that apply only to gay men.*
5. *It will be said by many, as the Kosovo war recedes into history, that it was the first to be fought ostensibly in pursuit of human rights.*
6. *The flow of energy can be limited either by placing a cap on the amount of food produced or on the size of the human population.*
7. *It was arranged for a regular copy of the weekly to be sent to Kenyatta while in detention.*
8. *If you hammered on a door in Transylvania one dark night, you would be offered something like TV dinners.*
9. *One only loves that which is not possessed, one only loves that in which one pursues the inaccessible.*
10. *This brilliant novel of wartime boarding-house gloom is required reading.*
11. *You're left with a vague sense of having seen a new depth to a trivial world.*
12. *At its best his writing had a visceral power unmatched by his contemporaries.*
13. *Previous attacks were as nothing compared to the Zionist fury unleashed when the play (Perdition, by Jim Allen) was being rehearsed. To Allen's disgust, and to the shame of the Royal Court, the play was withdrawn.*

The Guardian Weekly, *July 17 1999.*

2. Traduction de « on ».

1. Dans ce film, on dit beaucoup de choses sur le problème des banlieues.
2. On dit que le fossé entre les classes sociales se creuse de plus en plus.
3. On m'a demandé de ne pas le leur dire avant mardi.
4. On l'a vu plusieurs fois avec cette femme blonde.
5. On leur a expliqué clairement pourquoi ils ne devaient pas marcher sur la pelouse. *(keep off the lawn - grass)*
6. On lui a demandé plusieurs fois d'éteindre sa cigarette.
7. On prétend souvent que les filles réussissent mieux à l'école que les garçons.
8. On peut penser ce que l'on veut, mais l'Angleterre a beaucoup changé depuis 1950.
9. On lui a toujours reproché d'être trop égoïste.
10. On n'est jamais si seul que dans la foule.
11. Quand on est jeune, on croit toujours que l'on peut réussir seul.
12. On croit qu'elle a toujours été indépendante.
13. On lui a entendu dire plusieurs fois qu'il n'essayerait pas de se venger.
14. On leur a conseillé d'investir dans l'achat d'appartements neufs.
15. Dès qu'ils sont arrivés au port, on leur a donné de l'argent et des vêtements.

PRÉPOSITIONS ET PARTICULES ADVERBIALES

I. VERBES PRÉPOSITIONNELS ET VERBES À PARTICULE ADVERBIALE

VERBES PRÉPOSITIONNELS

Il s'agit de verbes qui sont reliés à leur complément par une préposition (voir liste de ces verbes accompagnés de leur préposition p. 266 à p. 272), par exemple le verbe *look*. Lorsqu'il n'y a pas de complément au verbe, la préposition qui ne sert à rien, n'est pas présente.

COMPAREZ

Look carefully.
Regarde bien.
Look at me when I speak to you.
Regarde-moi quand je te parle.

Les prépositions introduisent le complément du verbe, elles ne changent pas profondément le sens du verbe, dans 90% des cas.
She ran after the dog : veut bien dire «elle courut après le chien».
Notez, cependant, *to look after sb* : s'occuper de quelqu'un.

Place du complément

Dans le cas des verbes prépositionnels, le complément ne peut pas être placé entre le verbe et la préposition.
**Look me at* est grammaticalement incorrect.

Place de l'adverbe

He looked kindly at her ou *He looked at her kindly.*
On peut séparer le verbe de la préposition par un adverbe, essentiellement un adverbe de manière (ce n'est pas le cas avec les "*phrasal verbs*". Voir p. 278 à 283).
Les adverbes de fréquence se placent avant le verbe.
He often / never looked at her.
(Voir chapitre 5).

Place de la préposition

Elle est maintenue à droite du verbe dans les cas suivants :
Interrogatives : *What are you looking at?*
Relatives déterminatives (avec relatif effacé) : *This is the man I was speaking to the other day.*
Forme passive : *She was stared at when she went out in her new dress.*

Le signe * signifie «phrase agrammaticale»

EXERCICE

1. Entourez la préposition qui convient, (il peut y avoir deux possibilités dans quelques rares cas).

1. *He aimed ...... the target and missed it.*
   a) about b) at c) against d) to
2. *Nobody could account ...... his absence from school this morning.*
   a) of b) for c) in d) from
3. *He tried hard but did not succeed in getting ...... the pot full of delicious jam.*
   a) off b) at c) after d) by
4. *How did you come ...... such a fortune?*
   a) over b) by c) off d) in
5. *A good citizen is someone who abides ...... the law.*
   a) at b) for c) into d) by

PRÉPOSITIONS ET PARTICULES ADVERBIALES

VERBES À PARTICULE ADVERBIALE (*"PHRASAL VERBS"*)

Il s'agit de verbes suivis d'une particule adverbiale *(away, back, down, in, off, on, out, up)*.

• **Les particules indiquent la direction lorsqu'elles suivent un verbe de mouvement comme go.**
Go! Allez. *Go away!* Partez ! *Go back!* Retournez ! *Go in!* Entrez ! *go out!* Sortez ! etc.

• **Ces mêmes particules modifient en partie ou profondément le sens des verbes** (qui peuvent être aussi, par ailleurs, des verbes de mouvement) lorsque le contexte montre bien qu'il s'agit de tout autre chose que d'un déplacement.
To fall out, en contexte de mouvement signifie : tomber dehors (par la fenêtre, par exemple).
En autre contexte, *to fall out* signifie : se disputer. On ne traite dans ce chapitre que de ce dernier cas, où le verbe + particule est pris dans un sens métaphorique.

• **Les *"phrasal verbs"* métaphoriques peuvent se construire sans complément** (intransitifs), comme *fall out* **ou avec complément** (transitifs) comme *look up a word* (chercher un mot dans un dictionaire, un annuaire, etc.).

Place du complément

Le complément peut être placé entre le verbe et la particule.
He looked up the word ou *He looked the word up.*
Lorsque le complément est un pronom, il se place nécessairement entre le verbe et la particule.
He looked it up et non : **he looked up it*

Place de l'adverbe

"*Phrasal verbs*" sans complément (intransitifs)
On ne peut pas séparer le verbe de sa particule.
They often fell out.

"*Phrasal verbs*" avec complément (transitifs) :
He looked up the word slowly et non : * *he looked slowly up the word.*

PHRASAL VERBS SUIVIS D'UNE PRÉPOSITION

I can't put up with such insolence. (*up* = particule adverbiale, *with* = préposition).
Je ne peux pas supporter pareille insolence.

Attention
Les trois éléments ***put, up*** et ***with*** forment un bloc et doivent rester soudés. Rien ne peut les séparer.

Place de l'adverbe

On place l'adverbe avant le verbe ou après le complément .
He will never put up with such insolence. He will not put up with such insolence now.

EXERCICE

1. Traduisez.

1. Ne vous moquez pas de lui. Il vit seul.
2. Personne ne demande jamais de ses nouvelles.
3. Sa situation exige qu'on agisse vite. Il vit de pain et d'eau.
4. Il n'a personne à qui se confier. Il ne reçoit de nouvelles ni de sa femme ni de ses enfants.
5. Il paye ses achats avec difficulté. Il ne peut en aucun cas pourvoir aux besoins de ses deux filles et de ses deux garçons.
6. Il passe beaucoup de temps à méditer sur la vie et sur la mort.
7. Il s'est séparé de sa femme il y a deux ans.
8. Il se remet lentement d'une longue maladie. On l'a opéré d'un ulcère à l'estomac récemment.
9. Parfois le désespoir s'empare de lui. Les médecins qui le soignent désespèrent de pouvoir le sauver.
10. Chaque jour il pense aux années difficiles qu'il a vécues.
11. Il mourra probablement de chagrin, plus que de manque de nourriture ou de maladie.

2. LISTE DE VERBES + PRÉPOSITION

About

To ask about sb
(demander des nouvelles de qqn)
To boast about/of sth/of doing sth
(Se vanter de qch)
To care about sth/sb
(se faire du souci pour qch/qqn)
To complain about/of sth/sb
(se plaindre de qch/qqn)
To get about the city (se déplacer dans la ville)
To inquire about sb/sth
(se renseigner sur qch/qqn)
To talk about sth (parler de qch)
To think about sth/sb (penser à qch, qqn)
To worry about sth (se faire du souci)

After

To look after sb/sth (s'occuper de qqn/qch)
To hanker after sth (avoir très envie de qch)
To take after sb (tenir de, ressembler à qqn)
To search after the truth (rechercher la vérité)

Against

To protest against sth (protester contre qch)
To react against sth (réagir contre, envers qch)
To revolt against sth/sb (se révolter contre qch)
To struggle against sth (lutter contre qch)

At

To aim at/for sth (viser qch)
To arrive at a place
To assist at sth (assister à qch - *an operation*)
To gaze at sth (regarder qch fixement
ou longuement, fixer des yeux)
To get at sth (atteindre)
To get at sb (s'en prendre à qqn)
To glance at sth/sb (jeter un coup d'oeil)
To guess at sth (essayer de deviner qch)
To hint at sth (faire allusion à qch)
To laugh at sb (se moquer de qqn)
To look at sb/sth (regarder)
To marvel at sth (s'émerveiller de qch)
To peer at sth (regarder attentivement)
To peep at sth/sb (regarder furtivement)
To point at sth (montrer du doigt)
To rebel at sth (se révolter de qch)
To rejoice at sth (se réjouir de qch)
To smile at sb (sourire à qqn)
To stare at sb (dévisager qqn)
To swear at sb (injurier qqn)
To wonder at sth (s'émerveiller de ch)
Not to wonder at sth (ne pas s'étonner de qch)

By

To abide by the law (respecter la loi)
To come by sth (obtenir, se procurer qch)
To live by oneself (vivre seul(e))

For

To account for sth
(expliquer, rendre compte de qch)
To allow for sth
(tenir compte de qch - *age, difficulties*)
To answer for sth (garantir qch - *its quality*)
To answer for sb (répondre de qqn)
To apologize for sth/for doing sth (s'excuser de)
To apply for a job (poser sa candidature)
To arrange for sth (prendre ses dispositions
pour qch, organiser)
To ask for sth (demander)
To beg for sth (quémander qch)
To call for sb (passer prendre qqn)
To call for sth (exiger, requérir : *quick action)*
To care for sb
(bien aimer qqn, /s'occuper de qqn)
To cater for sb
(s'occuper de la nourriture de qqn)
To claim for sth (réclamer: paiement)
To crave for sth (être avide de qch)
To hope for better weather
(espérer une amélioration du temps)
To leave for London (partir pour Londres)
To listen for sth
(guetter : *a noise, sound, footsteps*)
To long for sth/sb
(désirer qch ardemment, se languir de qqn)
To look for sth (chercher qch des yeux)
To make for the door (se diriger vers la porte)
To mourn for sb (pleurer qqn)
To pay for sth (payer qch)
To prepare for sth (se préparer à qch)
To provide for sb (pourvoir aux besoins de qqn)
To qualify for sth (avoir droit à qch)
To ring for sb/sth (sonner : *room service*)
To search for sth (chercher, rechercher qch)
To sail for a place
(partir pour un endroit en bateau)
To send for the doctor
(envoyer chercher le docteur)
To set off for a place
(se mettre en route pour un endroit)
To stand for sth
(représenter qch : *a sign, letter,* etc)
To struggle for sth (lutter pour obtenir qch)
To sigh for sth /sb (soupirer pour qch/qqn)

EXERCICE

1. Choisissez l'un des verbes donnés pour remplir les blancs. Les prépositions qui sont présentes dans le texte vous aideront dans votre choix.

To abound, to be acquainted, to be amazed, to argue, to associate, to be aware, to believe, to belong, to cope, to deal, to delight, to be due, to be fed up, to be interested, to be keen, to be overcome, to be pleased, to pray

1. *John is .... about his holiday place as the lake near to where he resides .... with fish.*
2. *He .... in angling as a pastime, as he is very .... on fishing.*
3. *He .... to God every evening and, although he is not fully .... of it, his success with fish is probably .... to his prayers.*
4. *Everybody is .... at how much fish he catches.*
5. *I do not usually .... with people who .... in miracles. You know!*
6. *I am not well .... with these religious matters. I am easily .... with boredom when people .... with me that I too should pray.*
7. *I am .... with prayers and fish.*
8. *I can't .... with such emotional problems!*
9. *I'll go back to my shop (I .... in selling fish, I'm a fishmonger and the shop .... to me; that's the only thing I'm .... in).*

2. LISTE DE VERBES + PRÉPOSITION (suite)

For (suite)
To substitute for sb (remplacer qqn)
To watch for sth (guetter qch : *an opportunity*)
To wait for sth/sb (attendre qqn, qch)

From
To abstain from sth/from doing sth (s'abstenir)
To choose from several elements
(choisir entre...)
To copy from sth/sb (copier sur qch/qqn)
To differ from sth/sb
(être différent de qch/qqn)
To die from sth
(mourir de qch : *lack of food;* voir : *to die of*)
To escape from somewhere
To hear from sb
(avoir des nouvelles de qqn directement)
To hide from sb (se cacher de qqn)
To part from sb
(quitter qqn, se séparer de qqn)
To recover from an illness
(se remettre d'une maladie)
To refrain from sth/from doing sth
(s'abstenir de faire)
To result from sth (voir: *to result in*)
To suffer from sth (souffrir de)

In
To abound in/with sth
(avoir en abondance : *fish, resources*)
To believe in sth (croire en qch)
To confide in sb
(se confier à qqn/avoir confiance en qqn)
To consist in sth/in doing sth
(consister dans qch/à faire qch)
To deal in sth (faire le commerce de qch)
To delight in sth (adorer qch)
To engage in sth
(prendre part à/participer à qch)
To indulge in sth
(se permettre, s'accorder qch)
To meddle in sth (se mêler de qch)
To persist in sth/in doing sth
(persister ds qch, à faire qch)
To result in sth/in doing sth
(avoir pour résultat)
To share in sth (avoir part à qch, partager)
To succeed in sth/in doing sth (réussir)

Into
To break into a house (entrer par effraction)
To call into the bank (passer à la banque)
To check into a hotel (descendre dans un hôtel)

Like
To look like sb
(ressembler à qqn : *appearance*)
To sound like sth/sb
(avoir l'air de qqn/qch - *voice, sound*)
To feel like sth/like doing sth
(avoir envie de qch/de faire qch)
To feel like marble (donner la sensation
du marbre au toucher)
To smell like sth (avoir une odeur de qch)

Of
To approve of sth
To beware of sth/of doing sth (prendre garde
à qch, éviter de faire qch, se méfier de)
To boast of sth/of doing sth (se vanter)
To complain of sth/sb
(se plaindre de qch/qqn)
To consist of different elements (consister en,
se composer d'éléments divers)
To despair of sth/of doing sth
(désespérer de qch/de pouvoir faire qch)
To die of sth (illness, hunger, grief)
To dispose of sth (se débarrasser de qch)
To disapprove of sth/sb
(désapprouver qqn/qch)
To dream of sth/of doing sth (rêver à, de...)
To hear of sb/sth
(entendre parler de qqn/qch)
To repent of sth (se repentir de)
To think of sth/of sb (penser à qch/qqn)
To think of doing sth (envisager de faire)
To tire of sth/of doing sth (se lasser)

Off
To come off a coat
(tomber d'une veste : *a button*)
To fall off a chair (tomber d'une chaise)
To get off a bicycle/train/plane (descendre de)
To go off the rails (dérailler: train)
To keep off sth
(se tenir à distance de - *grass, topic*)

On
To act on sth
(agir selon qch : *instructions, information*)
To agree on sth (être d'accord sur...)
To attend on sb (s'occuper de, être au
service de qqn - docteur : soigner qn)
To bet on sth (parier)

EXERCICE

1. Traduisez.

1. Il se plaint à tous les gens qu'il rencontre que personne ne lui consacre suffisamment de temps, que personne ne s'occupe de lui.
2. Il dit que sa femme de ménage est négligente sur elle, qu'en plus, elle ne fait pas assez attention à son ordinateur.
3. Il est passionné d'informatique et il n'est jamais sûr que son PC est à l'abri du balai de la femme de ménage.
4. C'est ridicule de sa part de croire que tout le monde « tripote » son PC.
5. Il est enclin à des accès de colère *(outbursts of anger)*.
6. Il croit que le monde entier est responsable de tout ce qui arrive à son PC.
7. Heureusement qu'il est marié avec une femme qui ne lui en veut pas de ces lubies *(fads)* mais qui lui fait payer £25 pour faire le ménage de son bureau.
8. Comme il paye, ça lui est égal d'être accusée de tout ce qui va mal.
9. Elle n'est pas folle de joie de ses critiques, mais elle n'est pas non plus accablée de désespoir…
10. Elle est ravie de ses £25 et attend avec impatience la prochaine augmentation des tarifs des femmes de ménage.

2. LISTE DE VERBES + PRÉPOSITION (suite)

On (suite)
To call on sb (rendre visite à qqn)
To cheat on sb
(tromper qqn : *married couple*)
To check on sth (vérifier qch /
enquêter sur qch)
To come on/upon sth
(découvrir qch par hasard)
To comment on sth (commenter qch)
To concentrate on sth (se concentrer sur qch)
To count on sth/sb (compter sur qch/qqn)
To depend on sth/sb (dépendre de qch/qqn)
To feed on sth (se nourrir de qch)
To insist on sth (souligner, insister sur qch)
To insist on doing (vouloir à tout prix)
To live on bread and water
(vivre de pain et d'eau)
To operate on sb for sth (opérer qqn de qch)
To reckon on sth
(s'attendre à, espérer, compter sur)
To rely on sb
(faire confiance à qqn, compter sur qqn)
To tread on sth
(marcher sur qch - *sb's foot, toe*)
To tell on sb (cafarder, dénoncer qqn)
To wait on sb (être au service de qqn)
To wait on tables (restaurant : servir à table)

Out of
To run out of petrol (se trouver a court de, ne plus avoir d'essence)
To blush out of shyness (attention, ici, *out of* indique l'origine d'un comportement : rougir de, par timidité)

Over
To come over sb
(s'emparer de qqn : *attack of faintness*)
To brood over sth (méditer sur qch)
To preside over a meeting
(présider une réunion)
To rule over a country (gouverner un pays)
To triumph over sth/sb (triompher de)

Through
To come through sth (se tirer de qch)
To live through sth (vivre qch de difficile)

With
To abound with tourists (regorger)
To agree with sb (être d'accord avec qqn)
To argue with sb (se disputer avec qqn)
To associate with sb (fréquenter qqn)
To begin with sth (commencer par qch)
To break with sb
(rompre les relations avec qqn)
To comply with sth (se conformer à qch)
To cope with sth/sb
(s'occuper de/venir à bout de qch/qqn)
To deal with sb
(s'occuper de qqn ; traiter, négocier avec qqn)
To deal with sth (s'occuper de qch ; traiter de : *a theme, a subject*)
To differ with sb (ne pas être d'accord avec qqn)
To meddle with sth (toucher, tripoter qch)
To part with sth (se séparer de qch)
To quarrel with sb (se disputer avec qqn)
To rank with the best
(se ranger, compter parmi les meilleurs)

To
To admit to sth/to doing sth (admettre)
To amount to sth
(se monter à, atteindre : *sum*)
To appeal to sth
(faire appel à : *generosity, help*)
To appeal to sb (for sth) (faire appel à qqn)
To apply to sb (s'adresser à qqn)
To apologize to sb (s'excuser auprès de qqn)
To attend to sth (prêter attention à qch, s'occuper de qch, soigner : *wound*)
To attend to sb (servir qqn : *in a shop*)
To belong to sb (appartenir à qqn)
To bow to sb (s'incliner devant qqn)
To cater to sb/to sth (satisfaire aux exigences de qqn/ se plier à la nécessité de qqch)
To compare to (être comparable à, être à la hauteur de)
To complain to sb (se plaindre auprès de qqn)
To confess to sth/to doing sth
(avouer qch/avoir fait qch)
To consent to sth (consentir à)
To correspond to sth (correspondre à)
To devote oneself to sth/sb/to doing sth
(se consacrer à)
To limit oneself to sth/to doing sth (se limiter à)
To listen to sth/sb (écouter qqn)
To look forward to sth/to doing sth (attendre qch/ attendre de faire qch avec impatience)
To matter to sb
(avoir de l'importance pour qqn)
To object to sth/to doing sth (protester contre, s'opposer à)
To occur to sb to do sth
(venir à l'esprit de qqn de faire qch)

EXERCICE

I. Entourez la préposition qui convient, (il peut y avoir deux possibilités dans quelques rares cas).

1. *She takes ...... her mother and does not resemble her father at all.*
   a) on b) into c) after d) over
2. *The government has suddenly stopped hinting ...... an early election.*
   a) at b) with c) on d) to
3. *People often marvel ...... a child's ability to learn his native language.*
   a) over b) in c) to d) at
4. *Do you really care ...... me as much as you say you do?*
   a) with b) for c) about d) into
5. *Who will call ...... the kids from school at 4.O pm?*
   a) after b) with c) at d) for

2. LISTE DE VERBES + PRÉPOSITION (suite)

To (suite)
To point to sth (montrer qch du doigt ; indiquer: *hand on dial*)
To pray to God (prier Dieu)
To react to sth (réagir à qch)
To refer to sth (faire référence à qch)
To resort to sth (avoir recours à qch)
To respond to sth (répondre, réagir à qch)
To reply to sb (répondre à qn)
To see to sth (veiller à qch)
To speak to sb (parler à qqn)
To submit to sth/sb (se soumettre à qch/qqn)
To take to drinking (se mettre à boire)
To turn to sb (for sth)
(se tourner vers qqn, consulter qqn)
To see to it that... (veiller à ce que qch...)
To yield to sth
(céder à qch - *temptation, pressure*)

3. LISTE D'ADJECTIFS + PRÉPOSITION

About
To be angry/furious about sth
(être en colère, furieux de qch)
To be annoyed about sth (être contrarié de qch)
To be anxious about sth/sb (être inquiet)
To be careful about sth (faire attention à qch, être très soigneux pour ce qui est de qch)
To be careless about sth (être négligent)
To be enthusiastic about sth/sb
To be excited about sth (excité, emballé)
To be particular about sth
(difficile en ce qui concerne qch)
To be mad about sth/about doing sth
(être furieux ou fou, passionné de)
To be pleased about sth (content, satisfait)
To be sad about sth (triste)
To be sorry about sth (être désolé de)
To be sure about sth (être sûr de)
To be worried about sth (se faire du souci)

At
To be amazed at sth (très étonné de qch)
To be amused at sth (être amusé par qch)
To be angry at sth
(être très mécontent de qch)
To be annoyed at sth (être contrarié de qch)
To be good at English (être bon en anglais)
To be mad/sore at sth/at sb
(furieux de qch/contre qqn)
To be surprised at sth (être surpris de)
To be vexed at sth (contrarié, faché de qch)
To be at war (être en guerre)

For
To be eager for sth
(être avide de qch : *success, acceptance*)
To be eligible for sth
(remplir les conditions - *a raise, subsidy*)
To be essential for sth (success)
To be famous for sth (être réputé)
To be grateful for sth (reconnaissant de qch)
To be homesick for sth
(avoir la nostalgie de qch)
To be necessary for sth (success)
To be responsible/liable for sth
(être responsable de qch)
To be sorry for sb (voir: *sorry about*)

From
To be different from sth (être différent de)
To be free from sth (être libre de qch)
To be safe from sth (à l'abri de qch : *attack*)
To be tired from sth (fatigué physiquement, voir : *tired of sth*)

In
To be disappointed in/with sth/sb (être déçu de)
To be gifted in sth (être doué en)
To be interested in sth (s'intéresser à qch)
To be involved in sth (impliqué)
To be lacking in sth (manquer de : *quality*)
To be proficient in sth (fort en qch)
To be rich in sth (resources, vitamins)
To be successful in sth (réussir qch)

Of
To be afraid of sth/of doing/to do sth
(avoir peur de)
To be ashamed of sth/to do sth (avoir honte de)
To be aware of sth (être au courant, informé)
To be capable of doing sth (être capable de)
To be considerate of sb to do (être très aimable de la part de qqn)
To be envious of sb/sth (être jaloux de)
To be fond of sth/of doing sth
(être amateur de qch, bien aimer faire qch)
To be fond of sb (aimer beaucoup qqn, avoir de l'affection pr qqn)
To be full of sth (être plein de)
To be guilty of sth/of doing sth (coupable)

EXERCICE

1. Traduisez en anglais, à l'aide des verbes donnés.

Answer back, blow over, break down, break in, break up, bring *somebody* ***round, bring*** *somebody* ***up, call*** *somebody* ***up, fall out, fill*** *somebody* ***in, hand*** *somebody* ***over*** *(****to*** *somebody),* ***hang out, lock*** *somebody* ***in, lock up, pass out.***

1. Ne l'enferme pas à clé parce qu'il a répondu insolemment.
2. Les vacances viennent de commencer.
3. Vous n'allez pas vous disputer maintenant, vous deux!
4. Rappelle-toi qu'il t'a téléphoné de nombreuses fois quand tu as fait une dépression le mois dernier, lorsqu'un voleur est entré par effraction, bien que tu aies soigneusement tout fermé à clé.
5. Tu n'arrêtais pas de te trouver mal et il fallait te ranimer.
6. Tu ne t'es sentie mieux que lorsqu'on a livré le coupable à la police, après qu'un copain de ton fils qui crèchait quelques maisons plus loin t'a mise au parfum.
7. Tu as élevé ton fils comme il le fallait ; ce n'est qu'un orage, ça va passer.

3. LISTE D'ADJECTIFS + PRÉPOSITION (suite)

Of (suite)

To be independent of sth/sb
(ne pas dépendre de)
To be jealous of sth/sb (être jaloux)
To be kind of sb to do sth
(être gentil de la part de qqn de faire qch)
To be proud of sth/of doing/to do sth
(être fier de)
To be ridiculous of sb to do sth
(ridicule de la part de qqn de faire qch)
To be scared of sth/sb/to do/ of doing sth
(être effrayé de)
To be short of sth (être à court de qch)
To be tired of sth/of doing sth (fatigué, las)
To be typical of sth/sb / to do sth
(être typique de)
To be worthy of sth (digne)

On

To be dependent on sb (for sth)
To be intent on doing sth
(être résolu à, déterminé à faire qch)
To be keen on sth/on doing/to do sth
(tenir beaucoup à)

To (préposition)

To be acceptable to sb
(être acceptable pour qqn)
To be accustomed to sth/to doing (être habitué à)
To be addicted to sth (s'adonner à)
To be comparable to sth/sb (être comparable à)
To be due to sth (être dû à)
To be equal to sth
(être égal à ou à la hauteur de - *task*)
To be essential to sth (happiness)
To be given to sth (enclin à)
To be grateful to sb (reconnaissant envers qqn)
To be inferior to sb (être inférieur à qqn)
To be kind to sb (être bon, gentil avec/
envers qqn)
To be liable to sth (être passible de - *tax, fine*)
To be liable to sb for sth
(responsable de qch envers qqn)
To be married to sb (être marié avec qqn)
To be necessary to sth (être nécessaire à - *life*)
To be obedient to sb (obéir à qqn)
To be polite to sb (envers qqn)
To be preferable to sth
(être préférable à qqch)
To be responsible to sb
(responsable envers qqn)
To be rude to sb (impoli, grossier
envers/avec qqn)
To be similar to sth (être pareil à)
To be superior to sb (être supérieur à)
To be/get used to sth/to doing sth
(être habitué à, s'habituer à qch, à faire qch)
(Voir aussi verbes + *To* suivis du gérondif, p.208)

To particule de l'infinitif

To be apt to forget (être enclin à oublier)
To be difficult to do sth (être difficile à faire)
To be eager to do sth (avoir hâte, très envie
de faire qch; tenir beaucoup à faire)
To be liable to do (risquer de,
être susceptible de)
To be pleasant to do (être agréable à faire)
To be pleased to do sth (être content de faire)
To be right to accept (avoir raison de)
To be safe to do sth (être sans danger)
To be sorry to hear that
(être désolé d'apprendre)
To be usual/unusual to do sth (être inhabituel)

With

To be acquainted with sb/sth
(être au courant, connaître)
To be angry with sb (être en colère contre qqn)
To be annoyed with sb
(être en colère contre qqn)
To be bored wth sth (trouver ennuyeux)
To be careful with sth
(faire bien attention à, avec qch)
To be content with sth/to do (se contenter de)
To be delighted with/about sth (ravi de qch)
To be familiar with sth (bien connaître qch)
To be fed up with sth (en avoir marre de qch)
To be furious with sb (en colère contre qqn)
To be identical with sth (identique à qch)
To be impatient with sb
(ne pas supporter, être agacé)
To be involved with sb (être épris de qqn,
avoir une liaison avec qqn)
To be mad with/at sb (furieux contre qqn)
To be mad with joy (fou de joie)
To be offended with sth
(choqué ou vexé de qch)
To be overcome with sth
(accablé - *grief* : chagrin)
To be pleased with sth/sb (content de qch/qqn)
To be popular with sb (populaire auprès de qqn)
To be satisfied with sth (satisfait de)
To be vexed with sb
(être fâché contre qqn, en vouloir à qqn)

4. NOMS + PRÉPOSITION

To make an attempt at burglary (faire une tentative de cambriolage)
To have some difficulty in doing sth (avoir du mal à faire qch)
Fall/drop/rise in price(s) (chute/montée des prix)
Somebody's delight in sth/in doing sth (grand plaisir que prend qqn à qch/à faire qch)
Somebody's interest in sth (l'intérêt pour)
To understand somebody's reason for being absent (comprendre la raison de)
Somebody's eagerness to learn/for knowledge (la soif de connaissance)
There is no need for such hurry (Il n'est pas besoin de se presser autant)
There is little hope of somebody being alive (Il y a peu d'espoir qu'il y ait quelqu'un de vivant.)
There is no point in doing sth (ça ne sert à rien, ce n'est pas la peine)
Sb's faith in sth/sb (la confiance en, dans)

To préposition

To show cruelty to animals (se montrer cruel envers)
To have no objection to sth/sb/to doing sth (ne pas avoir d'objection)
To find a solution to sth (trouver une solution à)

To particule de l'infinitif

Somebody's failure to do sth (le fait de ne pas faire ce qu'on aurait dû faire)
Sb's anxiety to do sth (grand désir de)

EXERCICES

1. Utilisez le verbe ***Come*** suivi d'une particule adverbiale pour remplir les blancs des phrases proposées.

1. *She passed out but soon ....*
2. *We never found out how the accident ....*
3. *It seemed a good idea, but it didn't ....*
4. *Whenever the question of her boyfriends .... , she walked out of the room.*
5. *My new book will .... next month.*

2. Utilisez le verbe ***Get*** ou ***Give*** suivi d'une particule adverbiale pour remplir les blancs des phrases données.

1. *I .... better than I thought with what little English I had.*
2. *My accent .... me ...... of course.*
3. *All the same it ...... me ...... when I couldn't make myself understood.*
4. *I tried to phone you but, strangely enough, I didn't manage to ....*
5. *I .... very well with my hostess.*
6. *I took the end of term exam, but failed it, I didn't .... this time.*

5. VERBES + COMPLÉMENT (QUELQU'UN) + PRÉPOSITION

To absolve sb from/of sth (absoudre, décharger qqn de qch)
To acquaint sb with sth (informer, mettre qqn au courant de qch)
To accuse sb of sth/of doing sth (accuser de)
To advise sb about/on sth (conseiller qqn sur qqch)
To appoint sb to a position (nommer qqn à un poste)
To ask sb for sth (demander qch à qqn)
To associate sb/sth with sb/sth else (associer qqn/qch à qqn/qch d'autre)
To ban sb from a place/from doing sth (Interdire un lieu à qqn, à qqn de faire qch, de façon officielle)
To bar sb from a place/from doing sth (interdire un lieu à qqn, à qqn de faire qch *regulations*)
To blame sb for sth/ for doing sth (blâmer qqn de)
To charge sb £100 for sth (faire payer £100 livres à qqn)
To charge sb with a crime (inculper qqn de qch)
To congratulate sb on sth/on doing sth (féliciter qqn de)
To convict sb of sth/of doing sth (déclarer qqn coupable de qch, d'avoir fait qch)
To cure sb of sth (guérir qqn de qqch)
To deter sb from doing sth (dissuader de)
To discourage sb from sth/from doing sth (décourager qqn de faire qqch)
To dismiss sb from a job (congédier, renvoyer)
To excuse sb for doing sth (excuser d'avoir fait)
To excuse sb from sth (dispenser de)
To forgive sb for doing sth (pardonner à qqn d'avoir fait qqch)
To insure sb against sth (assurer qqn contre qch -*a risk*)
To introduce sb to sb else (présenter)
To invite sb to a party (inviter qqn à une soirée)
To keep sb from doing sth (empêcher de)
To mistake sb/sth for sb/sth else (confondre avec)
To prevent sb from doing sth (empêcher qqn de faire qqch)
To pride oneself on sth/on doing sth (s'enorgueillir de)
To protect sb from sth (protéger de, contre qch)
To provide sb with sth (fournir qch à qqn - *sth needed*)
To put sb off sth/off doing sth (enlever à qqn l'envie de qch/de faire qch)
To refer sb to sth (renvoyer qqn à qch)
To refer sb to sb (envoyer qqn chez qqn : *doctor*, renvoyer qqn à qqn - *expert*)
To release sb from somewhere (relâcher, libérer)
To reproach sb with sth/with doing sth (reprocher qch à qqn, à qqn de)
To remind sb of sth/sb to do sth (rappeler à qqn qch, à qqn de faire qch)
To rob sb of sth (dérober, voler qch à qqn)
To supply sb with sth (fournir qch à qqn - *order*)
To tell sb about sth (dire à qqn qqch)
To thank sb for sth/for doing sth (remercier qqn d'avoir fait qch)
To threaten sb with sth (menacer qqn de qch - *death, punishment*)
To trust sb with sth (confier qch à qqn)
To warn sb of sth (avertir, prévenir)

6. VERBES + COMPLÉMENT (QUELQUE CHOSE) + PRÉPOSITION

To borrow sth from sb (emprunter à)
To buy sth from sb (acheter de)
To change sth into sth else (transformer qqch en qqch d'autre)
To choose sth from sth/from among several things (choisir parmi)
To compare sth/sb to/with sb/sth else (comparer à)
To confuse sth/sb with sth/sb else (confondre avec)
To copy sth from a book/from sb (copier sur)
To cover sth with sth (couvrir de)
To demand sth of/from sb (exiger)
To derive pleasure from sth (tirer, retirer)
To divide sth in/into half/four (diviser qch par deux, quatre)
To draw sth from sth/somewhere (tirer, retirer)
To drink wine out of a glass (boire dans un verre)
To drink wine from the bottle (boire à la bouteille)
To exchange sth for sth else (échanger contre)
To exclude sth/sb from sth (exclure de)
To expect sth from sb (attendre qch de qqn)
To fill sth with sth (remplir de)
To judge sth/sb from sth (juger sur - *appearance*)
To prefer sth/sb to sth/sb else (préférer à)
To prefer doing sth to doing sth else (préférer à)
To purchase sth from sb (acheter)
To require sth of sb (exiger)
To spend money/time on sth/ on doing sth (dépenser de l'argent, passer du temps à qch, à faire qch)
To steal sth from sb (voler qch à qqn)
To surround sth with sth (entourer qch de qch)
To take sth from a table (prendre qch sur une table)
To throw sth at/to sb (jeter qch à qqn ; *at* : avec agressivité)
To translate sth into English (traduire)
To withdraw money from a cash point (retirer de l'argent d'un distributeur)

EXERCICE

1. Utilisez le verbe **Go** suivi d'une particule adverbiale pour remplir les blancs des phrases données

1. The ship .... after it was hit by a torpedo.
2. A gun may .... accidentally.
3. Will prices continue to .... or will they start to .... again, as they usually do?
4. Don't stop reading, ...
5. I hope there's enough chocolate to ....

7. VERBES + DEUX COMPLÉMENTS PRÉPOSITIONNELS

To apologise to sb for sth/ for doing sth (s'excuser auprès de qqn)
To apply to sb for sth (s'adresser à qqn pour qch)
To depend on sb for sth (dépendre de qqn pour ce qui est de)
To turn to sb for advice (demander conseil à qqn)

Verbes + complément prépositionnel suivis de l'infinitif en *to*

To depend on sb to do sth (compter sur qqn)
To pray to God to do sth
To arrange for sb to do sth
To count on sb to do sth
To rely on sb to do sth (compter sur qqn)
To wait for sb to do sth (attendre que qqn fasse qqch)

8. VERBES À PARTICULE *(PHRASAL VERBS)*

To answer back (répondre insolemment)
To ask sb over/round (inviter quelqu'un)
To bear out sth (confirmer)
To blow over (passer - *a storm*)
To blow sth out (le vent : éteindre : une bougie)
To blow up (exploser)
To blow sth up (faire sauter, exploser qch)
To break down (échouer - *negotiations*)
To break down (avoir une dépression nerveuse)
To break down (tomber en panne)
To break in (entrer par effraction)
To break off (s'arrêter de parler)
To break off negotiations (interrompre)
To break out (se déclarer - *a war, a fire*)
To break up (entrer en vacances - *school*)
To break up (se séparer - *married people*)
To break up a crowd (disperser des gens)
To bring about sth (provoquer : *result*)
To bring sb round (ranimer quelqu'un)
To bring up a child (élever)
To bring up a question (mettre sur le tapis)
To call sth off (annuler - *match*)
To call sb up (US : téléphoner)
To call sb up (appeler sous les drapeaux)
To carry sth on (continuer qch)
To carry out sth (exécuter - *instructions*)
To check in (se présenter à l'enregistrement (aéroport))
To check out (quitter l'hôtel, régler sa note, se présenter à la réception (hôtel))
To come about (arriver - *event*)
"Come off it!" (Arrête ton cinéma !)
To come off (bien se passer)
To come out (*book* : sortir, être publié)
To come round (reprendre ses esprits)
To come up (venir en discussion)
To cut sth down (réduire qch pour économiser)
To cut in (faire une queue de poisson)
To cut in (interrompre : *conversation*)
To cut sb off (couper quelqu'un - *telephone*)

8. VERBES À PARTICULE *(PHRASAL VERBS)* (suite)

To cut off supplies (couper les vivres)
To cut sth out (supprimer : cigarettes)
To have one's work cut out (avoir du pain sur la planche)
To do sb in (buter, trucider qqn)
To do up a room (refaire, retaper)
To draw sth up (rédiger : *contract*)
To drink sth up (boire complétement)
To drop in (faire un petite visite)
To eat sth up (finir de manger qch, ne pas en laisser)
To fall out (se disputer)
To fall through (échouer : projet)
To fill in / (US) fill out a form (remplir un formulaire)
To fill sb in (mettre quelqu'un au parfum)

EXERCICE

1. Utilisez le verbe **Let** ou **Look** suivi d'une particule adverbiale pour remplir les blancs des phrases données.

1. Don't …… these criminals …… lightly.
2. Don't …… the neighbour's dirty dog …… .
3. …… that word …… in the dictionary.
4. I hope you won't …… me …… as I expect so much from you.
5. He …… all his students …… and wondered if anyone of them would make it.
6. If you're coming down Manchester way, please go and …… …… my former hostess.
7. Inflation is coming down and so things are …… …… a bit.

8. VERBES À PARTICULE *(PHRASAL VERBS)* (suite)

To get about (se déplacer, circuler : person)
To get away (s'échapper)
To get by (se débrouiller)
To get sb down (déprimer)
To get on (réussir, bien marcher)
To get on (with sb) (s'entendre avec quelqu'un)
To get through (obtenir la communication)
To get through (réussir - *exam*)
To give sb away (trahir, révéler : vêtements)
To give one's daughter away (conduire à l'autel)
To give sth away (distribuer, vendre à bas prix)
To give in (céder)
To hand sb over (remettre qqn à la police)
To give sth off (émettre : une odeur)
To give out (s'épuiser : réserves)
To give up sth/doing (renoncer)
To go down (couler : navire)
To go down (baisser : prix)
To go off (exploser, partir: coup)
To go on (continuer)
To go round (suffire, être assez : quantité)
To go up (augmenter : prix)
To hand sth out/round (distribuer qch)
To hang on (ne pas quitter - téléphone)
To hang out (loger, « crécher »)
To hang up (raccrocher - téléphone)
To have sb on (faire marcher quelqu'un)
To hit it off (bien s'entendre)
To hold on (ne pas quitter - téléphone)
To hold sb up (retenir qqn : otage ; à la douane)
To hunt sb down (traquer qqn ; rechercher sans relâche)
To hurry up (se dépêcher)
To keep sth down (empêcher de monter : prix)
To keep sb in (garder en retenue : un élève)
To knock sb down/over (renverser qqn : accident)
To knock sb up (réveiller qqn / mettre une fille enceinte)
To laugh sth off (prendre qch à la légère)
"Lay off!" (Arrête, ça suffit comme ça)
To lay sb off (licencier qqn - *redundancy*)
To leak out (couler, s'échapper : liquide)
To leave sth out (ne pas inclure, ne pas mettre dans qqch)
To let sb down (décevoir; laisser tomber qqn)
To let sb in (laisser entrer qqn)
To let sb off (ne pas punir, se montrer indulgent)
To let sb out (laisser sortir qqn)
To let the fire out (laisser s'éteindre)
To lock sb in (enfermer à clé)
To lock (sth) up (fermer à clé/enfermer soigneusement)
To look in (faire un saut, chez qqn)
To look out (bien regarder, être sur ses gardes)
To look sth over (bien examiner qch)
To be looking up (aller mieux : situation)

8. VERBES À PARTICULE *(PHRASAL VERBS)* (suite)

To look sth up in the dictionary (chercher)
To look sb up (passer voir qqn)
To make off (s'en aller, se tirer)
To make out sth/sb (comprendre)
To make sth over (léguer qch)
To make up (se maquiller)
To make sth up (inventer de toutes pièces)
To make up sth (composer, constituer)
To make (it) up (se réconcilier)
To move in/out (emménager/déménager)
To pass out (perdre connaissance)
To pass sth over (ne pas tenir compte de qch)
To pick sth/sb up (ramasser qch/passer prendre qqn)
To pick sth/sb out (choisir)
To play sth down/up (minimiser/exagérer, souligner qch)
To point out (to sb) that .. (faire remarquer que ...)
To pull sth down (démolir : maison)
To pull in (entrer en gare; s'arrêter : voiture)
To pull it off (réussir qch)
To pull out (déboîter : voiture)
To pull sth out (arracher : dent)
To pull round (reprendre ses esprits)
To pull up (s'arrêter : voiture)

EXERCICES

1. Utilisez le verbe ***Make*** suivi d'une particule adverbiale pour remplir les blancs des phrases proposées.

1. *When he heard the police siren, he .... with the handbag as fast as he could.*
2. *He has decided to .... the whole of his fortune to his daughter.*
3. *He speaks so quickly I can't .... a word he says.*
4. *England, Scotland and Wales .... Great Britain.*
5. *Don't .... new excuses each time you're late.*
6. *She .... quickly and hurried out to meet her friend.*

2. Utilisez le verbe ***Pull*** ou ***Put*** suivi d'une particule adverbiale pour remplir les blancs des phrases proposées.

1. *Why are so many of the houses that were only .... last year being .... this year?*
2. *A car .... suddenly just as I was .... at the restaurant on the corner.*
3. *If he asks you to ...... him ...... for the night, ... him ...... and I'll see what I can do for him.*
4. *I'll have him .... as soon as he .... , the doctor said of the man who'd just passed out.*

8. VERBES À PARTICULE *(PHRASAL VERBS)* (suite)

To put sth away (ranger)
To put sb away (enfermer qqn dans un asile)
To put by money (mettre de côté)
To put down a rebellion (réprimer)
To put in 50 hours a week (travailler)
To put off something/doing sth (remettre à plus tard)
To put sb off (dissuader qqn ; dégoûter qqn)
To put it on (faire semblant, jouer la comédie)
To put sb through (passer la communication)
To put sb up (héberger qqn)
To put up a house (construire)
To rule sth out (exclure : une possibilité)
To run sb down (conduire qqn en voiture/écraser)
To run in a car (roder une voiture)
To see sb off (accompagner qqn : à son départ)
To see sb out (voir : *to show sb out*)
To send up sb (imiter qqn, pour se moquer)
To set in (s'installer - *bad weather*)
To set sth off (mettre qch en valeur - *sb's beauty* - *a fire* : faire un feu)
To set out (exposer - *ideas, plans*)
To set sth up (monter : une affaire, créer : une commision)
To shake sth off (se débarrasser de qch : habitude)
To show sb in / out (faire entrer / sortir qqn)
To show off (faire de l'épate)
To show up (venir, rappliquer)
To slow down (ralentir : voiture)
To speed (sth) up (accélérer)
To stand down (se désister)
To stand out (se détacher, se remarquer)
To stand up (se lever)
To stay in (rester chez soi, enfermé, en retenue)
To stay up (rester debout, ne pas aller se coucher)
To take sth down (noter qqch par écrit)
To take sb in (rouler, escroquer qqn)
To take sth in (enregistrer, comprendre qch)
To take off (décoller : avion)
To take £25 off (déduire, faire un rabais de £25)
To take sth off (enlever qch : un vêtement)
To take on responsibilities (prendre)
To take on staff (engager du personnel)
To take on a job (prendre un emploi disponible)
To take over a business (reprendre une affaire)
To take sth up (se mettre à qch : fumer, au dessin, etc)
To talk sb round (faire changer d'avis qqn)
To tell sb off (attraper, gronder)
To touch down (atterrir, amerrir)
To try sth out (mettre qch à l'essai)
To tuck a child in (border un enfant)
To turn sth down (refuser, ne pas accepter)
To turn in (aller se coucher)
To turn sth in (rendre, rapporter qch)
To turn sb in (livrer qqn à la police)

8. VERBES À PARTICULE *(PHRASAL VERBS)* (suite)

To turn out to be (se révéler être)
To turn sb out (mettre qqn dehors : locataire)
To turn sth out (produire qch : industrie)
To turn over (se renverser : bateau)
To turn up (se présenter, arriver)
To turn sb up (donner envie de vomir à qqn)
To wake (sb) up (se réveiller/réveiller qqn)
To warm sth up/(US) over (réchauffer - *food*)
To wash sth off/out (enlever à l'eau)
To wash sth up (laver : vaisselle)
To wear (sth) out (s'user / user qch)
To wind sth up (remonter : un mécanisme)
To wipe sth off (essuyer qch)
To work away (travailler sans relâche)
To work sth out (résoudre, calculer)
To work sth out (mettre au point qch)
To work sth out (essayer de comprendre qch)
To work out (se dérouler de telle ou telle façon ; réussir)

EXERCICE

1. Utilisez le verbe ***Take*** ou ***Turn*** suivi d'une particule adverbiale pour remplir les blancs des phrases proposées.

1. When you say you ...... £ 25, I hope you're not trying to ...... me .... If you are, I'll ...... you ....
2. You've only just .... the business, haven't you?
3. If the sight of blood ...... you ...... , give up your job at the hospital.
4. I'll .... art and music next year at school.
5. If you're planning to .... new staff, I'm ready to .... more responsibilities and help you with the screening.
6. He .... late; it .... that he had been held up at the customs.
7. The police will .... every word you say, if they can .... what you're saying in your broken English, that is.

9. VERBES À PARTICULE + PRÉPOSITION *(PHRASAL PREPOSITIONAL VERBS)*

To back out of sth (se retirer, se rétracter)
To be up to sth (préparer, manigancer qch)
To be up to doing sth (avoir envie de, être en forme pour)
To break in on sb (interrompre)
To carry on with sth (continuer qch)
To catch up with sb (rattraper qqn)
To come down with the measles (attraper la rougeole)
To come out with sth (dire, sortir qch - *a remark*)
To come up with sth (suggérer, proposer)
To cut back/down on sth (réduire : dépenses)
To do away with sth (supprimer, abolir)
To drop in at a place/on sb (passer à un magasin/chez qqn)
To face up to sth (faire face à qch, affronter - *difficulty*)
To fall out with sb (se disputer avec qqn)
To feel up to sth (se sentir capable de qch)
To get away with sth (se tirer impunément, sans dommage)
To get down to sth (se mettre à qch sérieusement)
To get on with sth (poursuivre, avancer - *activity*)
To get on with sb (s'entendre avec qqn)
To get through with sth (terminer, en finir avec qch - *work*)
To give in to sb (céder à qqn)
To hand sth over to sb (remettre qch à qqn)
To go back on sth (revenir sur qch - *promise*)
To go in for sth (s'intéresser à qch, bien aimer; choisir comme métier, activité, etc)
To go on with sth (continuer qch)
To go through with sth (persévérer, aller jusqu'au bout de qch)
To hold out against sth (tenir le coup, tenir bon)
To keep on with sth (continuer, ne pas lâcher)
To keep up with sth (se tenir au courant)
To keep up with sb (rester en contact avec qqn)
To live up to sth (se montrer à la hauteur)
To look down on sb (regarder qqn de haut)
To look up to sb (admirer qqn)
To make up for sth (compenser, rattraper : temps)
To play up to sb (flatter, faire de la lèche)
To point sth out to sb (faire remarquer qch à qqn)
To put sth down to sth (attribuer qch à qch : *shyness*)
To put sb through to sb else (passer qqn à qqn - téléphone)
To put up with sth/sb (supporter)
To put sb up to sth (mettre qqn au courant de qch)
To read up on sth (se documenter sur)
To stand in for sb (remplacer qqn : un acteur)
To stand up for sb (plaider la cause de qqn)
To stand up to sth (résister : à l'usure)
To stand up to sb (tenir tête à qqn)
To talk back to sb (répondre insolemment)
To watch out for sth (être sur ses gardes, se méfier de qch : danger)

EXERCICE

1. Traduisez.

1. Je ne sais pas ce que vous manigancez. Mais je me retirerai de notre accord, si vous revenez sur la promesse que vous avez faite qu'il s'agirait d'affaires honnêtes.

2. Donc, restez en contact avec moi ; ne vous imaginez pas que vous pourrez vous tirer de n'importe quelle situation.

3. Il faut me remettre une copie de tous les documents, sinon nous n'allons plus être amis.

4. Je me suis lancé dans ce genre d'activité, parce que je pensais que ça vous permettrait de compenser tous les ennuis que vous m'avez causés la dernière fois.

5. S'il se révèle que vous avez l'intention de réduire les honoraires que vous vous étiez enagagé à me verser, vous feriez bien de prendre garde aux conséquences ; je ne suis pas disposé à accepter de nouveau des combines douteuses.

ANNEXES

Aspect

La façon dont le procès (l'action) est envisagé par l'énonciateur, celui qui est à l'origine d'un énoncé, l'angle sous lequel le procès est présenté se définit comme aspect grammatical. Les aspects grammaticaux sont portés par les formes suivantes :

- forme *Be+ing* : aspect inaccompli
- forme *Have -en* : aspect accompli.
- La forme simple (du présent et du prétérit) se distingue par l'absence de marque d'aspect, on parle d'aspect ø. L'aspect ø signale l'absence de point de vue sur l'action ; le procès est donné comme « information pure » par l'énonciateur.

Il existe aussi des aspects lexicaux.

Aspect lexical

Il concerne le verbe lui-même ; par exemple :
- verbes de processus : *to work*
- verbes ponctuel : *to leave*
- verbes d'état : *to be, to seem.*

Aspect grammatical

COMPAREZ

Forme simple (aspect ø)

a *I had a terrible day. I missed the bus and I lost my keys in the Tube.*
Prétérit simple, événement passé n'ayant aucun lien avec le présent.
Le procès *lost* est donné dans une suite d'informations.
> J'ai perdu mes clés à un moment précis ;
(Les clés peuvent avoir été retrouvées depuis).

Forme *Have -en* (aspect accompli)

b *I've lost my keys! I can't go in.*
Present perfect. Mise en évidence du résultat présent d'un acte passé, d'où l'enchaînement : *I can't go in.* J'ai perdu mes clés **>** Je ne les ai plus.

On voit qu'un même procès est présenté de façon différente en **a** et en **b**. Cette différence s'analyse en termes d'**aspect** : rupture pour le prétérit (rupture temporelle par rapport au présent), aspect accompli pour le *present perfect* (mise en évidence du résultat).

Aspect attaché à la forme *Have -en*

Aspect accompli

Il est porté par les formes verbales comprenant l'auxiliaire *Have* et le participe passé (symbolisé par **-en**) ; le *present perfect*, comme le *pluperfect*, présente l'aspect accompli.
Par l'emploi de cette forme, le procès est présenté sous l'angle du résultat, du bilan.

Accompli signifie-t-il réalisé ?

Les notions ne sont pas équivalentes. Présenter le procès sous l'angle de l'accompli ne signifie pas nécessairement que le procès a été réalisé : cela dépend du contexte, et notamment du modal :
He should have stayed **>** procès non réalisé.
Il aurait été souhaitable que le procès fût réalisé.

Aspect accompli signifie-t-il « terminé » ?
C'est le contexte seul qui indique si le procès est terminé ou s'il dure encore.

COMPAREZ

a - *Why does he look so tired?*
- *Because he's been ill.*
Procès réalisé à un moment indéterminé du passé.
> Il a été malade.
On attire l'attention sur le résultat présent de sa maladie, d'où *"He looks tired"*.
b *He's been ill for three days now.*
On attire à nouveau l'attention sur le résultat présent ; mais ici, le contexte *"for three days now"* indique que l'état dure encore.
> Il est malade depuis trois jours.

Aspect attaché au prétérit

Rupture
He went to the museum yesterday. Hier il est allé au musée.
Ce procès appartient au passé, au révolu.
La notion de révolu est une autre façon d'exprimer la notion de « rupture temporelle ». Cela signifie pour l'énonciateur que le procès n'a aucun lien avec le présent.

Effets du contexte ou du type de verbe (aspect lexical) sur la valeur du prétérit
- Valeur ponctuelle
  He stopped at three. Il s'est arrêté à trois heures.
  C'est le contexte *(at three)* qui donne au prétérit une valeur ponctuelle.
- Valeur itérative
  He did it several times. Il l'a fait plusieurs fois.
  C'est le contexte *(several times)* qui indique que le procès s'est répété (itéré).
- Valeur fréquentative dans le passé
  He often went to see her. Il allait souvent la voir.
  Le procès est vu sous l'angle de l'habitude ; c'est le contexte *(often)* qui donne cette valeur au prétérit.

Aspect attaché à la forme *Be + ing*
Il y a toujours mise en valeur de la situation dans laquelle se trouve l'énonciateur.

Valeur d'inaccompli : procès en cours
- *Has he finished?* - A-t-il fini ?
- *No, he's still working.* - Non, il est encore en train de travailler.

Implication du sujet énonciateur (valeur modale)
*I'm **not** having this woman in my house.*
Pas question que je recoive cette femme dans ma maison

Valeur de reprise (ce n'est pas une première information)
Are you telling me that you are leaving her?
Est-ce bien cela que tu me dis, que tu vas la quitter ?
Les trois valeurs sont très souvent présentes en même temps.

Causative (structure causative)
a *He made me go.* Il m'a fait partir.
b *He forced me to go.* Il m'a forcé à partir.
Un sujet, *he*, provoque une action à laquelle est mêlé un autre sujet, *me*, qui l'exécute.

Co-énonciateur
Il n'est pas seulement celui auquel s'adresse un énoncé.
Il est parfois, comme l'énonciateur, inscrit (de façon directe ou implicite) dans l'énoncé :
I do know what I'm talking about! Mais je sais bien de quoi je parle !
L'énoncé présuppose :
You think I don't know what I'm talking about.
Tu penses que je ne sais pas de quoi je parle.
> Toi auquel je m'adresse, tu penses que je ne sais pas ce que je raconte.

Commentaire
S'applique à des formes grammaticales qui s'opposent à celles de l'information pure. Ainsi le présent *Be + ing* s'oppose au présent simple, le *present perfect* s'oppose au prétérit.
Pour l'information on se sert des formes simples, pour les commentaires, on se sert des aspects.

Contexte et situation
Le contexte renvoie aux éléments du texte précédant ou suivant l'énoncé en question.
La situation renvoie à des éléments (temps, lieu, énonciateur) à l'extérieur du texte.
La distinction est importante, par exemple pour l'analyse des articles :
> *A man and a woman came in. The man was wearing a strange hat.*
The man : l'article défini précède le nom qui est mentionné pour la deuxième fois.
Le nom est déterminé (repéré) par le contexte.
> *Catch the ball!* (situation de jeu de ballon)
The ball : le nom est déterminé parce que l'objet auquel il renvoie est reconnaissable dans la situation où se trouvent celui qui parle et celui auquel il s'adresse : le nom est déterminé par la situation.
Au sens strict, la situation correspond au « ici / maintenant » de celui qui parle (l'énonciateur). Au sens large, la situation comprend un ensemble d'éléments censés être connus de ceux auxquels on s'adresse (*the government, the president* etc.).

Détermination, déterminants
Voir chapitres 6, 7, 8 et 9.
La détermination entraîne notamment le choix entre le général et le particulier.
Elle peut entraîner l'apparition d'une indication de quantité.
Les déterminants sont : **les articles** (*a, an, the*, ø : absence d'article),
les démonstratifs (*this, these, that, those*),
les marques du génitif et les possessifs (*'s, his, her*, etc.),
les quantifieurs (*some, any, no, a few, several*, etc.),
les interrogatifs placés devant un nom (*what colour?*).

Durée
Ce n'est pas une notion qui entraîne une forme grammaticale particulière.

COMPAREZ

a *He worked for three hours yesterday.* Il a travaillé pendant trois heures hier.
Il s'agit d'une durée dans une période révolue, on emploie le prétérit.
b *He's been working for three hours now.*
Cela fait maintenant trois heures qu'il travaille.
Il s'agit d'une durée combinée avec l'aspect de résultat dans la situation présente, on emploie le *present perfect*.

Énoncé

Des unités de la langue sont agencées pour former une phrase. Cette phrase devient énoncé lorsqu'elle est prononcée (ou écrite) en un temps et lieu définis, par un utilisateur de la langue et adressée à d'autres utilisateurs.
L'analyse d'un énoncé prend donc en compte celui qui produit l'énoncé (l'énonciateur) et celui auquel il s'adresse (le co-énonciateur) et le point de vue que l'énonciateur peut avoir sur ce qu'il dit.

Énonciateur

Il s'agit non seulement de celui qui parle, mais de celui qui construit l'énoncé. L'énonciateur peut choisir de laisser des « traces » de son point de vue par l'emploi d'un aspect ou d'une modalité :

COMPAREZ

a *Mary is ill.* Marie est malade.
L'énonciateur affirme comme vrai le fait que Mary est malade, indépendamment de tout jugement personnel.
b *She may be ill.* Il se peut qu'elle soit malade.
L'énonciateur exprime un jugement de probabilité : « je n'en suis pas certain ». Par l'emploi du modal, l'énonciateur indique qu'il s'agit d'un jugement personnel. Les formes sans auxiliaires (présent simple et prétérit simple) sont celles qui transmettent un contenu sans aucun point de vue personnel.

Modalité

La modalité renvoie de façon première au domaine du jugement.

Jugement dans le domaine de la vérité
Le jugement peut aller du certain - affirmation et négation (« J'affirme que ce que je dis est vrai / faux ») - au jugement de probabilité - évaluation des chances de réalisation - ; c'est ce qu'on appelle souvent la modalité épistémique.

- Adverbes
  Perhaps he's ill. Peut-être est-il malade.
- Modaux
  He may be ill. Il se peut qu'il soit malade.

Jugement d'appréciation

- Appréciation du « bon » et « mauvais »
  It's unfair that he should have been punished. Il est injuste qu'il ait été puni.
- Appréciation du type « réaction personnelle »
  He's always smoking! Mais il fume tout le temps (ou) il n'arrête pas de fumer !
  Au présent simple l'énoncé exprimerait simplement l'habitude, sans jugement personnel. Au présent *Be + ing*, l'énoncé traduit une réaction personnelle, par exemple, l'agacement, le reproche (ou autre valeur).

Un autre type de modalité regroupe des notions telles que pression, volonté, capacité ; on appelle cette modalité la « modalité radicale ».

- Pression exercée sur le sujet grammatical ou sujet de l'énoncé (voir : Sujet : Glossaire)
  You must go immediately! Tu dois partir tout de suite ! (ordre)
  You may smoke if you like. Tu peux fumer si tu veux.
  (C'est l'inverse de la pression, l'autorisation.)
- Volonté
  "What can I do? He won't answer!"
  Que puis-je faire ? Il refuse de répondre !
- Capacité, possibilité
  He can't come. Il ne peut pas venir. (Le sujet *He* n'a pas la possibilité d'agir.)

Nominalisation

(Voir chapitre 14, p. 178)
Il s'agit de la transformation d'un élément (en général verbe) en nom.
Les suffixes de nominalisation sont par exemple : *-ing*, *-ment*, *-tion*.
Une proposition entière peut être nominalisée ; elle occupe alors la fonction d'un nom (sujet, complément).
His arriving late *caused much delay.* ***His arriving late*** est le sujet

Passive (voix passive)

Forme d'énoncé dans lequel ce n'est pas l'agent mais l'objet sur lequel porte l'action qui est placé en position de sujet.
The bullet has been found (by the police). La balle a été retrouvée (par la police).
Le passif sans complément d'agent est très utilisé en anglais et se traduit par « on ». On a retrouvé la balle.

Prédicat

C'est le verbe + ses compléments. (Le terme verbe désigne la nature du mot, prédicat, sa fonction.)

Procès

L'action ou l'état auxquels renvoie un verbe dans un énoncé.

Résultat

Voir : **Aspect accompli** (Glossaire).

Révolu

Voir : **Aspect** (Glossaire).

Situation

Voir : **Contexte et situation** (Glossaire).

Sujet

Sujet grammatical (sujet de l'énoncé) et sujet énonciateur.
Le sujet grammatical est le « sujet » de la grammaire traditionnelle.
Il est en général placé à gauche du verbe et il commande les accords du singulier et du pluriel pour le verbe : *He is / We are*, etc.
Le sujet énonciateur est celui qui produit l'énoncé
(Voir : **Énonciateur** - Glossaire).
La différence est importante pour l'analyse de certains énoncés.
John may be late. Il se peut que John soit en retard.
« Je (énonciateur) juge que John (sujet grammatical ou sujet de l'énoncé) peut être en retard. »

Sujet et agent
L'agent est celui qui est à l'origine de l'action. Cette notion permet de rendre compte de la différence entre voix active et voix passive.

COMPAREZ

a *John broke the window.* John a cassé la fenêtre.
L'agent et le sujet grammatical coïncident.
b *The window was broken by John.* La fenêtre a été cassée par John.
L'agent et le sujet ne coïncident plus. C'est le COD *(the window)* qui vient en position de sujet. L'agent, s'il est exprimé, occupe une place de complément (complément d'agent introduit par *by*).

VERBES IRRÉGULIERS

to abide	*I abode*	*abode*	**demeurer/supporter**
to arise	*I arose*	*arisen*	**se lever**
to awake	*I awoke*	*awoken*	**s'éveiller**

to be	*I was*	*been*	**être**
to bear	*I bore*	*borne*	**porter**
to beat	*I beat*	*beaten*	**battre**
to become	*I became*	*become*	**devenir**
to begin	*I began*	*begun*	**commencer**
to behold	*I beheld*	*beheld*	**contempler**
to bend	*I bent*	*bent*	**courber**
to bereave	*I bereft* *	*bereft* *	**priver**
to beseech	*I besought*	*besought*	**supplier**
to bet	*I bet*	*bet*	**parier**
to bid	*I bade*	*bidden*	**ordonner**
to bid	*I bid*	*bid*	**enchérir**
to bind	*I bound*	*bound*	**lier**
to bite	*I bit*	*bitten*	**mordre**
to bleed	*I bled*	*bled*	**saigner**
to blend	*I blent* *[1]	*blent* *	**mélanger**
to blow	*I blew*	*blown*	**souffler**
to break	*I broke*	*broken*	**briser**
to breed	*I bred*	*bred*	**élever**
to bring	*I brought*	*brought*	**apporter**
to build	*I built*	*built*	**construire**
to burn	*I burnt* *	*burnt* *	**brûler**
to burst	*I burst*	*burst*	**éclater**
to buy	*I bought*	*bought*	**acheter**

to cast	*I cast*	*cast*	**lancer**
to catch	*I caught*	*caught*	**attraper**
to chide	*I chid*	*chid(den)*	**gronder**
to choose	*I chose*	*chosen*	**choisir**
to cleave	*I clove*	*cleft*	**fendre**
to cleave	*I cleft*	*cloven*	
to cling	*I clung*	*clung*	**s'accrocher**
to clothe	*I clad* *	*clad* *	**s'habiller**
to come	*I came*	*come*	**venir**
to cost	*I cost*	*cost*	**coûter**
to creep	*I crept*	*crept*	**ramper**
to crow	*I crew* *	*crowed*	**chanter** (coq)
to cut	*I cut*	*cut*	**couper**

to dare	*I durst* *[2]	*dared*	**oser**
to deal	*I dealt*	*dealt*	**distribuer**
to dig	*I dug*	*dug*	**creuser**
to do	*I did*	*done*	**faire**
to draw	*I drew*	*drawn*	**tirer**
to dream	*I dreamt**	*dreamt**	**rêver**
to drink	*I drank*	*drunk*	**boire**

[1] *blended* est plus fréquent
[2] *dared* est plus fréquent
Les verbes suivis de * ont aussi une forme régulière.

to drive	*I drove*	*driven*	**conduire**
to dwell	*I dwelt*	*dwelt*	**demeurer**
to eat	*I ate*	*eaten*	**manger**
to fall	*I fell*	*fallen*	**tomber**
to feed	*I fed*	*fed*	**nourrir**
to feel	*I felt*	*felt*	**ressentir**
to fight	*I fought*	*fought*	**combattre**
to find	*I found*	*found*	**trouver**
to flee	*I fled*	*fled*	**s'enfuir**
to fling	*I flung*	*flung*	**lancer**
to fly	*I flew*	*flown*	**voler**
to forbid	*I forbade*	*forbidden*	**interdire**
to forget	*I forgot*	*forgotten*	**oublier**
to forgive	*I forgave*	*forgiven*	**pardonner**
to forsake	*I forsook*	*forsaken*	**abandonner**
to freeze	*I froze*	*frozen*	**geler**
to get	*I got*	*got*	**obtenir**
to gild	*I gilded**	*gilt**	**dorer**
to gird	*I girt**	*girt**	**ceindre**
to give	*I gave*	*given*	**donner**
to go	*I went*	*gone*	**aller**
to grind	*I ground*	*ground*	**moudre**
to grow	*I grew*	*grown*	**croître**
to hang	*I hung*	*hung**	**suspendre**
to have	*I had*	*had*	**avoir**
to hear	*I heard*	*heard*	**entendre**
to heave	*I hove** [1]	*hove**	**soulever**
to hew	*I hewed*	*hewn*	**tailler**
to hide	*I hid*	*hidden*	**cacher**
to hit	*I hit*	*hit*	**frapper**
to hold	*I held*	*held*	**tenir**
to hurt	*I hurt*	*hurt*	**blesser**
to keep	*I kept*	*kept*	**garder**
to kneel	*I knelt*	*knelt*	**s'agenouiller**
to knit	*I knit**	*knit**	**tricoter**
to know	*I knew*	*known*	**connaître**
to lay	*I laid*	*laid*	**étendre**
to lead	*I led*	*led*	**conduire**
to lean	*I leant**	*leant**	**se pencher**
to leap	*I leapt**	*leapt**	**bondir**
to learn	*I learnt**	*learnt**	**apprendre**
to leave	*I left*	*left*	**quitter**
to lend	*I lent*	*lent*	**prêter**
to let	*I let*	*let*	**louer, laisser**
to lie	*I lay*	*lain*	**être allongé**
to light	*I lit**	*lit**	**éclairer**
to lose	*I lost*	*lost*	**perdre**

[1] *heaved* est plus fréquent
Les verbes suivis de * ont aussi une forme régulière.

to make	*I made*	*made*	**faire**
to mean	*I meant*	*meant*	**signifier**
to meet	*I met*	*met*	**rencontrer**
to mistake	*I mistook*	*mistaken*	**se méprendre**
to mow	*I mowed*	*mown**	**faucher**
to overcome	*I overcame*	*overcome*	**surmonter**
to pay	*I paid*	*paid*	**payer**
to put	*I put*	*put*	**poser, mettre**
to read	*I read*	*read*	**lire**
to rend	*I rent*	*rent*	**déchirer**
to rid	*I rid*	*rid*	**débarasser**
to ride	*I rode*	*ridden*	**aller à cheval**
to ring	*I rang*	*rung*	**sonner**
to rise	*I rose*	*risen*	**se lever**
to run	*I ran*	*run*	**courir**
to saw	*I sawed*	*sawn**	**scier**
to say	*I said*	*said*	**dire**
to see	*I saw*	*seen*	**voir**
to seek	*I sought*	*sought*	**chercher**
to sell	*I sold*	*sold*	**vendre**
to send	*I sent*	*sent*	**envoyer**
to set	*I set*	*set*	**poser**
to sew	*I sewed*	*sewn*	**coudre**
to shear	*I shore**	*shorn**	**tondre**
to shed	*I shed*	*shed*	**verser** (des larmes)
to shake	*I shook*	*shaken*	**secouer**
to shine	*I shone*	*shone*	**briller**
to shoe	*I shod*	*shod*	**chausser, ferrer**
to shoot	*I shot*	*shot*	**tirer** (fusil)
to show	*I showed*	*shown**	**montrer**
to shrink	*I shrank*	*shrunk*	**retrécir**
to shut	*I shut*	*shut*	**fermer**
to sing	*I sang*	*sung*	**chanter**
to sink	*I sank*	*sunk*	**s'enfoncer**
to sit	*I sat*	*sat*	**être assis**
to slay	*I slew*	*slain*	**tuer**
to sleep	*I slept*	*slept*	**dormir**
to slide	*I slid*	*slid*	**glisser**
to sling	*I slung*	*slung*	**lancer** (avec une fronde)
to slink	*I slunk*	*slunk*	**se dérober**
to slit	*I slit*	*slit*	**fendre**
to smell	*I smelt**	*smelt**	**sentir** (odorat)
to smite	*I smote*	*smitten*	**frapper**
to sow	*I sowed*	*sown*	**semer**
to speak	*I spoke*	*spoken*	**parler**
to speed	*I sped*	*sped*	**(se) hâter**
to spell	*I spelt*	*spelt*	**épeler**
to spend	*I spent*	*spent*	**dépenser**

Les verbes suivis de * ont aussi une forme régulière.

to spill	*I spilt**	*spilt**	**répandre**
to spin	*I spun*	*spun*	**filer**
to spit	*I spat*	*spat*	**cracher**
to split	*I split*	*split*	**(se) fendre**
to spoil	*I spoilt**	*spoilt**	**gâter**
to spread	*I spread*	*spread*	**étaler**
to spring	*I sprang*	*sprung*	**jaillir, sauter**
to stand	*I stood*	*stood*	**être debout**
to steal	*I stole*	*stolen*	**dérober**
to stick	*I stuck*	*stuck*	**coller**
to sting	*I stung*	*stung*	**piquer**
to stink	*I stank*	*stunk*	**sentir mauvais**
to strew	*I strewed*	*strewn**	**joncher**
to stride	*I strode*	*stridden*	**aller à grands pas**
to strike	*I struck*	*struck*	**frapper**
to string	*I strung*	*strung*	**enfiler**
to strive	*I strove*	*striven*	**s'efforcer**
to swear	*I swore*	*sworn*	**jurer**
to sweep	*I swept*	*swept*	**balayer**
to swell	*I swelled*	*swollen**	**gonfler**
to swim	*I swam*	*swum*	**nager**
to swing	*I swung*	*swung*	**(se) balancer**
to take	*I took*	*taken*	**prendre**
to teach	*I taught*	*taught*	**enseigner**
to tear	*I tore*	*torn*	**déchirer**
to tell	*I told*	*told*	**raconter**
to think	*I thought*	*thought*	**penser**
to thrive	*I throve*	*thriven*	**prospérer**
to throw	*I threw*	*thrown*	**jeter**
to thrust	*I thrust*	*thrust*	**pousser, fourrer**
to tread	*I trod*	*trodden*	**fouler aux pieds**
to understand	*I understood*	*understood*	**comprendre**
to upset	*I upset*	*upset*	**renverser**
to wake	*I woke**	*woke(n)**	**s'éveiller**
to wear	*I wore*	*worn*	**porter (vêtements)**
to weave	*I wove*	*woven*	**tisser**
to weep	*I wept*	*wept*	**pleurer**
to win	*I won*	*won*	**gagner**
to wind	*I wound*	*wound*	**remonter**
to withdraw	*I withdrew*	*withdrawn*	**retirer**
to withstand	*I withstood*	*withstood*	**résister**
to wring	*I wrung*	*wrung*	**tordre**
to write	*I wrote*	*written*	**écrire**

Les verbes suivis de * ont aussi une forme régulière.

INDEX

TABLE DES MATIÈRES

ISBN : 978-2-7080-1062-8

Ophrys - 25, rue Ginoux - 75015 Paris
www.ophrys.fr

Conception graphique et réalisation Céline Farez, Virginie Rio
Impression Imprimerie EMD S.A.S. - 53110 Lassay-les-châteaux - France
N° impression : 28033 - Dépôt légal : mai 2011